帝国の慰安婦

植民地支配と記憶の闘い

朴　裕河

朝日文庫

本書は二〇一四年十一月、小社より刊行されたものです。

帝国の慰安婦——植民地支配と記憶の闘い ● 目次

日本語版のための序文

ています。
〈慰安婦問題〉とはいったい何なのでしょうか。長い間、日韓はこの問題で接点を見いだせずに葛藤を繰り返し、両国民の感情はいまや取り返しのつかないほどに悪化してしまっています。

「慰安婦」に関する世界の理解は「第二次世界大戦中に二〇万人のアジアの少女たちが日本軍に強制的に連行されて虐げられた性奴隷」というものです。しかし慰安婦問題を否定する人たちは「慰安婦は売春婦」と主張しています。「売春婦」と「性奴隷」。「慰安婦」に関する理解は、いまだにまっ二つに引き裂かれたまま、国家も国民も対立しています。

二〇〇五年、わたしはこうした状況をなんとかしたいと思い、『和解のために――教科書・慰安婦・靖国・独島』(日本語版は二〇〇六年。現在、平凡社ライブラリー)という本の中で慰安婦問題について論じたことがあります。しかし、対立する両側に向けて必要最小限度の情報と認識を共有しようとしたそのときの試みは成功しませんでした。もう一度慰安婦問題だけを本格的に考えてみたいと思ったのはそのためです。

『和解のために』には、本書で示した認識の多くがすでにかなりの程度で入っています。

しかしそうでありながら、本書は前の本とは根本的なところで異なっています。それは、慰安婦問題をこれまでのように「戦争」に付随する問題ではなく、「帝国」の問題として考えたことです。「慰安婦」を必要とするのは、普段は可視化されない欲望――強者主義的な〈支配欲望〉です。それは、国家間でも、男女間でも作動します。現れる形は均一ではありませんが、それをわたしは本書で「帝国」と呼びました。

本書で試みたのは、「朝鮮人慰安婦」として声をあげた女性たちの声にひたすら耳を澄ませることでした。というのも、一九九〇年代に問題となって二〇年以上時間が経つうちに、いつのまにか当事者たちの声はかき消され、日韓両国の政府や市民団体の声ばかりが大きくなった気がしたからです。確かに人前に現れた元「朝鮮人慰安婦」たちは何人もいますが、それでも全体からするとごく少数だったと言えるでしょう。そこで、より多くの人たちの声を集め、改めて聞こうとしたのです。

しかし、彼女たちの声を元に「朝鮮人慰安婦」の総体的な像を描きなおす作業は、孤独な作業でもありました。というのも、それは「韓国の常識」や「世界の常識」に異議申し立てをすることだったからです。

そして、今度こそ関係者やこの問題に関心を持ってきた方たちに受け入れてもらえることを願いながら、この本を書きました。

幸いにも二〇一三年八月に韓国で出版した『帝国の慰安婦――植民地支配と記憶の闘い』

には、多くのメディアがまじめな関心を示してくれました。ほっとしましたが、その後韓国でわたしの問題提起が広く公論化されることはありませんでした。

そこでわたしは、翌二〇一四年春、問題意識を共有する有志たちとともに、「慰安婦問題・第三の声」というタイトルのシンポジウムを開きました。そして『帝国の慰安婦』韓国語版を出した後、新たに気づいた認識を盛り込んだ報告をしました。支援者たちが要求してきた日本の「法的責任」や「国家賠償」とは異なりますが、植民地支配に関しての謝罪の気持ちがあるとすれば、それを慰安婦問題に込めて、日本が「主体的に」示してほしいとする考えです。

二〇一四年八月、朝日新聞が慰安婦問題に関する記事を検証した後、日本では以前よりも慰安婦問題を否定する動きが強くなっています。そういう状況の中では、私の意見は場違いに聞こえるかもしれません。今の考えでは、必ずしも「立法」を意味せずともよく、「国会決議」がもっとも望ましいと思っています。どうして立法機関である「国会」のコミットが必要と考えたのかについては、シンポジウム報告文（「ハフィントンポスト」二〇一四年九月一〇日付に「それでも慰安婦問題を解決しなければいけない理由」として転載）を本書「あとがきに代えて」として入れましたので（「ハフィントンポスト」転載記事の翻訳に加筆）、読んでいただけたらと思います。

シンポジウムから一カ月半経った六月中旬、元慰安婦の方たちの名誉を毀損したとして、韓国の支援団体から本の出版差し止めと損害賠償などを求めて、民事・刑事で提訴・告訴されるという事態が発生しました（原告は元慰安婦の方々の名前になっていますが、実質的には慰安婦たちの休息空間「ナヌムの家」の管理所長とその依頼を受けた「ナヌムの家」の顧問弁護士による提訴・告訴でした）。それから三カ月経った九月現在、提訴・告訴直後の大騒ぎや非難はある程度静まり、新しい書評や好意的な記事も出るようになっています。

今後、どういう展開になるか分かりませんが、そうした状況の中でこの本が日本で出ることになったことを嬉しく思っています。朝日新聞出版から出すことになったのは、日本に向けての部分を連載したのが〈WEBRONZA〉だったご縁によるものです。

二〇一四年九月現在、朝日新聞社はいわゆる「吉田清治証言」について誤報を出したとして批判されています。しかし、日本の多くの方々が考えるのとは違って、強制連行説が世界に広まったことにおける吉田証言の影響はさほど大きくありません。少なくとも、吉田証言は韓国ではあまり知られていません。そして国連報告書に引用されてはいますが、吉田証言にはさほど重きをおかれているわけでもありません。影響があったとすれば、日本の支援者たちへの影響であって、それが海外における活動を支えた可能性があるくらいだと考えています。

本書は二〇一一年冬、さきほど触れた〈WEBRONZA〉連載の日本語分から書き始められました。本当は別の本を予定していたのですが、二〇一二年春、慰安婦問題解決のための日本政府の提案が韓国政府に断られる事態を見て、韓国語での本が先に必要だと考えました。そこで連載部分の韓国語翻訳を加え、韓国でまず出版することにしました。

最初は日韓同時出版を考えていたので、韓国語版が完成する前から日本語版も準備していました。しかし結局、日本語版のための本格的な作業に入ったのは、韓国語版を出した後になりました。その際、構成を大きく変え、資料の省略や書き加えや部分修正などを行いました。しかし、全体の趣旨や表現などは基本的には変わっていません。

韓国語版を出した後、二度目でしたがわたしは元慰安婦の方たち数人に会いました。「当事者」たちの声を改めて聞きたかったからです。そして特に親しくなった方がいました。対話を重ねながら、わたしはこの本で考えたことが正しかったとの確信を得ることができました。その方についてはいずれまた書くつもりですが、その方は、朝鮮人慰安婦に関しても慰安婦問題に関しても、日本に対しても、支援団体やほかの元慰安婦の方たちとはかなり異なる考え方をしていました。そしてそのために、最期まで孤独な思いをしていました。わたしに胸のうちを開いてみせたのは、その孤独ゆえのことだったのでしょう。本書は図らずも、そして遅ればせながら、その方の思いを代弁する本になりました。

残されたわたしたちは、その思い――「日本を許したい」「許したら日本もどうにかするのではないか」と話し、日本を非難する言葉に与したくないと話していた――その方の遺志をいっしょに引き継ぐことができるでしょうか？　「帝国」の欲望の犠牲になりながら、年老いてもなお日本を憎むことはしなかったその方は、生きておられたらきっとこの日本語版刊行を喜んでくれたことでしょう。

今は亡きその方に、あらためて深い愛情と尊敬の念を、この本とともに捧げたいと思います。

朴　裕河

＊なお、役職・肩書きは原則として当時のものを使用した。引用や参考文献については、詳細を巻末に一覧で掲げ、本文中では原則として、著者名＋発行年で示した〈発行年は原則、章の初出のみ〉。書籍の引用の場合は、該当する箇所がある場合は頁数も掲げた。証言集や報告書については、編者名でなく、書名を掲げたものもある。元々韓国語で書かれた文献は、日本語版が出版されている場合でも、韓国語版から直接著者が訳し、刊行年も韓国語版のものを挙げている。

＊単行本刊行以降、様々な状況の変化はあったが、文庫版刊行にあたっては明らかな誤植や地名の確定による訂正等のほかは新たな加筆・修正を行わなかった。

「慰安婦問題」をめぐる経緯

最初に、慰安婦問題をめぐるこれまでの経過を簡単に整理しておきたい。

一九九〇年一月、韓国の女性学者ユン・ジョンオク（尹貞玉）教授（のちに挺身隊問題対策協議会の初代会長）が「挺身隊取材記」を韓国の「ハンギョレ新聞」に連載したことで、韓国ではこの問題が広く知られるようになった。そしてこの問題の解決のために多くの女性関連団体が集まって、「韓国挺身隊問題対策協議会」を発足するようになる。

翌一九九一年、元慰安婦のキム・ハクスン（金学順）氏が、はじめて自分が慰安婦だったとして名乗り出たことを皮切りにほかの元慰安婦たちも現れて、日本の謝罪と補償を求めて東京地裁に提訴した。最初は「軍の関与」を否定していた日本政府は、政府の関与を示す資料が発見されると（一九九二年七月一日加藤紘一官房長官発言など参照）調査に乗り出し、一九九三年に当時の官房長官河野洋平氏による「河野談話」を発表して軍の関与を認め、公式に謝罪を表明した。そのうちフィリピンからも元慰安婦だったとする人が名乗り出て、慰安婦問題は日韓以外の国家も含む国際問題となる。

一九九四年、村山富市首相は問題解決のために国民参加を得る構想を発表し、与党三党

（自民、社会、さきがけ）による「戦後五〇年問題プロジェクト」を発足させた。このプロジェクトの小委員会は、問題への取り組みとともに女性たちの名誉と尊厳回復のための活動などへの支援を提言し、一九九五年に衆議院本会議で「歴史を教訓に平和への決意を新たにする決議」を採択する。

さらに、当時の五十嵐広三官房長官は「女性のための平和友好基金」の事業内容や基金の呼びかけ人を発表し、同年七月に「女性のためのアジア平和国民基金」（以下、「基金」とする）を発足させる（初代理事長は原文兵衛前参議院議長）。そして八月に、村山首相が「ごあいさつ」をよせた呼びかけ文が基金から発表された。また、基金の活動に必要な協力を政府が行うとの閣議了解があり、基金は新聞などを通じて呼びかけを行うようになる。

しかしこの間、それまで慰安婦問題を解決しようとしていた日韓の支援者たちは基金に反対する活動に出る。国民からの募金が入る基金は「民間基金」だというのが反対の理由だった。同時に、問題解決のためには、新たに立法しての国家賠償をするべきだと主張した。以後この運動はアメリカや国連など海外を舞台とした活動に広がり、国際的な運動となっていく。一九九六年、国連人権委員会にスリランカのクマラスワミ氏が支援者たちの声を反映させた報告書（「クマラスワミ報告書」）を提出したのは、そのような運動の最初の成果だった。

同年、基金は、慰安婦一人当たり二〇〇万円の「償い金」「総理の手紙」、そして一人当たり三〇〇万円までの規模での医療福祉事業の実施を発表し、八月からその実施に入っていた。一九九七年には韓国でも事業が開始されたが、激しい反対活動が繰り広げられ、償い金を受け取ると申し出た七人の元慰安婦のみが手紙と償い金を受け取ることになる。インドネシアでは「高齢者社会福祉支援事業」として支払われることになり、基金の事業の中身は国・地域によって異なっていた。

一九九八年には国連の「差別防止・少数者保護委員会」のマクドゥーガル氏が立法解決を主張する支援者たちの声を反映した報告書（「マクドゥーガル報告書」）を出した。二〇〇〇年には村山元首相が二代目の基金理事長に就任したが、このとき国民からの募金は五億円を超えていたという。同じ年の暮れ、基金に反対する日本、韓国その他の支援者たちは、東京で女性国際戦犯法廷を開き、昭和天皇をこの問題に関して有罪とする判決を下す。

基金はフィリピン、台湾、韓国など合わせて二八五人に償い金を渡したとして二〇〇三年に事業を終了し、二〇〇七年に解散した。この間韓国人元慰安婦たちは日本政府を相手にした裁判を行うが、一度勝訴するも（山口地裁、関釜判決）最高裁で敗訴する。一九六五年の日韓条約で国家による個人補償義務は終わったとの認識が敗訴の背景にあった。

二〇〇五年、韓国政府が日韓会談の会議録を公開したことで、一九六五年の日韓協定で個人補償にあたる金額を韓国政府が受け取っていたことが明らかになった。そこで韓国政府は、元慰安婦たちに基金の補償金と同程度の金額を独自に支払うようになる。

二〇〇七年七月、アメリカの下院では慰安婦問題をめぐって日本の謝罪と補償が必要との決議が採択された。そしてカナダやオーストラリア、ヨーロッパなど、ほかの国・地域の議会も次々と決議を出して日本を批判するようになる。韓国や日本でも、基金反対と国会決議に基づく「謝罪と賠償」――「法的責任」を求める動きは続いている。

韓国人元慰安婦の生存者である五〇人以上の人たちは、今でも日本政府を相手に「謝罪と賠償」を求めている。最近では中国の元慰安婦たちも賠償を求め始めたが、つねに運動の中心にいたという意味では、「慰安婦問題」とは、〈韓国〉の慰安婦問題とも言える。

慰安婦問題をめぐる日韓の対立が再燃したのは、二〇一一年の夏、韓国憲法裁判所が韓国政府がこの問題の解決のために日本政府に働きかけないのは憲法違反との判定を下してからだった。その後、韓国のイ・ミョンバク（李明博）大統領は日本政府に積極的に解決を求め、任期を半年残した二〇一二年夏には「独島（以降は便宜上、竹島とする）」に上陸することで、慰安婦問題が解決しないことへの不満を表明した。

国民レベルでの日韓対立が激しくなりはじめたのは、その半年前の二〇一一年冬、韓国の支援団体がソウルの日本大使館前に、慰安婦のシンボルとして、ブロンズの少女像の記念碑を建てて以降である。この時、日本の保守雑誌は「韓国よ、いい加減にせんか」という特集を組んで韓国を激しく批判した（『正論』二〇一一年一二月号）。そしてこの問題を否定する人たちは、支援者たちのデモ（水曜デモ）に対抗するデモをした（「12・14水曜デモ一千回への抗議行動&集会『慰安婦の嘘は許しません！　なでしこアクション2011』」）。韓国批判デモに女性たちの参加が目立つようになったのはこの頃からである。

同じ頃、日本の保守紙は、二〇〇七年に「慰安婦」問題をめぐる発言で世界的に注目を引いた安倍元首相から、本当は「(アメリカで) 謝罪発言していない」とする答えを引き出してもいる(「産経新聞」二〇一一年一一月二三日付)。いっぽう日本の支援者たちは韓国に出かけて韓国の支援団体と日本大使館前でのデモに参加したり、東京でデモを行った。韓国の支援団体は続けて、アメリカにも少女像を建てた。慰安婦問題否定者たちはさらに反発し、今やアメリカでも、在米韓国人や日本人を含む日韓の市民たちが対立するにいたっている。

帝国の慰安婦

植民地支配と記憶の闘い

第1部

慰安婦とは誰か——国家の身体管理、民間人の加担

第1章　強制連行か、国民動員か

1、「強制的に連れて」いったのは誰か

「慰安婦」とは一体誰のことだろうか。韓国にとって慰安婦とはまずは〈日本軍に強制連行された朝鮮人の無垢な少女たち〉である。しかし慰安婦に対する謝罪と補償をめぐる問題――いわゆる「慰安婦問題」をなかったものとする否定者たちは、〈慰安婦とは自分から軍について歩いた、ただの売春婦〉と考えている。そしてこの二十余年間、日韓の人々はその両方の記憶をめぐって激しく対立してきた。

その慰安婦の存在を世に広く知らしめたのは、日本人だった。それは、一九七三年、『従軍慰安婦〝声なき女〟八万人の告発』という本を出したジャーナリスト千田夏光《かこう》である。それ以前にも小説や手記などに慰安婦たちは登場しているが、一冊の本を使って彼女たちをクローズアップしたのは、この本がおそらく初めてであろう。その画期的な仕事をした千田は、あとがきで執筆動機について次のように書いている。

私が慰安婦に興味をおぼえたのは、昭和三十《マ》九《マ》年毎日新聞社が写真集『日本の戦歴』を発行したときであった。この写真集は『毎日グラフ』別冊として編集されたが、十五年戦争を通じ毎日新聞特派員が撮影して来た、二万数千枚の写真の選別から編集までを私は受持ってきた。

ところがその作業の中に数十枚の不思議な女性の写真を発見したのである。兵隊とともに行軍する朝鮮人らしい女性。頭の上にトランクをのせている姿は朝鮮女性がよくやるポーズである。占領直後とおぼしい風景の中に和服姿で乗り込む女性。中国人から蔑みの目で見られている日本髪の女性。写真ネガにつけられている説明に〝慰安婦〟の文字はなかった。が、この女性の正体を追っているうち初めて〝慰安婦〟なる存在を知ったのであった。（千田一九七三、二一五頁。傍点は引用者。以下同じ）

「占領直後とおぼしい風景の中に和服姿で乗り込む女性。中国人から蔑みの目で見られている日本髪の女性」。おそらくこの言葉こそが、あの十五年戦争における「朝鮮人慰安婦」を象徴的に語っていよう。なぜ朝鮮人慰安婦が、「日本髪」の「和服姿」で日本軍の「占領直後」の中国にいたのか。そしてなぜ「中国人から蔑みの目で見られてい」たのかも、そこから見えてくるはずだ。

これまでの慰安婦をめぐる研究や言及は、このことにほとんど注目してこなかった。しかし、この点について考えない限り、朝鮮人慰安婦をめぐる記憶の闘いは永遠に続くだろう。そしていわゆる「慰安婦問題」が発生して以降二〇年あまりの歳月を経ながらも、いまだにそのことが言及されなかったこと――〈看過〉であれ〈無視〉であれ〈沈黙〉であれ――にこそ、「慰安婦問題」を含む過去の歴史問題を扱う日韓の矛盾が凝縮されてもいる。

千田は本の冒頭でも、次のように書いている。

『広辞苑』で〈慰安婦〉の項をひいていくと〈戦地の部隊に随行して将兵を慰安した女〉とある。〝慰安した〟という過去形で語られるところに、彼女らの悲しさがある。あれから二十八年、彼女らのことを語ってくれる人はいない。

だが、もし語りうる慰安婦がいたとしたら、きっと、言うだろう。私たちの悲しみは永遠に化石となることはないのです、と。（同、六頁）

慰安婦についての千田の理解も、後にみるように問題がないわけではない。しかし千田が、慰安婦の悲劇をみつめ、社会的な関心を喚起しようとしたことだけは明確に見てとれる。

千田は慰安婦を、兵士と同じように、戦争遂行を自分の身体を犠牲にしながら助けた〈愛国〉的存在と理解している。国家のために働いた軍人の犠牲のための補償はあるのに、なぜ慰安婦はその対象にならなかったのか、というのがこの本の関心事であり主張でもある。

そしてこのような千田の視点は、その後に出たどの研究よりも、「慰安婦」の本質を正確に突いたものだった。

実際に朝鮮人慰安婦たちの証言集を一冊でも読めば、慰安婦という存在がこれまで知られているような〈無垢な少女〉や〈売春婦〉のイメージだけでは決して捉えきれないことがわかる。これまで「慰安婦問題」の支援者と否定者が慰安婦に対して持ってきた相反するイメージは、お決まり以上の証言を聞けなかったか、無視した産物といえるだろう。ただ、それは必ずしも意図的というわけではなく、いわゆる「慰安婦問題」発生後の研究や発言が、「日本軍」をめぐる過去の解釈にとどまらず、発話者自身が拠って立つ現実政治の姿勢表明になったことによるものである。千田の本が朝鮮人慰安婦の悲劇に対して贖罪意識を持ちながらも、それなりに慰安婦の全体像を描けたのは、彼がそのような時代的な拘束から自由だったからだろう。

千田の本には一九七〇年代初め、今から四〇年も前に韓国にまで来て見つけた朝鮮人慰安婦たちのインタビューも入っている。つまりこの本には、現在私たちの前にいる元慰安婦たちより四〇歳も若い元慰安婦が登場して、自分の体験を生の声で語っているのである。さらに、慰安所を利用した軍人や慰安婦を募集した業者たちまで登場させていて、慰安婦たちの証言集を除けば、今のところ類書はないと言えるだろう。この問題がまだ政治的・国家的問題になる前だったために、当事者たちも、時代的な拘束にさほど縛られることなく話すことが可能だったのかもしれない。本書でこの本に注目するのはそのためでもある。

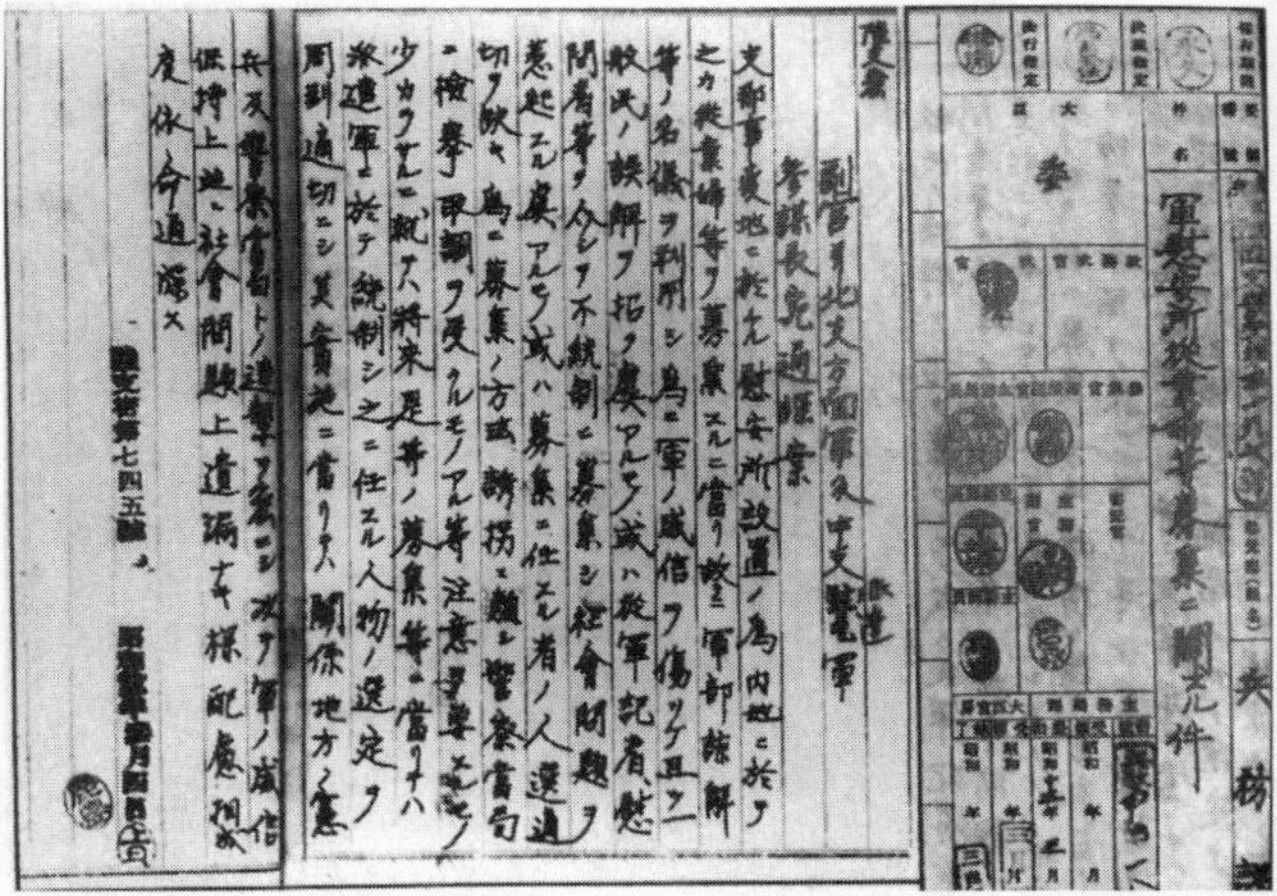

「軍慰安所従業婦等募集ニ関スル件」 1938年3月4日付（「副官より北支方面軍及中支派遣軍参謀長宛通牒案」）。軍慰安所の従業婦を募集する人物を軍が適切に選定するなど、募集過程で軍の「威信」を害したり、社会問題を起こすようなケースがないようにと指示している。

日本軍を慰安する任務をまかされた「日本軍慰安婦」たちの中には、当然ながら日本人も多くいた。しかし慰安婦問題が発生してからは誰も声をあげなくなり、いわゆる「慰安婦問題」で日本人慰安婦が注目されることはなかった。元兵士の証言はあっても、抱え主などの業者が声をあげることもなくなった。慰安婦問題が、単に日本軍と朝鮮人慰安婦（またはそのほかのアジア地域の人々。ここ数年、オランダ人も注目されるようになった）の構図で、その他の要素が捨象されて対称的に理解されるようになったのには、そのような状況も大きく影響しているのだろう。韓国人元慰安婦たちの証言には、自分たちを連れていった業者や抱え主や慰安所を管理した管理人たちの話が頻繁に登場している（『証言集1　強制的に連れていかれた朝鮮人軍慰安婦たち』1、五頁。以下『強制』1と表記）。しかしこの二〇年余りの間、朝鮮人慰安婦の「和服姿」に注目した人がいなかったように、「慰安婦」を支援してきた研究者や運動家で業者に注目する人もほとんどいなかった。最近になってようやく、「一九二〇～三〇年代にかけての社会的モビリティの高まりを背景にし、よりましな暮らしを目指した彼女たちのいわば現状脱却願望を逆手にとった人物が甘言を弄し、彼女たちが家族の保護機能から切り離されているのをよいことに、『慰安所』へと連れて行くことがあった」（小野沢あかね二〇一二）とする研究者が出てくるようになっている。

実際に、日本の植民地となった朝鮮の女性たちのなかには、勉学への渇望や「白いご飯」を求めて、朝鮮人あるいは日本人業者にだまされて慰安所に行った人が少なくない（朴裕河二〇〇五）。しかも、慰安婦たちの身体と心に消えることのない傷を刻み込んだのは、日本軍だけでなくそのような中間業者や抱え主でもあった。彼らは、慰安婦を「鉄の棒で私たちを叩き」（『強制』1、六三頁）、「軍人を拒否するという理由で頰を打ち足で蹴り」（同、七八頁）、「たまに軍人が来ない日でもあると主人が『君たちがお客をちゃんともてなさないから来ないのだ』と言ってわたしたちを容赦なくぶんなぐっ」（同、七九頁）てもいた。

朝鮮の貧しい女性たちを戦場へ連れていったのは、主に朝鮮人や日本人の業者だった。先の千田は「数カ月の日時を要し」（千田、二四頁）て探し出し、「昭和十三年中支派遣軍が初めて軍直轄慰安婦を集めたとき、女衒《ぜげん》役をやった」業者を相手に聴取したインタビューを載せている。そして千田は「第一号慰安婦は、軍が集めはしたが、直接その募集に軍人が当たらなかった」としている。「（慰安婦募集に）軍が手を汚さなかったことにはならない」（同、二五頁）としながらも、千田は「軍人でも軍属でも御用商人でもない人物を輸送船に乗り組ませ、戦場へ日本陸軍はつれていっていた」、軍隊に必要なものをなんでも提供する、一種の便利屋としての「業者」がいたことに注目していたのである。

実際に、当時の朝鮮ではまだ幼い少女たちをだまして連れていっては売り飛ばすようなことは少なくなかった。たとえば朝鮮で発行されていた「毎日新報」の記事（一九三七年一月一二日付）は次のように書いている。

　金済郡月村面延正里チェ・ジェヒョン（三七）と彼の妻イ・ソンニョ（三四）は、数日前に共謀し、同面同里にあるキム・インソプの次女ヤングン（一二）を誘引して、郡山部改復町二丁目中国料理業者のチャン・ウギョンに身代金五〇円をもらって酌婦として売るため、契約書を作成しているところを警察に捕まり、厳重な取り調べを受けているという。（『戦時体制期朝鮮の社会相と女性動員――「毎日新報」を中心に』（以下、『女性動員』とする）より。二〇〇七、五五頁）

わずか一二歳の少女をかどわかして酌婦として売り飛ばそうとしたのは同じ村の人だっ

た。これに似た内容の記事は当時の新聞に時折登場する。「ああ、かわいそうな少女たち、毒牙犠牲一五〇名、誘拐魔ハ・ユンミョン夫婦罪状拡大」（一九三九年三月七日付）、「就職できる、甘言、着いたところは意外にも娼楼、〝初めは洗濯、次は化粧せよ〟」（同一四日付）、「義理の娘として誘拐して売春強制の悪党、田舎の娘を売っぱらったことが発覚、東門署で検挙取り調べ」（同一七日付）、「農村娘誘引魔（誘拐魔）四名を一網打尽、水源《ママ》署で取調中」（同年四月三〇日付。以上すべて同新聞）はその一部である。

そして実際に一九九〇年代に私たちの前に現れた一人の元慰安婦も、「仕事をみつけてくれると話す人がいるから日本にいっしょに行こう」と友人に言われて、「朝鮮にいようが日本にいようが苦労するのはいっしょ、というふうにも思ったし、また朝鮮より暮らしやすいというのでそのまま家を出た」と話す。日本で会ったのは「朝鮮人夫婦」で、「宿泊場所と食べもの」「衣類」を与えられたと言うのである（以上、『強制』1、六二頁）。このあと彼女は台湾を経由して中国・広東の慰安所へ行くことになる。別の元慰安婦は人より遅れて小学校に入ったのが恥ずかしくて「学校に行きたくなくて」（『強制』1、七五頁）家出をしたと言う。光州の他人のところで家事手伝いを数年間しているうちに慰安所に行くようになった。そのときの状況を彼女は次のように語っている。

わたしが二〇歳か二一歳の時だと思う。ある日わたしが、赤ん坊を寝かしてから隣のお手伝いさんたちと話していると、朝鮮人男性と日本人男性が近寄ってきた。男たちは洋服を着ていて若く見えた。彼らが「光州ではいくらもらってるの?」と聞いた。「給料はもらわないけど食べさせてもらってるし服を買ってもらっている」と話したところ、「そんな。朝鮮人は泥棒だね」と言いながら、自分たちについてくれば、日本の大阪でお金をたくさん稼げると言った。それでお金の話に引かれて、どういう仕事なのかも聞かずに付いていった。(『強制』1、七六頁)

実際、現在まで出ている慰安婦証言集を読む限り、「日本軍に強制連行」されたと話している人たちはむしろごく少数である。証言者の多くは、むしろこのような誘惑に応じて家を離れたと話しているのである。

もっとも、千田はある軍人が慰安婦募集を業者に直接依頼したと書いていて、その後の研究でも、軍による慰安婦の募集要請に関する資料は多く発見されている(吉見義明ほかの論文)。少なくとも、軍が慰安婦を必要とし、そして募集と移動に関与したことだけはもはや否定できない。

しかし、だからといって、そのことがそのまま、拉致に近い形になることを軍が承知して慰安婦の募集を指示したことになるわけではない。

後述するが、軍隊が現地の売春施設などを利用していたのは何も「十五年戦争」に始まったことではない。しかし、満州事変を起こして本格的な大戦争の時代を迎えることになった日本軍は、増え続ける日本軍兵士たちに提供するには、現地の売春施設を含む既存の慰安所だけでは不十分だと考えたのだろう。性病防止などが慰安所を作った第一の理由に考えられているが、それはむしろ付随的な理由と考えられる。むしろ、戦闘の合間の駐屯期に軍専用に指定するなどして利用していた既存の売春施設の利用方式から一歩進んで、軍が主体的にその供給に出たものと考えるべきだ。十分に提供し、かつ部隊内か近い場所に置くことで、より効率的に利用できるシステム作りに乗り出したのである。しかも、その募集と管理の形は戦争初期と後期とではかなり違っていたように見える。

このように、兵士たちに供給できる女性をもっと調達しようとした軍の希望を直接または間接的に知った業者たちが、慰安婦の「募集」に出た。戦争末期に慰安婦募集広告が新聞に載ったりしたのは(一九四四年、「毎日新報」「京城日報」)、慰安婦という存在が、公然と募集してもいいような〈公的〉存在だったことを示す。

日本軍は、長期間にわたって兵士たちを「慰安」するという名目で「慰安婦」という存在を発想し、必要とした。そしてそのような需要の増加こそが、だましや誘拐まで横行させた理由でもあるだろう。他国に軍隊を駐屯させ、長い期間戦争をすることで巨大な需要を作り出したという点で、日本は、この問題に責任がある。軍が募集のやり方を規制したことをもって、慰安婦問題に対する軍の関与を否定する意見があるが、不法な募集行為が横行しているということを知っていながら、慰安婦募集自体を中止しなかったことが問題だった。つまり〈巨大な需要〉に誘拐やだましの原因を帰せずに、業者のみに問題があるとするのは、問題を矮小化することでしかない。慰安婦の供給が追いつかないと分かって

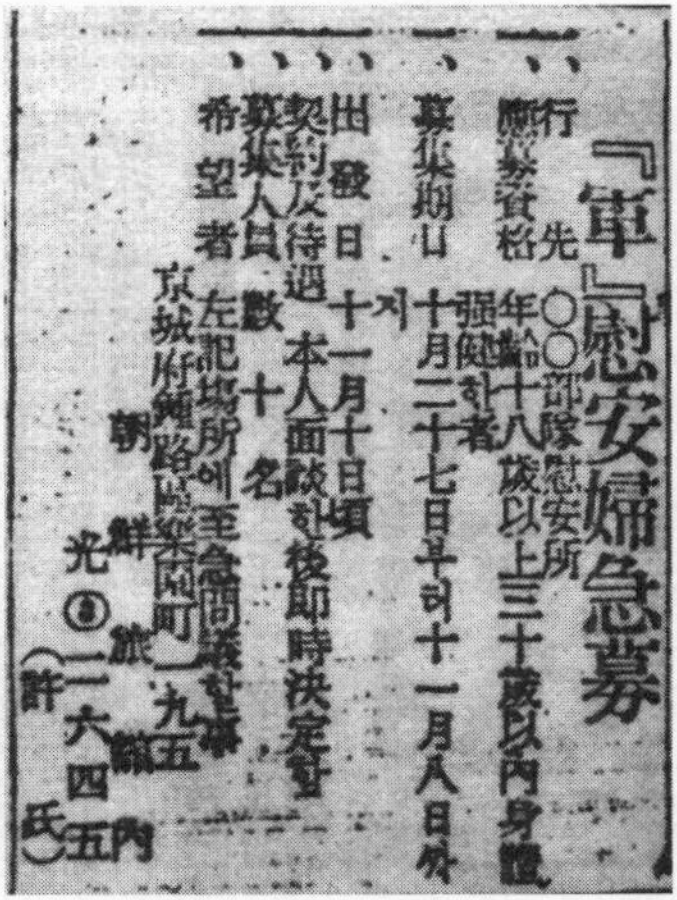

『軍』慰安婦急募

一、行先 ○○部隊慰安所

一、應募資格 年齢十八歳以上三十歳以内身體強健한者

一、募集期日 十月二十七日부터十一月八日까지

一、出發日 十一月十日頃

一、契約及待遇 本人面談한後即時決定함

一、募集人員 數十名

一、希望者 左記場所에至急問議할事

京城府鍾路區樂園町一九五

朝鮮旅館内

光⑧二六四五

（許氏）

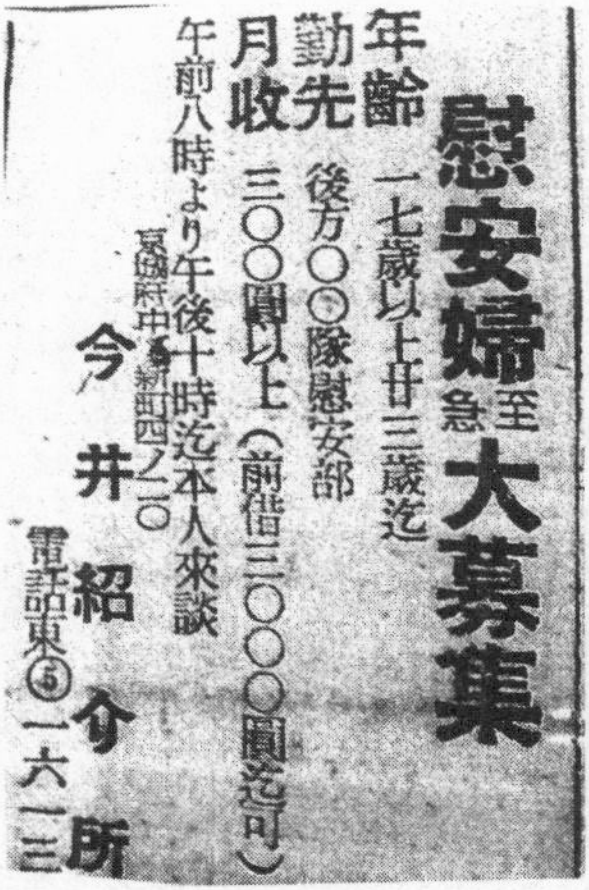

慰安婦至急大募集

年齢 一七歳以上廿三歳迄

勤先 後方○○隊慰安部

月收 三〇〇圓以上（前借三〇〇〇圓迄可）

午前八時より午後十時迄本人來談

京城府中區新町四ノ一〇

今井紹介所

電話東⑤一六一三

慰安婦募集の新聞広告　1944年10月27日付「毎日新報」には、「十八歳以上三十歳以内」の身体強健な者「数十名」を「許氏」が、そして1944年7月24日付「京城日報」には「一七歳以上二十三歳まで」を「今井紹介所」が至急募集している。両方とも行く先は軍部隊の慰安と記している。新聞で公募できたということは、「慰安所」という場所が必ずしも現在のようにはイメージされてはいなかったことを示す。

いたら、募集自体を中断すべきだったろう。数百万の軍人の性欲を満足させられる数の「軍専用慰安婦」を発想したこと自体に、軍の問題はあった。慰安婦問題での日本軍の責任は、強制連行があったか否か以前に、そのような〈黙認〉にある。その意味では、慰安婦問題でもっとも責任が重いのは「軍」以前に、戦争を始めた「国家」である。

　とはいえ、軍の需要を自分の利益に利用し、軍の要求に従って募集に加担した人たちの存在を無視するわけにはいかない。当時そのような誘拐などを取り締まり、処罰していたということは、彼らの行為こそが法を犯したという意味での「犯罪」であり、したがって彼らに責任がないわけではないことを示してもいる。支援者たちは慰安所作りとその利用を犯罪行為として糾弾するが、法律を犯したという意味で糾弾すべき「犯罪」の主体は、まずは業者たちであるはずだ。

「朝鮮人慰安婦」という存在を作ったのは、後述するように家父長制と国家主義と植民地主義である。その意味では、慰安婦となる民間人募集を発想した国家や帝国としての日本にその〈罪〉はあっても、法律を犯したその〈犯罪性〉は、そのような構造を固め、その維持に加担し、協力した民間人にも問われるべきであろう。この問題は〈国家による法的賠償〉が追及されている問題でもあるので、法的責任の主体が誰かを明確にするのは重要である。当時において〈罪〉とは意識されなかった行為と、すでに法的に規制されていて罪として意識されていた行為は、区別して考えなければならない。それは、構造的な強制性と物理的な強制性の主体を分けて考えることにもつながる。

2、「からゆきさん」から「慰安婦」へ――国家勢力拡張と移動する女たち

誘拐犯と日本の少女たち

業者たちは突然生まれたわけではない。近代初期から日本には幼い少女をほぼ誘拐に近

い形で外国に売り渡した業者が多く存在した。彼女たちのほとんどは日々の生活に困る貧しい少女たちで、こうしたことは大陸から近い九州地方で特に多かったようだ。親に売られていきながらもひたすら親と家のことを心配するような、心優しい娘たちでもあった。そのような少女・女性たちのことを、故郷の人たちは感謝を込めて「からゆきさん」と呼んだ。彼女たちは海を越えて、朝鮮と中国各地に作られた遊郭に売られ、東南アジアからインドまで流れていった（森崎和江一九七六）。

森崎は実際の「からゆきさん」とその養女から直接聞いた話を書き残している。それによると、一九二〇年代にはすでに、朝鮮と中国、そしてシベリア地域で日本の貧しい女たちが下女や娼婦として働いていた。そして売られていった女たちが遊郭生活をするケースが多かったので、彼女たちのように戦場においても性を売ることになった女性たちを、からゆきさんと呼ぶこともあった（同、一八頁）。

日本は早くから遊郭を公娼——国家が公認する施設——化し、近代国家になってからも存続させたが、幼い少女たちが海外に売られないように、一五歳以下は公娼になれないようにした。しかし、そのように定めた「移民保護法は朝鮮と清国の両国には適用しな」（同、一一六頁）かった。その理由を、森崎は「（娼妓達は朝鮮や中国に渡った）内地人の足を（そこに）止むる方便」だったので、日本政府が「『海外醜業婦』を黙認しつづけ、韓国清国に移民保護法を適用せず、新領土に公娼制を必要とした」（同、一一七頁）からだと言う。

誘拐犯に連れられて幼い少女たちが海外に渡ることを日本が黙認した理由は、朝鮮や中国に単身で渡り、経済勢力を拡大し始めた日本人男性の郷愁を慰撫するためだった。日本に帰ってくるのではなく、その地に留まり続けさせることで、拡大した国家勢力を維持しようとしたのである。そしてその一部を担ったのが「からゆきさん」だった。

日露戦争以降、「からゆきさんの誘拐密航がどっとはじま」り、（日本人の）「だれもかれも占領地をめざしてひそかにくにを出た」のはそのためであろう。「営利にめざとい業者は占領地へなだれるように少女たちを送った」（同、一二六頁）としながら、森崎は当時の新聞を引用している。

新嘉坡《シンガポール》の人口約二十五万、在留日本人約一千八百、而して其過半は醜業婦なりと云ふ。又之れを当地在留の某氏に聞く。彼ら来るや単身国を去って密航を企つるもの、約全数の三分の二。これに反して悪漢の手に誘拐せられ、甘言の下に当地へ来り、身を売らるる者、残り三分の一。（「福岡日日新聞」一九〇九年五月六日付。引用は森崎、一八〇頁より）

それほどまでに日露戦争以後の「日本人の婦女売買の組織は活発」（同、一八〇頁）だった。韓国が日本に併合された一九一〇年の新聞も、当時の状況をリアルに再現している。

八月三十日ごろより、にはかに荷客が激増し、毎連絡船は積み残す乗客少なからず。

> それらは併合の発表とともに逸早く濡れ手に粟の大儲けをなさんとする手合ひなるが、特に人目をひくは、年若き婦人の多きことにて、彼らはわづかに二三十円の金のために父兄の承諾書をもち、朝鮮に渡りしうへは酌婦たるのみならず、いかなることも抱主の指揮に任ずるといへる証書を持参せり。(「福岡日日新聞」一九一〇年九月六日付。引用は森崎、一三二頁より)

そうして渡ってきた日本人女性を題材にした物語が、当時発行されていた雑誌『朝鮮及満洲』には多く載っている。「韓国に滞在した京城居住の日本人総数四万三二五三人中、職業を持っていた一万七二八一人の職業別順位を見てみると、下女が九六一人と第四位に入っていて、いわゆるサービス業といえる二種芸妓が三四七人で、第一二位に入っている」(ホ・ソク(許錫)二〇〇二)というような状況だった。当時、朝鮮で発刊された日本語の新聞もまた「植民地の発展の裏では、婦女子が潜在的な勢力を形成していたのも事実」(同)と認識している。

韓国併合以前から多くの日本人たちは朝鮮半島に渡ってきて暮らすようになっていた。その中には騙されて売られてきた少女や、生きることに困窮していた貧しい女性たちが少なくなかった。彼女たちの〈移動〉に手を貸し、黙認したのは国家権力と民間業者だった。その意味で後日の「慰安婦」の前身は「からゆきさん」、つまり日本人女性たちである。彼女たちは貧しい田舎や都会の女性であり、多くは騙されたり親によって売られていた。

「日本軍慰安婦」もまた、子ども、特に女子の人生を支配下に置く家父長制と国家の

〈貧しい女性〉に対する差別が作り出した存在だったのである。日露戦争の前にすでに香港に公娼があった（矢野暢　一九七五、四〇頁）ことは、九〇年代以降にクローズアップされた慰安所——アジア全域に拡散されたと考えられた慰安所が、もっと早くから存在していたことを示す。「慰安所」という言葉を使っていなくても、その機能はすでに動きだしていたのである。そしてその始発点には日本人女性たちがいた。

最初は自分たちが国家によって動員されているとは意識せずに家族のための献身を意識し、故郷意識が強かった彼女たちは、戦争がはじまると日本人意識が強くなり、男たちの後ろから面倒を見るようになった。

志士たちは天皇の国に幻想をもち、からゆきはふるさとのしあわせにまつわる幻想をいだいていた。

次元をまるで異にするこれらふたつのからゆきが、それでも、ふと相まみえたときがあった。海を越えた志士たちは、からゆきさんが働く娼楼を足がかりにしたのである。

「すすんで志士の世話をし」たと『東亜先覚志士記伝』にある。からゆきさんをかれらは娘子軍《じょうしぐん》とよんだ。（森崎、二二六頁）

「娘子軍」とは、社会の最下層で苦しみながら働いていた彼女らを「軍人」に見立てた言葉である。家族や国家による犠牲者だったはずの彼女たちが国家勢力の拡大に役立つと知り、〈国家のため〉の役割を担う存在として認識されていく過程で作られた言葉でもある。後世の慰安婦もまた「娘子軍」と呼ばれ（『毎日グラフ別冊　日本の戦歴』〈一九六五〉二一頁の写真キャプション）、慰安婦たちはそのように国家による被害者でありながら、国家の呼び声に応えて、「すすんで」、〈愛国者〉となっていった。

それが国家の不条理な策略だったのはいうまでもない。しかし問題は、遠い外国で辛い生活を送っていた彼女たちにとって、その役割が〈誇り〉となり、生きる力になりえていたという点である。そのことで彼女たちは、家父長制と国家の被害者でありながら〈貧しい被害者〉の立場を乗り越えて、自立した主体性をもつ存在になろうとしたのである。「シンガポール近くではおよそ六千人のからゆきさんがいて、年に一千ドルのかせぎをあげて、それをこれら邦人が借りて商業がいとなまれていた」（森崎、二三二頁）という話も、そのような状況を語っている。

もっとも、彼女たちは一九九〇年代以降に問題化した「慰安婦」たち、つまり最初から軍人を慰安するために動員された「軍慰安婦」と同じ存在ではない。それでも、からゆきさんの後裔――「慰安婦」の本質はここにある。つまり、国家間移動がたやすくできるようになった近代において、経済・政治的勢力を拡張するためにでかけていった男性たち（軍隊はその中心になった）を彼の地に縛っておくために、「からゆきさん」が動員されていた（からゆきさんの最初の相手がロシア軍人だったという事実は象徴的だ）のである。

彼女たちの役割は、性的慰安を含む〈故郷〉の役割を果たすことで男たちの郷愁を満たし、故郷へと向かう心を抑制することだった。そのようにして彼女たちは、国家とその共犯者たちに身体を管理されながら、本格的に帝国主義に乗り出した国家に協力する存在となっていったのである。

そして、ときに軍隊が公式には禁じても、業者たちが勝手に駐屯地内に入る場合も少なくなかった。すでに一九一〇年の朝鮮に入ってきていた日本の業者たちが、駐屯軍を相手にして「面白かほど儲かりますばい」（中西伊之助一九二二、一〇三頁）としたのも、そのような規律を犯しながら生じたことだった。そこでも「阿父さんが、行けって云つた」（同、一一八頁）から売られてきた日本人少女がいたし、そのように「『国力の発展する新領土』へ送られて来る若い女の群」（同、一六二頁）が「C（朝鮮のこと――引用者注）はどんな田舎でも」（同、三一七頁）入って来ている状態だった。

業者の加担――人身売買と性売買

貧しい日本人女性が外地で体を売るなかで妊娠して産んだ子供が、朝鮮人の農家にあずけられることもあった（森崎、一三六頁）。森崎の本の主人公であるからゆきさんの養女は、そうして朝鮮人の家から女学校に通ってもいる。

彼女たちは主に朝鮮に渡ってきた日本人の相手をしたが、朝鮮人労働者の相手をすることもあった。たとえば鉄道敷設のために動員された人たちである。そのため、遊郭は鉄道周辺に沿う形で作られたのだが、森崎は鉄道が「朝鮮人のために敷設されるのではない。植民者たちがわたってくるためのものであった。他国の軍隊が入りこみ、全面支配をするためのものだった」と明確に語っている。それは「清国領土へ軍隊をはこぶための鉄道の敷設」であり、「その土地は片はしから日本人の私物になった」(同、一三九頁)。

このとき鉄道周辺で遊郭を運営した人たちの中には朝鮮人もいた。森崎は「日本人の出資者がい」たはずと書いているが、どちらにしても彼らは「工事と密接にかかわりつつ、娼楼を工事場のすすむさきざきに移していった」(同、一四〇頁)。実は彼らは、この本の冒頭に出てくる業者——少女たちを日本から連れてきた人でもある。故に「少女たちが死ぬと李慶春はその補充に内地へ行った」(同、一四三頁)。

日本人女性を対象にした人身売買と性売買にまで、朝鮮人はかかわっていた。もちろんそのような日本人業者も多くいたことを忘れるべきではない。そしてのちの「朝鮮人慰安婦」とは、日本人女性たちの場所を朝鮮人女性が代替した存在だった。その背景には、朝鮮半島の植民地化と植民地に移植された公娼制度が存在した(宋連玉一九九四、山下英愛二〇〇八)。業者たち自体がそのような過程で作られた存在でもある。

国家の身体管理――さまざまな「慰安所」

女たちは野戦郵便局から日々ふるさとへ送金した。送られる金は、はじめのうちは一人一日百円以下はすくなくて、四、五百円のものもいるというぐあいだったが、やがて国内の娼妓と同じ苦境におちいった。女たちの数がますますふえていったためである。これらの店にあがることのできない兵士や労働者たちを客とする私娼窟もふえた。（森崎、一五五頁）

おそらく、軍慰安所の第一の目的、あるいは意識されずとも機能してしまった部分は、高嶺の花だった買春を兵士の手にも届くものにすることだった。女たちの数が増えてもそのような施設の料金は依然高かったのだろう。「これらの店にあがることのできない兵士」にも利用できるようにと考えたのも、慰安所を軍の管理下におくことにした理由である可能性が高い。それは、国家による国民の身体管理のもう一つの姿でもあった。そのうち「国内の娼妓と同じ」ように収入が少なくなったというのは、誘拐された場合を除けば、からゆきさんたちの収入が本国の娼妓より多かったということを示す。それは、彼女たちが外国では自国の男性たちにとっての〈故郷〉の役割を担うという希少価値を持っていたからであろう。

満州の到る処、本邦人の経営する魔窟を見ざる事なき有様である。本年（明治四十年）五月の調査に依れば、大連には芸妓《げいしゃ》が百六十七人、酌婦が二百八十二人、娼妓が百十三人、支那娼妓七十六人、即ち七百余名の売春婦が居る。此以外に無届無認可の淫売婦が幾許《いくら》あるかは想像の外である。（「福岡日日新聞」一九〇七年一二月一七・一八日付。引用は森崎本、一五六～一五七頁）

この新聞は彼女たちを「売春婦」とくくる。ここでは実際歌と踊りを提供する「芸妓」も、酒の相手を務める「酌婦」も、男たちには「からだ」をも買いうる存在だった。元慰安婦たちの中には歌や踊りを提供したことを話す人も少なからずいる。慰安婦をめぐる状況は、決して一通りではなかったのである。

森崎はさらに語る。

からゆきさんはこのようにして国の公娼制にすっぽりとつつみこまれていったのである。それは租借地だけではなく、日本の支配力がおよぶ地域のどこででもみられた。旧満州の地はもとよりのこと、清国の北や南のおもな都市ではからゆきさんを公娼私娼にわけて日本の警察権で管理した。（同、一五七頁）

北の大陸方面へわたっていたからゆきさんは、そこに日本の主権がおよびはじめるとすぐ、公娼制によって管理された。富国強兵をめざす政府の方針にともなって、憲兵隊がしばしば娼妓の検梅（梅毒検査——引用者注）を強化させた。（同、二三三頁）

この過程は、最初は公娼制の外にいた私娼たちが、やはり現地に出張してきた国家権力（憲兵隊や警察）によって管理されていく様子を語っている。そしてこうした過程を経て、一九二一年にはすでに「朝鮮や樺太や旧満州で娼妓奉公をしていた」（同、二三三頁）人は三〇〇〇名を超えていた。中には国家の認可を得た「公娼」（つまり管理下におかれた存在）も、いまだそうでなかった「私娼」も存在したのだろう。アジア地域では軍隊が管理する前に警察が管理し、後の戦場では軍隊が慰安婦を〈管理〉したのである。一九九〇年代以降、「慰安所」とみなされている中に、警察や軍隊の管理が届かなかったり、緩やかだった民間施設や私娼が混じっている可能性も排除できない。

ある韓国人元慰安婦は、軍人だけでなく民間人も利用する慰安所にいたとしながら、その時の様子を次のように語っている。

わたしが連れていかれたところは台湾人の家だったが、大きな二階だての家だった。窓には鉄柵があった。看板も出されてあった。看板を出すには許可をもらわねばならないと聞いた。（中略）外に出る門の入り口には主人と管理人が座っている事務所があり、その前に廊下があった。そして廊下の両側に女たちの部屋が並んでいた。（中略）

門の外には花や木々が植えられていた。わたしたちは部屋を一つずつもらっていて、それほど大きくない部屋には布団と洋服があった。家の中はきれいではなかった。お手洗いも一つだけだった。化粧のあと洋服を着替えて出て来た女たちは、事務所の右側の部屋に出て来て座っていた。(『強制』2、三四頁)

兵士たちは、入ってくるなり、気に入った女たちをひとりずつ連れて部屋へ入っていった。門の外側には大勢の軍人と民間人が待っていた。(中略)民間人の客はほとんど日本人と台湾人だった。民間人でも一時間だけとどまっていく人もいれば、とまっていく人も月に何人もいた。わたしのところに来る民間人はほとんど台湾の人だった。日本語ではない言葉を使い、肌が日本人よりも黒くて悪いにおいがしたので台湾の人だと分かった。普通は民間人の洋服を着ていた。きたならしかった。(同、三四〜三五頁)

「許可」をもらって初めて「看板」を出せるということ、そして民間人も利用できたということは、この施設が軍が直接経営したところではなく、民間人が経営し管理していたということである。軍がここを許可したというのは、軍が利用してもいい場所として〈指定〉したことを意味する。慰安婦たちは、原則として日本軍人は指定した場所にだけ行くように指導されていたと語る。

こうした状況は逆に、軍指定ではない一般の場所も多かった可能性を示す。そうしたなかには、早くから存在した場所もあれば、軍の需要が増えた時、民間人によって駐屯地に新しく作られた場所もあったはずだ。将校たちは市内の設備のいい場所に行くが（そのほとんどは酒や歌も楽しめる場所だった）、兵士たちは軍部隊のなかの、粗末な施設を利用したという話も、その可能性を示す。

このように大陸の各地に公娼制がしかれて、南方からも女たちが移ってきた。そしてそれから二十年たつかたたないうちに、第二次世界大戦をひきおこし、南方へ日本軍が攻めていくようになって、東南アジアの各地に公娼制が再開された。こんどは日本が管理し、現地の娘たちも公娼にくわえた。また軍関係の慰安婦隊がおくりこまれた。昭和のはじめに上海にわたったからゆきさんのなかには、このとき日本軍の慰安婦の監督となった人もいた。（森崎、二三三頁）

アジア各地に存在した慰安施設が、すべて軍管理下の「日本軍専用慰安所」だったわけでは、おそらくない。さまざまな形の公娼と私娼が存在したのであって、日本軍が管理し兵士が利用したのは原則的には軍が許可した公娼だけだった。中国では、戦争相手国の女性とみなした強姦も頻発したが、一方、このような公娼に合流した中国人女性もいたわけで、その両方を同じ存在と見ることはできない。さらに言えば中国人女性たちは擬似日常言えない。

の役割はしても、〈故郷〉の役割はできなかったはずで、厳密な意味では「慰安婦」とは

千田が言う意味での「慰安婦」の多くは、「からゆきさん」のような二重性を持つ存在だった。三〇〇万を超える膨大な人数の軍隊がアジア全域に留まりながら戦争を行ったために、需要が爆発的に増えた状況に対処すべく動員されたのが「慰安婦」である。それは緩やかな〈国民動員〉と言えるだろう。そして「現地の娘たちも公娼にくわ」(同、一三三頁)わったという状況は、一九九〇年代以降に一様《いちよう》に「慰安婦」と認識された人たちの経験が必ずしも単一ではなかったことを示す。

日本軍慰安所は一様ではない。そして日本軍が発想して軍部隊の中に編入させたのは確かでも、すでに存在していた遊郭がしばらくの間、あるいは部隊内の慰安所と併行して軍人の需要に応えていたと考えられる(一九四五年九月七日付「日本派遣南方軍最高司令官宛連合国指令書第一号」には「遊女屋並ニ慰安隊」に関して「総テノ日本遊女屋並ニ慰安隊ハ日本軍ト共ニ撤退セシム」との記述が見える。『政府調査「従軍慰安婦」関係資料集成』4)。その意味では、アジア全域にあったとされる売春施設をすべて「日本軍慰安所」とみなすのは無理がある。

「慰安婦」を必要としたのは間違いなく日本という国家だった。しかし、そのような需要に応えて、女たちを誘拐や甘言などの手段までをも使って「連れていった」のはほとんどの場合、中間業者だった。「強制連行」した主体が日本軍だったとする証言も少数ながら

あるが、それは軍属扱いをされた業者が制服を着て現れ、軍人と勘違いされた可能性が高い。たとえ軍人が「強制連行」したケースがあったとしても、戦場でない朝鮮半島では、それはむしろ逸脱した例外的なケースとみなすべきだ。

そういう意味では、慰安婦たちを連れていった（「強制連行」との言葉が、公権力による物理的力の行使を意味する限り、少なくとも朝鮮人慰安婦問題においては、軍の方針としては成立しない）ことの「法的」責任は、直接には業者たちに問われるべきである。それも、あきらかな「だまし」や誘拐の場合に限る。需要を生み出した日本という国家の行為は、批判はできても「法的責任」を問うのは難しいことになるのである。

3、もうひとつの加担者たち

先の千田の本には一人の朝鮮人慰安婦が登場する。一九七〇年代のはじめ、「忠清北道出身の五十四歳」の彼女は次のように話している。

私自身は行かなかったが、昭和十五年春だったと思う。貧しい農村であった故郷に日本人の背の低い男の人が来て、〝金になる仕事がある。仕事の内容は楽で食事も与えられる〟と言って家々を回った。当時は各村に必ず日本人警官が駐在所を開いていたが、その警官や面長（村長）を同道していたので間違いないと思ったのでしょう。生活の苦しい農家から何人かの娘が応募しました。応募は未婚の若い女性に限られていました。日本内地の紡績工場や軍の被服工廠などに行った者がいたので、そうした仕事だと思って応募した者は出ていった。これがはじまりでした。（千田、一〇一頁）

「日本人の背の低い男」とは中間業者だったのだろう。しかしそこには面長（村長）という協力者がいた。村のどこに募集対象になりうる貧しい家の娘がいるのかを知り、なおかつ親や本人を説得できるのは村の人だったはずだ。そういう意味では必然的な同伴だったとも言えるだろう。ある元慰安婦は、「今考えると、わたしに配給を取っていきなさいと話した里長の息子が、娘たちがいる家をみんな教えたのではないのかと思う」（『強制』2、四七頁）と話す。

彼女によると昭和十二年暮れから昭和十四、五年ごろまではとにかく、警官や村長をつれては来たが強制ではなく、それは詐術的手段としてのものであったらしい。昭和初年の東北地方で東京の女衒が農民をたぶらかし、娘を連れて行ったのと同様の手口であったらしい。したがって、村の駐在警官は主役でなく、軍御用女衒の圧力機関とし、サーベルを鳴らしついて行っただけであったようだ。（千田、一〇二頁）

千田の説明は、朝鮮での募集をめぐる巡査―警察と村の首長―行政機関の関係を正確に把握しているようだ。千田は日本軍が「朝鮮総督府総務局へその徴募を依頼し、総督府は道、郡、面とそれをおろし、最終的に面長の責任で集めた」という戦争当時の軍人の言葉を引用しながら、村長の息子をインタビューした話も書いている。彼の父親は「日本の昭和十六年、その五月か六月」、駐在所の巡査の訪問後、悩んだ挙句、結局「日本内地でいい仕事がある、どうだ娘さんをやらないか。娘さんから仕送りして貰えるだろう、そんなことを言って勧誘して歩いた」（同、一〇四頁）が、廻った家は「貧しい家、子沢山で生活の苦しい家」だった。彼が集めるように言われたのは「私の故郷では四人か五人」だったが、「集まったのは二人」だった。彼女たちが村を離れるときの姿は「泣いて見送る光景は確かにありましたが、それは就職のため故郷を離れる者を見送るときのあれで、深刻なものはなかったように記憶しています」（同、一〇五頁）という。

この証言を額面通り受け止めるとしたら、ここでの募集対象は、少なくとも表面的には慰安婦ではなく「挺身隊」だった可能性が高い。向かう地域が「日本内地」で「仕送りして貰える」ことが想定されているからだ。慰安婦募集の過程での挺身隊との混同については後述する。

ともあれ、「慰安婦」募集には同じ村の朝鮮人も加担していた。もっとも彼らは当時の国家による女性動員に協力させられる構造の中で動いているので、首長たちの場合は一概に批判することもできない。

しかし、業者の場合、あきらかに個人的収益を見込んでのことであること、さらにその目的をより正確に知っていたのだから（もちろん個々人によって持っていた情報の量や正確さも異なっていただろうが）、日本軍に対する協力のレベルはやはり首長とは差異があると言うほかない。そのような〈協力者〉たちをどう考えるべきかは、ここで簡単に言える問題ではないが、いずれにしても挺身隊や慰安婦の動員に朝鮮人が深く介入したことは長い間看過されてきた。そしてそのことが慰安婦問題を混乱に陥れた原因の一つとなったのである。

酷い悲しい時代でした。父は弱かったと言えば言えます。でも当時の朝鮮人に何ができたのでしょう。解放後に故郷を棄てざるを得なくなりましたが、私は父は運が悪かったのだと思っています。あの時期に面長をやらされたのが悲運だったと思っています（同、一〇六頁）

強いて言えば話者の父親が「運が悪かった」というよりは、〈朝鮮が併合されたことが不運〉だった。二〇〇〇万の朝鮮人たちが数十年もの間（永遠に続くと考えたひとは少なくなかった）日本人の支配下に置かれた状況下では、「面長」でなくても誰かは国策に協力しただろう。そして実際にはその迎合の程度は違えども、構造的に誰かが国家による国民動員の〈協力者〉になるほかなかった状況こそが、〈植民地という事態〉だった。しかも、そのような追随は、たとえば家で毎朝早く起きて家族そろって宮城を遥拝するといった日常生活の形ででも、すべての〈帝国治下の帝国臣民〉に要求されたことだったのである。千田が、「語りながら彼は泣いた」として協力者の痛みまで伝えているのは、協力させた国家の後裔として、その涙に卑屈さよりも人間の弱さを見たからであろう。

とはいえ、そのような朝鮮人を当事者である元慰安婦たちが、「日本も悪いが、その手先になっていた朝鮮人のほうがもっと憎い」(『強制』1、五七頁)、「日本だけでなく朝鮮人も、生き残ろうとして人をひどいところに陥れたのだから、同じように悪い」(同、七一頁)と感じているとしたら、その声は重く受け止められるべきだった。しかしその声は、支援者たちには無視され、否定者たちには責任転嫁の材料にしか使われなかった。そしてそれを支えるそれぞれの意識こそが、慰安婦問題の解決を難しくしてきたのである。「謝罪」というものが、「憎しみ」を解くための応答の行為なら、韓国(および北朝鮮)の中にも慰安婦たちに「謝罪」すべき人たちはいる。そうした事態こそが、植民地の矛盾であり朝鮮人慰安婦問題の矛盾でもあった。「植民地化」とは、そのように、国家(帝国)に対する協力を巡って、構成員の間に致命的な分裂を作る事態でもある。そして、その分裂の現場の記憶が維持されていた四〇年前には、たとえ代替的な形ではあっても、謝罪の思いを胸に抱いていた協力者もいたのである。しかし、九〇年代以降の慰安婦をめぐる記憶の闘いの空間では、協力者たちの協力もその後の悔悟もすっかり忘れられたまま、二十余年の歳月が経ってしまった。

4、「挺身隊＝慰安婦」の認識はなぜ生じたか

ならば、〈日本軍が強制的に連れていった〉という証言は、どのように考えるべきだろうか。慰安婦たちの証言は、自分を連れていった人物は「村の人」か知らない人だったとする場合が多いが、警察や軍人だったと話す場合もないわけではない。千田は募集について次のように書いている。

こうして中量的な女狩りから戦争の拡大は大量の女狩りに移行していく。数々の証人が語るごとく、朝鮮において組織的に大量の女性が集められたのは昭和十八年からであった。それが最も猖獗をきわめたのは、陸軍大将阿部信行が第九代朝鮮総督として赴任して来たからだという。〝挺身隊〟という名のもとに彼女らは集められたのである。

〝挺身隊〟なんとうまく表現した言葉だろう。この〝挺身隊〟員の資格は十二歳以上四十歳未満の未婚女性を対象とするものだった。ただし、総計二十万人（韓国側の推計）が集められたうち〝慰安婦〟にされたのは〝五万人ないし七万人〟とされている。すべてが慰安婦にされた訳ではない。（千田、一〇六頁）

千田は「挺身隊」という名で慰安婦が募集されたものと理解している。そのように書いたのは「当時のことを調べた韓国人新聞記者」が「まず若い女、十八歳から二十二、三歳の女性だけを選んで慰安婦にし、中年女は軍需工場へ送ったようです」（同、一〇七頁）と語ったことにあるようだ（韓国人でこの問題を最初に提起したユン・ジョンオク教授は、千田の本を読んだと述懐している）。

しかし、「挺身隊」と「慰安婦」が異なる存在であることは、早くから指摘があるとおりだ。それが時間が経つにつれて曖昧にかさなりながらイメージが混同され、韓国では「挺身隊＝慰安婦」として固着するようになった。

慰安婦の募集は早い時期からあったが、「挺身隊」（＝勤労挺身隊）の募集は戦争末期、一九四四年からだった。そして挺身隊は最初から朝鮮人を相手に行われた制度ではなく、日本で行われた制度だった。日本は一九三九年から「国民徴用令」「国民勤労報国協力令」「国民勤労動員令」など名前を変えながら一四～四〇歳の男子、一四～二五歳の未婚女性を国家が動員できるようにした。そして一二歳にまで募集対象年齢が下がったのは、一九四四年八月だった（チョン・ヘギョン〈鄭恵瓊〉二〇一二）。

それさえも、「朝鮮では公式には発動されなかった」（イ・ヨンフン〈李栄薫〉二〇〇八、一二〇頁）。しかし千田が引用している（千田は「昭和四十四年八月十四日号」としているが、そこには見当たらず）一九七〇年八月一四日付「ソウル新聞」は、一九四四年に挺身隊制度が「公表」されたとしながら次のように書いている。

一二歳以上四〇歳未満の未婚女性を対象にしたこの挺身隊は、事実上ナチの少女隊よりも残忍だった慰安隊。挺身隊として引っ張って行かれた婦女子たちは、軍需工場、後方基地の洗濯所などにも配置されたが、ほとんどは南洋、北満州など最前線まで（トラックに）乗せられていって獣のような生活を強制された。（以下、「ソウル新聞」は引用者訳）

記事はこのあと、当時学徒兵として参戦した作家ハン・ウンサ（韓雲史　一九二三～二〇〇九年）の言葉を引用して「前線部隊に女たちが連れてこられると、一つの部隊に二、三人ずつ配置され、〝天皇の下賜品〟として（性に）飢えた兵士たちのおもちゃになり、明け方になると別の部隊に連れていかれて、恥辱を受けなければならなかった」と伝えている。そして軍需工場で働く女性の写真に「日本帝国は、女性挺身隊の名前で、あまたの婦女子を動員、軍需工場の工員か前線部隊の慰安婦として犠牲にした」とのキャプションをつけてもいる。日本で施行された制度がそのまま韓国でも施行されたかのように理解し、さらに挺身隊に行くとそのまま慰安婦になるものだったと考えていたのである。

この記者は、「慰安婦」募集であることを隠して「挺身隊」を募集し、その中から慰安婦に適した女性だけを慰安婦にし、残りは軍需工場に送られた、と考えた。彼は「挺身隊に関係した当時の総督府の人は口が固くて、今でも当時の事は喋ってくれません」としながら「どのような基準で慰安婦を選んでいったのか、たとえば美人だけにしたのか、若ければ誰でもよかったのか、今となっては謎」（以上、同「ソウル新聞」）とも話す。

しかし挺身隊とは、まずは男たちが戦場に送られ労働力が不足した中、女性たちを工場などの一般労働力として動員するために作った制度であった。一二歳以上の、すなわち中学生以上の学生や卒業生がその主な対象になっていた。つまり、慰安婦と挺身隊の根本的な違いは、現実に現れている「慰安婦」の多くが、貧困による無学者か、低レベルの教育しか受けなかった人たちであるのに対して、挺身隊に動員された若い人は学校教育システムの中にいた者たちだったという点だ。ユン・ジョンオク教授が挺身隊の徴集から逃れるために学校を中退したと話しているのも、挺身隊の募集対象自体が「慰安婦」のそれとは異なっていたことを示す。

もっとも、挺身隊となって、あとから慰安婦になったと話す元慰安婦がいないわけではない。その経緯はさまざまだが、工員として働いていたのに呼び出され、慰安所に行くようになったと話す人もいる。そのようなケースがどのくらいあったのか分からないが、工員として働いた時受けた強姦体験や「だまし」などが介在した可能性は高い。

いずれにしても、たとえそのようなケースがあったとしても、証言がごくまれであることは、少なくとも、それが一般的ではなかったことを示す。何よりも、そのようなことがありえたのは、口減らしの対象になって家を離れざるを得なくなったり、いとも簡単に強姦されていたことから分かるように、当時の女性たちが社会的セーフティーネットを持っていなかったためであった。

実は朝鮮で早くにそのようなうわさが広まっていたことは、当時の公文書からも類推することができる（「内務省文書」『政府調査「従軍慰安婦」関係資料集成』4、一九九七、収録。以下、『政府調査』4と表記）。おそらく、少女時代のユン教授もまた、そのような「風聞」が広まる中で挺身隊募集を慰安婦募集と混同したのだろう。さきの「ソウル新聞」の記事は、そのような誤解が独立後も続いたことを示すものである。日本は、「国民勤労動員令」という法に基づいて国民動員を行っていた。しかし、未婚の女性が対象になったことと、実際に早くから軍が女性たちを必要としたことから、うわさは性的な意味合いを帯び、〈処女〉を対象とした〈供出〉と認識されたのかもしれない。韓国で未婚を意味する「処女」に、性的な未経験者を意味する「処女」の意味が加えられ、挺身隊をそのまま性的労働に動員される慰安婦と認識した可能性が高い。

千田の本に出てくる男性は、韓国での慰安婦募集について説明しながら「通知書が来て三日たつとどこへ」との千田の質問に、「駐在所前」に集められたと答えている。「そこから警官が引率してトラックや汽車にのせ、逃亡しないよう監視しながらソウルへ連れて行」（千田、一一〇頁）ったと。しかし元慰安婦の多くは、まずは船に乗れるような場所に連れていかれたと証言している。この男性が語る「通知書」を受けて集まったというのは、この状況があきらかに「公的」な徴用だったことを示す。挺身隊も朝鮮では正式には募集されなかったというから、この状況さえも正確なものかどうか分からないが、これにちかい状況があったとしたら、それは慰安婦ではなく、労働力補充のための挺身隊だったはずだ。さらに男性は「見送る家族、母親などは娘の足もとにすがり号泣し、それを警官が引き離そうとすると、今度はその警官の足にすがって、〝返してくれ、助けてくれ〟と泣きながら訴えるのですが、蹴とばされ」（同）たと言うが、慰安婦の証言にこのような別れの場面はほとんど見当たらない。単独で村を離れていったケースがむしろほとんどである。少しずつ違いはあるが、「夕食のおかずにでもしようかと一人で畦でよもぎを採っているところへ、三～四〇代の男が来て、こんな苦労などせずにたらふく食べられ、いい靴もくれるところを紹介してやるから付いてこいと言われて」行くようなケースがほとんどなのである。また、連れられていく途中で怖くなって泣くと、「彼女の頬をひっぱたき強圧的に先を急がせた」のも、日本軍ではなく「朝鮮人の男」であった（以上、イ・クグォン（李国彦）二〇〇七、七四～七五頁）。さらに「工場」の仕事を見つけてくれるとだまして連れていった別の男は、「工場へ行くと言ってたのに、話が違うと言ったところ、金氏は言うことを聞けと言っては、わたしらを日本人に渡して消えてしまった」（『強制』1、八七頁）という。

村から強制的にトラックに乗せられていった女性たちの姿は、だまして連れていった業者たちによるものか、挺身隊をめぐる状況だった可能性が高い。ただし、挺身隊の場合だとしても、人狩りのような〈強制〉的な場面ではなかったはずだ。なぜなら、後述するように、当時における挺身隊とは〈国家のために〉「挺身」するものであって、たとえば兵士がそうであるように、構造的には強制でも、あたかも自発的であるかのような形を取っていたからである。

在日朝鮮人・金一勉の『天皇の軍隊と朝鮮人慰安婦』（一九七六）にも、手当たりしだい連行し、逃げる女たちに官憲が手錠をかけて留置場に入れたような場面が出て来る（一八二頁）。しかし、当時の「挺身隊」とは文字通り、身を国家に「挺」するべく集められたのであって、内心どうだったかは別として、女子勤労挺身隊令が布かれる前から「増産一路にもえる半島の処女たちはみんな生産戦に出ることを決心し、次から次へと志願する」（「毎日新報」一九四四年六月二六日付。『女性動員』二四八頁より再引用）ような状況が作られていた。金が見たというのは、思想犯のような、反体制派を相手にしたときにありえた場面である。

自ら朝鮮人女性の「強制連行」に参加したかのように語って、「朝鮮人慰安婦強制連行」説を広めた吉田清治の本（『私の戦争犯罪──朝鮮人強制連行』〈一九八三〉）を、慰安婦「強制連行」の証拠のように引用する記事は今でも続いている（「朝鮮日報」二〇一二年九月六日付）。しかしこの本も信憑性が疑われだして久しい（秦郁彦一九九九、『週刊新潮』一九九六年五月二・九日号、「朝日新聞」一九九七年三月三一日付など）。一部で強調していた「強制連行」説は、信頼に足るものではない。

軍が主体となり、女性を強制的に連行・拉致したのは、戦場で個人またはグループが行った、文字通りの強姦と強制売春のケースと考えるべきである。また、その対象は基本的には朝鮮人女性ではなかった（もちろん、軍部隊と共に移動中に強姦された朝鮮人慰安婦もあったし、正式に慰安婦になる前に、将校などが〈先に〉彼女たちを強姦したケースも多かったようである）。なぜなら、そこで朝鮮人は「日本人」でもあったからである。

慰安婦の中で暗黙に公認された「強制」と強姦の対象は、基本的には中国やオランダ、フィリピンなど「敵国」の占領地の女性だった。後述するが、朝鮮人慰安婦の中に、いっしょにいた日本兵士が中国人女性を強姦するのを見たと語る人がいるのは、そのことを明瞭に示す。「朝鮮人慰安婦」と日本軍の基本的な関係は、そのような戦場の中国人と日本軍との関係とはあきらかに異なるものだった。それは、朝鮮人慰安婦が構造的な輪姦にさらされていたとしても変わらない。むしろそのような構造を見るためにも、彼女たちに降りかかった〈強制性〉の複雑さを正確に見る必要がある。

5、植民地の〈嘘〉

さきの「ソウル新聞」の記事には、さらに次のような記述も見える。

接待婦、妓生など最初は花柳界の女性たちを動員していた日本は、次第に人数が需要をまかなえなくなると一般人の娘（処女）までを召集、これに応じないと一年以下の懲役や千円以下（当時の金額）の罰金を与えた。

まず確認できるのは、最初の「慰安婦」募集が、「花柳界の女性たち」を対象にしたものと認識していることである。「慰安婦」に、いわゆる〈強制的に連れて行かれた〉人ばかりがいるのではないことをこの記者も知っていた。しかし、「応じない」と懲役や罰金が科されたというのは、あきらかに法律が存在してのことであって、この記者は、女子挺身勤労令にもとづく「挺身隊」募集とおそらく混同している。

一九三九年に日本で布かれた国民徴用令は朝鮮半島には一九四四年九月に初めて発動されたが、女子挺身隊募集は自発的志願と法的強制を曖昧にした志願の形で始まった。それは一九四五年一月の「毎日新報」などでも確認できる（一九四五年一月二四日付。『女性動員』、二七五頁から再引用。以下、同じ）。

「女子勤労挺身隊、満一五歳から二五歳で組織」

緊急増産のためにすでに生産戦に参加しているが、八月からは女子たちも勤労に参加することになった。満一五歳から二五歳までの女子のうち遊んでいるとみなされる女子を対象に女子勤労挺身隊を組織するもので、国民義勇隊の組織発展を待って具体的に結成することになるようだが、女子勤労挺身隊は常時要員と臨時要員の区別を設けて、常時要員は女子たちができるような事業に動員し、臨時要員は漁獲が多かったときなど、運搬のような仕事に動員するなど適切な方面に動員することになった。（「毎日新報」一九四五年六月一一日付。『女性動員』、二八〇頁）

朝鮮で女子挺身隊動員が強制動員の形で実施されるのは、一九四五年八月の予定だった。しかし実際には、一九四四年以前から朝鮮でも挺身隊が組織されていたそうである（以上、外村大氏のご教示をも参考にした）。その背景を新聞は次のように伝えている。

贅沢と享楽と安逸だけ求めていたヤンキーのアメリカ女子たちも戦いに負けじと工場に集まっていて、すでに全アメリカの工員の半分以上を女子たちが埋めているという。このヤンキーの挑戦に応じないのでは皇国の女性たちでない。やっとみんなで一緒に〔工場で〕働けるようになったではないか。これら壮士たちが挺身していた生産ラインを我々が守るためにも半島女性が総決起すべきはいまである。女子は絶対に徴用はしない、（中略）このような時、わたしの後ろに従えとでも言うように女性進軍の烽火を掲げて出た勤労娘子軍がいて、その名は平壌女子勤労挺身隊である。すでに内地では数多い挺身隊が組織され、増産場に進軍していい成績を出しているところであるが、朝鮮ではいま平壌挺身隊が女子勤労の集団動員としてははじめてである。（「毎日新報」一九四四年四月一九日付。同、二四四頁）

内地―日本で挺身隊募集が始まると朝鮮ではこのような〈自発的な動員〉が始まった。アメリカという〈敵〉の女性と味方の〈内地〉の女性たちの動きを気にしながら、「半島女性が総決起すべき」と促すこの記事は、言うまでもなく、総督府御用の記事でしかない。そこで生産の場が「戦陣」に比肩され、そこへの参入を「進軍」とする戦争への国民総動員体制に組み込まれたのであり、彼女たちもまた「娘子軍」と呼ばれたのは当然だった。それは朝鮮で徴兵が始まる前に志願兵制度が始まったことと軌を一にしている。そのような国家の呼び声に「志願」していく女性たちが多かったのはむしろ当然というべきだろう。その後実際に「ここに志願兵の姉がいる、生産戦場はどこですか、ハンナム（咸南）から挺身隊を志願」（同年九月一四日付）、「挺身隊でなくても、二人の女性嘆願を聞いてとりあえず事務委嘱」（同年九月一六日付）、「家庭も国があってこそ、血書で女子挺身隊嘆願した有馬嬢」（同二〇日付、以上すべて同新聞、同、二六四〜二六六頁）など、志願は相次いだようだ。もちろんそれは非国民にならないための、〈自発の自己強制〉というべき事態だった。

とはいえ、たとえ表面的といえども、そこに確かに存在した〈自発性〉を無視することはできない。なぜなら、それは、元慰安婦たちに限らず、誰がその状況に直面したとしてもありうること、つまり植民地化とはどういうものだったのかについて、ある一面を教えてくれるからだ。こういった隠蔽は今に始まったのではなく、戦後、韓国解放後に自らの〈自発性〉を忘却の彼方へ消し去りたかった元帝国臣民によるものである。植民地は一貫した〈抵抗の地〉でなければならず、それは本人の記憶や意志を超えての、新しく出発した独立国家の夢でもあったのだろう。その過程における、さまざまな〈自発〉への沈黙は、〈嘘〉というより、むしろ「モラル」でさえあったはずだ。その出発からして「ポスト植民地国家」は、ほとんどの国民が経験した〈過去の否定〉から始まるほかなかったのである。数少ない抵抗者たち——たとえば上海臨時政府やイ・スンマン（李承晩）臨時政府大統領、中国東北部満州地方で独立運動をした人や、国内でも「反体制派」だった人々の行動や記憶を、中心記憶にして再出発するほかなかった。

後述するような〈慰安婦たちの愛国〉が忘却されてきたのは、まずはそのような構造が作ったものである。それと同じようなある種の忘却と隠蔽が、慰安婦と挺身隊の混同にも起こっていたと考えられる。

先の「ソウル新聞」記事が「最初は花柳界の女性たちを動員していた日本は、次第に人数が需要をまかなえなくなると一般人の娘（処女）までを召集」していったとして、一般人が「ノリゲ（あそびもの）」にされたことを問題にしているのも、その延長線でのことである。ソウル新聞記者は（そしてその後の人々も）、たとえばその対象が、接待婦・妓生たちで留まっていれば、問題視しなかったのかもしれない。つまり、彼は「花柳界の女性」と「一般人女性」を区別し、彼の問題意識は「一般人女性」の経験に向けられている。ほかならぬ一般人女性がそういう境遇に陥ったことに対する怒りがそこには存在しているのである。普遍的な人権問題としてよりは、一般人女性に対する彼の感情移入は、一九九〇年代以降の韓国における慰安婦像にも受け継がれた。

後述するように、「慰安婦」＝「少女」とのイメージに韓国が執着した理由はそこにあると言えるだろう。「挺身隊」を「慰安婦」と思わせた背景にはそのような〈記憶の闘い〉もあったのである。

とはいえ、さきほどの「泣きながら訴える」親に関する証言を無視することはできない。そこで考えられるのは、親たちが娘たちの行く先が、単なる「挺身隊」ではないと考えていた可能性である。その形が〈自発〉だろうが〈強制〉だろうが、娘たちを待っているのが「慰安婦」の仕事と考えての悲しみであったかもしれない。そこには、娘たち自身の悲しい〈嘘〉——性にかかわる仕事ではないと自分と親に納得させるために、内容が分かっていながら「挺身隊」に行くと話すような——があったかもしれないし、娘を貧しさゆえに売った親たちの〈嘘〉が介在していたのかもしれない。多くの売春女性や強姦された女性たちが、その事実を公には言えなかった差別的な社会構造こそが、挺身隊と慰安婦の混同を引き起こし、いまだにひきずっている根本的な原因とも考えられる。

おそらく、このような混同を生み出したのはまずは業者の嘘によるものだったはずだ。「挺身隊に行く」と偽って、実際には「慰安婦」にするために戦場に送るような嘘である。それは自分の利益のためのみならず、軍が要望する圧倒的な数に応えるためにも、「挺身隊」という装置が必要だったのだろう。合法的な挺身隊の存在が、不法なだましや誘拐を助長したとも言える。そこに介在した嘘は、慰安婦になる運命の女性たち自身や周りの人々、そしてその家族をその構造に入りやすくする、無意識のうちに共謀した〈嘘〉でもあった。

そこで行われている最後の段階での民族的蹂躙を正視しないためにも必要だった、〈民族の嘘〉だったのかもしれない。

つまり、彼女たちのみならず、彼女たちを守れなかった植民地の人々すべてが、〈慰安婦ではなく挺身隊〉との〈嘘〉に、意識的あるいは無意識的のうちに加担した結果でもあったのである。そして、そのような嘘を必要とする事態こそが、「植民地支配」というものでもあった。

6、「少女二〇万」の記憶

「ソウル新聞」の記者は、「挺身隊に動員された韓・日両国の女性は全部で二〇万ほど。このうち韓国の女性は五万～七万人と推定されている」と書いている。慰安婦問題を告発する韓国の記者さえも、朝鮮人慰安婦の数を「五万～七万」と言っているのである。日本で動員された挺身隊が一九四四年二月の時点で一六万人というから、この数字は本当の挺身隊の数だった可能性が高い。

千田は「日本軍が動員し使用した慰安婦の総数は昭和十三年から同二十年まで八万人とも十万人とも言うが、その大半が朝鮮人女性」と言う（二九頁）。この本の副題にある「八万人」とは、ここから出た数字だった（なぜか千田が示している数は韓国人記者が示す数字より多い）。

もっとも、数自体はさほど重要ではない。二〇万人ではなく二万人、もしくは二〇〇〇人だったとしても、朝鮮人女性が「日本軍慰安婦」になったことが植民地に対して帝国権力がもたらした結果である以上、彼女たちの苦痛の責任が「大日本帝国」にあるのは明らかだ。そのことは、彼女たちを直接動員したのが業者だったとしても、また彼女たちが「からゆきさん」のように誘拐されたり自発的に売られていったとしても変わらない。

しかし、「二〇万人説」は、千田を始めとするジャーナリストや研究者・運動家たちが「ソウル新聞」などの記事を全面的に信じ、さらに曲解させた結果として定着した。たとえ「二〇万人」だったとしても、その数は慰安婦のことではなかった。

二〇万人という数字以上に、韓国の人々の怒りを誘うのは、ソウルの在韓日本大使館の前の少女像が示すように、朝鮮人慰安婦の多くが幼い少女だったというイメージである。

しかし、〈慰安婦＝少女〉のイメージは、まずは一九九〇年代にこの問題が提起されたとき、挺身隊を慰安婦そのものと誤解したことから作られたものである。

実際には、「わたしが一番幼かったよ。行った人のなかでは。ほかの人たちはみんな二〇歳過ぎていた」（『強制』5、三五頁）、「私たちのところには二〇人ほど残った。彼女たちはすこし年を取ってて、みんな二〇歳過ぎていた。全羅道からも来ていたし、慶尚道からも来てたよ」（同、八七頁）と語る。本人以外は「二〇歳以上」だったと強調し、元慰安婦たちは、「少女慰安婦」の存在が必ずしも一般的ケースではなかったと話しているのである。

そこは慰安所が多かったよ。多いからお客がいない人もいるの。そこに行くと男を相手する仕事ばかりすると言うけれど、(必ずしも) そうでもなかった。そこの女の子たちとみんな話してみたよ。(中略) 年齢はみんな似たりよったり。大体二〇歳、二一歳、一番上だと二五歳、三〇歳が一番上だったね。(『強制』5、九六頁)

まだ戦争中の一九四四年八月、当時のビルマのミッチーナー (Myitkyina) で捕虜になって米国政府戦争情報局の尋問を受けた朝鮮人慰安婦たちの「平均年齢は二五歳」だった (「Japanese Prisoner of War Interrogation Report No. 49」)。そしてある元朝鮮人日本兵も慰安婦たちが「二〇、二一歳」だった自分たちより年上で、「お姉さん」と呼んでいたと語る (『海南島へ連行された朝鮮人性奴隷に対する真相調査』(以下『海南島』とする)、二〇一一、六九・七二・一二〇頁)。

もっとも、幼い少女が慰安婦になったケースが存在しないわけではない。しかしいざ幼い少女が慰安所に着いた時は、「ある軍人に年齢を聞かれて一四歳と答えたところ、『お乳をもうすこし飲んでこないと。親兄弟に会いたいだろうにどうやって来たのか』」(『強制』2、五一頁) と言われたという話は、彼女の年齢が決して平均的なものではなかったことを教えてくれる。

にもかかわらず、韓国での慰安婦のイメージが「少女」に定着したのは（大使館前の少女像以外に、慰安婦を素材として有名になったあるアニメーションのタイトルも『少女物語』である）、挺身隊と慰安婦を混同したせいでもあるだろうが、先の「二〇万人説」と同様、そのことが韓国の被害意識を育て維持するのに効果的だったための、無意識の産物だったと考えられる。

「からゆきさん」時代に海外へ連れていかれた人たちの多くが「少女」だったのは事実であるようだ。幼いだけに、誘拐や人身売買の対象になりやすかったからであろう。

　そして、朝鮮人慰安婦の中に少女が存在したのも、日本軍が意図した結果というより、「強制的に連れていった」誘拐犯たち、あるいは同じ村の者でありながら、少女がいる家の情報を提供した協力者たちの意図の結果と見るべきだ。少女たちを勉学という教育システムから排除して、保護すべき共同体の外に追い出した人々である。自分から家出をし都会を徘徊した果てに連れていかれた少女たちにしても、彼女たちを家出させたのは、その時の〈家〉が男性中心で、彼女たちを保護し教育する〈家〉としての役割を果たしていなかったからにほかならない。初期の「からゆきさん」がそうだったように、そのような家父長制的構造は日韓とも共有するものだった。

　何日か経ったあと、ブンスンと川縁で貝を取っていると、向こう側の丘の上に立っている老人と日本人の男が見えた。老人がわたしたちを指差すと、男が私たちの方に

やってきた。老人はすぐに立ち去り、男が私たちに、手招きをして同行を促した。(『強制』1、一二四頁)

その日も姉さんたちとゴムあそびをしていた。その時日本人一人とその手先に見える朝鮮人一人が私たちのそばに寄ってきた。日本人は炭鉱ズボンを穿いていて、朝鮮人は朝鮮の服を着ていた。

「お父さんがチョ氏の下宿屋で囲碁を打ちながらあなたを捜している」と話した。いっしょに遊んでいた子供たちは鼻をすすりながらどこかへ逃げて行った。わたしは一二歳だったが、背も高く身なりもきちんとしていたので一五歳位に見られていた。以前お父さんに賢いといわれて使いに出されたこともあったので、その言葉を信じて彼らについていった。チョ氏の下宿屋に連れていって彼らはわたしを奥の狭い部屋に押し込んだ。そこにはすでにわたしのようにだまされてきた女たちが三人いた。(同、一三六頁)

三つ上の兄が、女の子に教育を受けさせても無駄と言って、学校に行かせなかった。兄は、学校に行けないように本を全部火鉢にくべて燃やしては、女の子に教育を受けさせればいい気になると言った。それでもわたしが学校に行きたいと言うと、兄は家ではおじいさんがいてわたしを殴れないものだから、書堂へ連れていって鎌で刺し殺すとまで言った。わたしは隣の家の姉さんが学校へ行くのがとてもうらやましかった。学校に行かせてくれなかったので、その年（九歳――引用者注）晩春の頃、お母さんにも言わずにお父さんの妹にあたる叔母さんが住んでいたソウルに逃げた。（同、一八三頁）

単身でソウルに来た九歳の女の子が都会で転々としては、工場へ行くと思い込んで連れていかれて、「慰安婦」になった年齢は一五歳である。つまり、幼い少女たちが「慰安婦」になったのは、ほとんどの場合、周りの人がだまして連れていった場合か、彼女が所属した共同体が彼女を保護するような空間ではなかったケースである。

母親と義理の父親が自分を慰安所に送り出したと考える一人の慰安婦は、母親を恨んで「臨終のとき知らせが来たけれど、私は行かなかった。どうすれば娘をそんなところへ送り込むことができるのかという恨みの気持ちが消えなかったから」（『強制』2、一八一頁）と語る。

慰安婦が慰安婦になるまでの状況は決して一様ではない。〈強制的に連れていかれた二〇万人の少女〉との認識は、挺身隊と慰安婦の混同、業者や周りの加担者たちの忘却、例外的事例を一般的なケースとしてしまった理解が作り出したものである。さらに、証言している慰安婦たちのほとんどが一〇代に「慰安婦」になったとしているのは、この「慰安婦問題」が発生した九〇年代には、すでに一九四〇年代から五〇年も経っていたためではないだろうか。つまり一九四五年の時点で二五歳以上の人たちは、このときすでに七〇歳以上になっていたわけで、当時の平均寿命からするとすでに亡くなっていたか、病気になっていた可能性が高い。そこで「解放」の時点で二五歳以下だった人たちだけが声をあげることになっていたとしたら、一九二〇年以降の生まれということになり、一九三〇年代後半における彼女たちの年齢が一〇代なのは、そのようなことの結果とも考えられる。

「慰安所」が一様でないように、「慰安婦」になるまでの女性たちをめぐる状況も決して一様ではない。「二〇万人の少女」のイメージは、そのように作り出され、維持されてきた。

第2章　「慰安所」にて――風化する記憶

1、日本軍と朝鮮人慰安婦――地獄の中の平和、軍需品としての同志

「女房」としての慰安婦

千田の本に登場するある軍人は、「北満州の孫呉」という場所にあった「対ソ戦用の兵団基地として日本人が作った町」から五キロほど離れた場所に、軍隊用慰安所があったとして、次のように語っている。

数は師団の兵員数二万人以上に対し五十人ぐらいだったと思います。ここに民間人の管理人がいました。営業について軍は介入していませんでした。

ただし、彼女らに対する管理は衛生面では軍医部後方関係軍医が当たっていました。定期的に検診を行ない、花柳病患者を発見すると各連隊の週番司令を通じ各隊へ通知し、その慰安婦には営業停止を命じていました。つまり管理権は軍が持っていました、

間接管理でしたが。軍隊としてはともかく性病の発生を一番怖れていたのではないでしょうか。（千田一九七三、六四頁）

つまり軍は慰安婦たちを「管理」はしたが、直接に慰安所の運営はしていないというのである。しかし、直営していたところもあるようだし、「軍の関与」はさまざまだったと見るべきだ。重要なのは、「二万人以上に対し五十人」と、さりげなく示される数字が示す悲惨さである。陸軍少尉だったという別の軍人は次のように話す。

慰安所は覇王城に大きなのがあり、考城県に出張所のようなのがありました。覇王城は通過部隊が多い交通の要衝だったので、彼らのために大慰安所があったのでしょう。考城県の慰安所は所在の駐屯部隊用で、慰安婦の数も少なかったため、各隊ごとに日をきめ、利用することになっていました。もっとも警備駐屯、とくにわれわれのように、時間がきまっている米軍機来襲に備えている部隊は、その時間が過ぎると閑です。古兵は要領よく出かけていたようです。（中略）

それに長い駐屯生活で同じ慰安婦と暮らしていると、女房みたいな気になってしまうのか、兵隊たちもガツガツしなくなって来ます。いつでもできるじゃないかという感じです。彼女らはそんなことで駐屯部隊の一員のようにもなっていました。また飾り物というか慰安婦を持たない駐屯部隊は、お菓子を持たない子供のように恰好がつかないようなところがあったので、兵隊たちは彼女らを大事にしていました。

慰安婦の方もそれに応え、休日に兵隊たちの所へお土産を持って来て洗濯してくれたり、陣地の横で機関銃の手入れをする兵隊のそばで頰杖ついて眺めていたり、花を摘んだり、空にはヒバリがさえずっていてのどかなものでした。兵隊も昼飯を食べさせたりしていました。駐屯地における兵隊と慰安婦の関係はどこでもこんなものではなかったかと思います。（同、六五～六六頁）

慰安婦の労働の過酷さは、場所によって異なっていた。そして閑な部隊では慰安婦は軍人にとって「部隊の一員」であり、「女房みたい」に扱われていたと言う。

おそらく、これこそが慰安婦たちに要求された役割だったと言えるだろう。男性たちだけで構成されている軍隊に投入され、女性が家のこまごまとした仕事をして、男たちがまた会社に出て働ける役割を受け持つように、軍人たちが戦争をしている間、必要なさまざまな補助作業をするように動員された存在が慰安婦だったのである。もちろんそのような補助作業のなかでももっとも大事だったのは、軍人たちの性欲に応えることであった。そこはあたかも疑似家庭のような空間でもあった。

そのような意味でも、戦争で強姦の対象になった〈敵の女〉と慰安婦は、軍との関係で根本的に異なる存在だった。家族と離れて戦場にでかけている軍人を「女房」のように身体的・精神的に「慰安」し、士気を高める役割。それこそが慰安婦に期待された役割だったのである。「慰安婦」の名前はそのことを端的に示すものである。場所による違いはあっても、慰安婦たちが軍人と平和なひとときを過ごせたのも、そのような構造があってこそのことである。

看護の仕事も習ったよ。アメリカ人の飛行機が来るとなると銃の組み立てを習ったり、どこを撃たれたら、どのように包帯を巻けばいいとか、そんなことを習ったりして、遊ぶ暇などなかった。（『強制』5、一三九頁）

前線でも兵隊たちが大きな戦闘にでかけて帰ってくると、着物を着てエプロンをかけて「ゴクロウサマデシタ」（日本語使用――引用者注）と迎えたり。普通はもんぺを着るけど、でないとスカートを着たり、着物は冬もの、夏もの、春もの。都会へ行ってお金払って買うんだよ。エンゲイカイ（日本語使用）のようなものをやるからね。（同、一四〇頁）

朝鮮人慰安婦たちの役割は、決して性的欲求を受け止めることだけではなかった。負傷した将兵に包帯を巻いて看護し、さらには銃を撃つ方法（原文の意味が不明確。組み立ての補助作業か）まで習って、日本軍とともに戦争を支えた。兵士たちが戦闘から帰ってくると、「着物」に「エプロン」姿で迎え入れて、祝賀の宴に参加する存在でもあったのである。

大東亜戦争になったあとは、そこにいる女たちがみんな訓練を受けた。朝になるとみんな出て来て、みんなで体操をして、軍隊式に同じように訓練を受けたものよ。新作路の運動場で訓練を一カ月半は受けた。手榴弾を投げるのは部隊で。部隊に行くと訓練を受けさせる人がいた。それは軍人だった。（同、一〇四頁）

ここでの体験は「大東亜戦争」勃発後のことであって、慰安婦たちをめぐる状況は、場所と時期によって異なっていた。また、どのような軍人に会い、どの部隊にいたのかによってもその体験は異なっている。もちろんどのような場合も、彼女たちが置かれた状況が、苦痛と不幸に満ちた状況だったという本質的な構造が変わるわけではない。しかし、慰安婦のそのような姿を見ないかぎり、決して朝鮮人慰安婦の総体的な姿を理解することはできないのである。

誇りと蔑みと

ある日本人慰安婦の次の話は、慰安婦と軍人の関係をより明確に見せてくれる。

慰安婦になるとき、戦場に着いた当初は、〝こんな体の私でもお国の為に働けるのだ〟と思った。でも第一線の慰安所にいる時はそれでもよかったけれど、後方の兵站基地の慰安所にいると次第に生活に慣れるというか疲れてしまうのね。それというのは第一線では兵隊たちと食べる物も一緒だし、兵隊は明日死ぬかも知れないと思っている。私たちもそんな彼らを本気に慰めようと思った。将校たちも顔を見ると、〝ご苦労！〟など言ってくれた。ところが後方に来ると本当に〝共同便所〟扱いなの。将校や下士官たちの中には面と向かってそう言うのがいた。（千田、八一〜八二頁）

楽しかったのは、そうね、私の場合はやはり四国の兵隊に会ったときだった。それも愛媛とか松山とか故郷に近いほど嬉しかった。兵隊の方もまるで肉身《ママ》に会ったみたいで、セックスぬきで故郷のお祭りのこと、山や川のこと話し合っていたものだった。兵隊たちもそれで満足していた。（同、八二頁）

慰安婦たちを取り巻く状況は、都会か山奥か、前線か後方かなど、場所によって異なっていた。兵士たちがセックス抜きに「満足」していたというのは、慰安婦たちの役割のうち「故郷」の役割だけで満足できたからであろう。慰安婦たちは、自分たちの役割が軍人を精神的に慰めることでもあることも、認識できただろう。そういうとき、社会の差別的視線にさらされていた彼女たちが、誇りを感じたとしてもおかしくはない。彼女たちにとって、軍人を支えることで〈愛国〉的行為につながる「慰安婦」という存在は、初めて自分の居場所を日なたに作ってもらえたことでもあったはずである。千田の本には、慰安婦として行くことになった女性に、残った同僚たちがお祝いの送別会をしてあげる場面も出てくる。

そこでの「慰安」とは、逆説的にも、彼女たちにとって、それまでのようなつらい「仕事」に、新たな意味を与えられることだったのだろう。「こんな体の私が兵隊さんのために働ける、お国のために尽せるというので彼女らは喜んでました」(同、二六頁)。そう言う慰安婦たちが慰安所で自殺をした(『強制』1、二一九頁、二二二頁、『強制』2、一二七頁、『強制』3、一三三頁)のは、たとえ偽りでも、過酷な日々の生活に、何の意味も見いだせなかったときだったはずだ。たとえその「誇り」が、「共同便所」として死なずに生き続けられるための自己欺瞞でしかなかったとしても、である。そのようにしてつかんだ「誇り」が、所詮国家の欺瞞でしかなく、彼女たちに慰安婦生活が依然として「消しゴムで消せるものなら消してしまいたい過去」(千田、八四頁)でしかありえないほどにつらかったとしたらなおさら、その「誇り」は必要だったはずである。

代替日本人

ところで、千田は「だまされて連れてこられた」朝鮮人慰安婦に対して、つぎのようにも書いている。

彼女らが部隊を追い行動するときは洋装が普通だった。もっとも洋装といっても木綿のワンピースかスーツだったという。これに晴れ着や身のまわりの品をつめたトランクを持ち兵隊と一緒に歩いていた。湿地帯を歩くとき、または渡河のさいは褌ひとつになる兵隊の横で裾を腰までからげていたという。兵隊と条件はまったく同一である。（千田、八九頁）

おそらく、「従軍慰安婦」という言葉は、このような光景から出てきたのだろう。実際に千田が言及した写真集には、千田の語る光景をそのまま写したような写真も収められている（『毎日グラフ別冊　日本の戦歴』、一九六五年八月一日号）。

職業軍人だったある人は、中国人より朝鮮人慰安婦をより多く募集したのは、朝鮮人慰安婦は、知った事実を「敵側に通報し軍事情報を流すことはなかった」（千田、一二二頁）からだと話す。朝鮮人慰安婦とは、そのように、中国やインドネシアなど、占領地・戦闘地の女性たちとは区別される存在だった。日本軍との関係において、日本人や台湾人を除けば決定的に異なる関係だったのである。それは彼女たちが性的に搾取されていたとしても変わらない。

植民地となった朝鮮と台湾の「慰安婦」たちは、あくまでも「準日本人」としての「大日本帝国」の一員であった。もちろん実際には決して「日本人」でありえず、差別は存在した。それでも彼女たちが軍人の戦争遂行を助ける存在だったのは確かである。

一九四五年、六〇〇人の軍人がいた南洋のある島に日本人の「二十人の慰安婦」が到着したときを、ある軍人は次のように回顧している。

> 兵隊たちのその時の喜びは、戦後、内地に帰還した時以上のものでした。行為をすることを喜んだのではない。日本の香りを持った女に、生きて会えることを喜んだのです。(中略)少し疲れてはいるが若い日本の女性たちの訪問である。将校はもとより、兵隊たちの喜びようといったらなかった。出撃を目前に控えた戦友たちの中には、声をあげて泣くものもいました。(中略)
>
> 雨が私の背中を濡らしていました。その最中に不意に内地のことが頭に浮かび、こうしている私たちの存在がなぜかひどくもの哀しく思えました。終って部屋を出る時、女が仰臥したままの姿勢で、〝りっぱに死んでください〟といった。ふり返ると、暗がりの中で、女は、じっと私の顔を見すえていました。おそらく一人一人にそう言ったのでしょう。枕許に女の衣服がきちんと重ねてあり、その一番上にオマモリぶくろがチョコンと乗っているのが見えました。私はしかし、そういう女に応える言葉がなかった。
>
> 私が、戦地で慰安婦を抱いたのは、あとにも先にも、この一回こっきりです。第一、そんなことに気をつかっていられるほど余裕のある局面ではなかったし、軍もいまや防戦に必死の状態だったのです。(同、一八〇～一八二頁)

国家—大日本帝国が軍人のために動員した慰安婦の最も重要な役割がここに示されている。性的に搾取されながらも、前線で死の恐怖と絶望にさらされていた兵士を、後方の人間を代表する女として慰安し、彼らの最期を〈疑似家族〉として見守る役割。朝鮮人慰安婦たちが前線でも「皇国臣民ノ誓詞」を覚え、何かの記念日には国防婦人会の服装（＝割烹着）に着替えてたすきをかけて参加したというのは、そのような役割を遂行できる前線の〈銃後の女〉にふさわしい女性としての訓練だったとも言えるだろう。それはもちろん国家が勝手に与えた役割だったが、そのような精神的「慰安」者としての役割を、慰安婦たちはしっかり果たしてもいた。

もっとも、朝鮮人日本兵の場合と同じく、彼女たちが「天皇のために」死に行く兵士たちをしっかり「慰安」して戦場に送り出すほどに訓練されていたかと言えば、それはさまざまだっただろう。それでも〈本当の日本人でない〉朝鮮人たちが、〈本当の日本人〉になれるのは、そのようなジレンマに悩むよりは目の前の〈偽りの愛国〉あるいは〈内面化された愛国〉システムが要求した慰安に没頭することによってだったはずだ。そしてその実態はどうであれ、それが彼女たちに残された唯一の選択だったことは間違いない。日本軍人との恋愛や結婚が可能だったのも、そのようなジレンマを抱えることを諦めた人たちの選択であろう。朝鮮人慰安婦たちが「小百合」「鈴蘭」「桃子」などの花の名前の日本名で呼ばれた（古山高麗雄「白い田圃」『二十三の戦争短編小説』、八九頁）のも、植民地人が日本軍慰安婦になることは〈代替日本人〉になることを意味する。

とはいえ、彼女たちが完全なる「日本人」になれたわけではない。田村泰次郎の「春婦伝」という小説には、軍隊のトラックに乗って移動する慰安婦たちが登場する。彼女たちは元々「故郷の家の生活の苦しさ」のために「前借で買われて」慰安婦になった人たちである。彼女たちは「天津」から他所へ移動するところだが、それは彼女たちの「希望」によるものだった。それでも彼女たちが一五台のトラックのうち「先頭から五輌目」のトラックに乗ってあたかも守られているように移動する姿は、軍と彼女たちの関係を示すものだ。

　春美たちの新しくきた家は城内の北門の近くにあった。民家を改造したもので、院子（ユワンズ）を中心に彼女たちの部屋があり、表には「日の出館」という看板がかかっていた。女は前からいる者をくわえて、六名だった。三軒置いて隣りに「君のや」というのがあった。ここにも女たちが四名いた。これだけの女が、この県城を中心とするこの附近一帯を警備する一箇大隊の兵隊たちを、——千名に近い欲望にうずく若い肉体をひきうけるのだ。ほとんど一名も、ここへこない兵隊はいない。（「春婦伝」吉行淳之介編『幻の花たち』、三〇四頁）

田村の小説は「どれもほぼ戦場で実際にあったできごとを踏まえて書かれている」もの

で（尾西康充二〇〇八、七頁）、ここで慰安婦たちが希望すれば移動することも可能だったという状況は、現実を反映したものと見ていいはずだ。しかもその移動自体を軍が手伝っていた。それは日本軍の慰安所への深い「関与」とともに、慰安婦のある程度の「移動の自由」も示している。もちろん彼女たち「十名」が「千名」を相手にしなければならなかったことこそが、慰安所のもっとも重要な本質であるのは言うまでもない。

そして作中で、日本人の「商売女」たちは、「将校」や「御用商人」や「国策会社の幹部」を「絹布団」で相手している存在として描かれる。しかし朝鮮人慰安婦は「前線の土と泥で出来た住民の家の火の気もないアンベ《ママ》ラ床」や「もっと前線の陣地の銃眼のあるトーチカのなか」で「南京虫に攻められ、ときには敵襲に脅やかされながら、下級の兵隊たちの底知れぬ旺盛な欲望にこたえてやって」（「春婦伝」三〇六頁）いた。千田の本には朝鮮人慰安婦と最後まで前線の奥地にいた日本人慰安婦も出てくるが、日本人慰安婦と朝鮮人慰安婦の間にはこのような階級差があった。〈帝国〉のなかの〈内地〉と〈朝鮮半島〉の差別は慰安婦たちの中にもしっかりと働いていたのである。それは彼女たちが日本に対する〈全国民愛国〉の構造に組み込まれながらも、所詮、日本人を〈代替〉した存在にすぎなかったことをも示す。

愛と想い、国家の共謀

しかし、「春婦伝」は日本兵に好意をいだき、最後にはいっしょに死ぬ慰安婦を描いてもいる。実際に、慰安婦に対する愛情問題で自殺騒動を起こした軍人の話も証言集には出てくるのだから、あり得ることだったのだろう。慰安婦の過酷な生活の中でも、恋愛は存在し得たのである。

> 戦闘から帰ってくる軍人たちは乱暴で、サックも使用しない傾向があった。顔、洋服、靴などが埃だらけだった。戦闘に出る人たちはいくらかおとなしく、もう自分には要らないと、小銭やらをおいていったりもした。戦闘を前に恐いと言って泣く軍人もいた。そういう時わたしは、必ず生きて帰ってと慰めたりもした。そしてほんとうに生きて帰ると、嬉しく思って喜んだ。そういう人たちの中にはなじみになる人も多かった。「愛してる」「結婚しよう」とも言われた。（『強制』1、五三頁）

だまされていったケースであれ志願していったケースであれ、慰安婦たちは兵士たちの愛の対象にもなった。家族と故郷を離れて明日には死ぬかもしれない軍人たちを見守り、勇気（部隊ではそれを〈士気〉という概念で考えている）を与える役割。朝鮮人慰安婦も普通に愛の対象になりえたのは、彼女たちがまぎれもない「大日本帝国」の一員だったからである。「数日、戦って、山裾で中国女を見つけると強制的に服を脱がせて、寝たりするよ。自分たちがそうしたと軍人たちが話した。それで、かわいそうに、中国の女性をそんなふうにしたのかと言ったわ。（私たちを対象にして）強制的に服を脱がせたりはしなかった」（『強制』5、一三三頁）と回顧しているように、朝鮮人慰安婦に対する「強姦」は、実際には少なくなかったにしても、少なくとも〈敵の女〉を征服する意味での強姦ではなかった。

そこで慰安婦たちは話す。「チンソン（陳村）でのように、田舎の軍人たちは移動があまりないものだから、慰安婦と軍人の間に情が移ることもありえた」（『強制』2、一七三頁）と。

その部隊の一番上官だった人の炊事兵だったある軍人は私のことが好きで隊長たちに食事を作って残ったイカ、牛肉、貝などを天ぷらにして中国人の子供たちに持たせて一日一回わたしに送ってくれた。さらに卵、洗濯洗剤、白い飴まで送ってくれた。（『強制』2、一七四頁）

イケダは私を不憫に思ってとてもかわいがってくれた。欲望のままにからだを要求することもなく、そばで静かに寝るだけで帰ったり。いい人もいるよ。（『強制』3、二二八頁）

そこに私の恋人がいたよ。好きな人が。日本人で。クマモトシミズと言った。わたしは知らないでいたけど、わたしがフクシュウに行くとその、船の近くまで来てくれたの。船に乗ってだよ。私たちは大きな船に乗ってたけど、彼はボートに乗って。そのとき「マーボ。マーボ」と呼んでくれたので本当に嬉しかった。とても嬉しかった

よ。ハハ。「(ここに) 来るように頼んだ。来るようにあっちこっちに頼んだよ」と言ってた。憲兵にね。(同、一一〇頁)

彼女は、一方では「裏切られた気持ちになるよ」と言いながらも「今でもその人が忘れられない」と話す。

桃の花が咲く頃、騎兵―馬乗り兵だけどさ、私たちをかわいいと言って馬に乗せて馬を走らせるんだ。するとわたしは馬に乗ったまま驚いて叫ぶと馬がもっと驚いて走り出すわけ。写真もたくさん撮ってもらったけど、韓国に帰ってくる時全部捨てちゃった。持ってると問題になるかもしれないから。その日本人もそうだけど、日本人だって悪く言おうとすると切りがないし、日本人に恩恵を受けたと言えばそうも言えるし。負ける人が問題だよ。勝つ人が問題。力がなかったから仕方がなかったんじゃないか。私たちが負けたのだから。日本人もいい人もいたりするじゃないか。(『強制』5、四三頁)

その時はいろんなめずらしいもの持って来てくれたよ、食べなさいって。持って来たものを見ると、缶詰や果物やいろいろ。その頃は卵も貴重品だったけど、卵を持って来てゆでてくれたり。食べて早く治りなさいと、パイナップル (缶) も持って来て開けてくれたり。腰に長いサーベルをつけた格好で隅っこに腰掛けては私を見つめながら食べなさいと言うの。（中略）するとスギヤマ軍曹が私に養女になれって、そしてあがって来てはご飯食べなさい。食べると朝鮮に帰らせてあげるよ。僕が帰らせてあげる。だから頼むからご飯を食べなさい、と。ある時はほうれん草のおかゆ、卵の粥、それをからだにいいおかゆだと言って作ってはわたしのところへ送ってくれた。（中略）中国はとても寒くて、ベッドで毛布をかけてもとても寒いんだ。するとあがってきてわたしが寒いんじゃないかと覗いてから帰るの。わたしが治ったら必ず帰国させてくれると言ってた。（同、三九〜四〇頁）

もっとも、このような記憶は、あくまでも例外か付随的な記憶でしかないと言うこともできるだろう。たとえ温かく面倒を見てもらい、愛され、心を許した相手がいたとしても、慰安婦たちにとって慰安所とは、基本的には逃げ出したい場所でしかなかったからだ。だとしても、このような愛と想いの存在を否定することはできない。そしてこのようなことがめずらしくなかったのは、朝鮮人慰安婦と日本兵士との関係が構造的には「同じ日本人」としての〈同志的関係〉だったからである。そのような外見を裏切る差別を内包しながらも。

しかし、彼女たちには大切だったはずのその記憶は、彼女たち自身によって「全部捨て」られるようになる。その理由は、（それを）「持ってると問題になるかもしれないから」である。その記憶を隠蔽しようとしたのは、まずは当事者たち—彼女たち自身だった。そして韓国もまた、解放以後、ずっと彼女たちと同じように、そのような記憶を消去しながら生きてきた。

彼女たちは、そのような記憶を特別に強調するわけではない。写真というモノだけでなく記憶までも、一度話しただけで彼らは、二度と発言せずに捨て去ったのかもしれない。換言すれば、彼らが自分の大切な記憶を捨ててしまったのは、彼らが選択したことではない。そうさせたのは、「問題」になると彼女に思わせた、韓国社会の抑圧であろう。彼女たちの体験と記憶が、〈被害者としての朝鮮〉に亀裂を入れることを恐れた、社会の無意識的了解事項でもあった。しかし、その記憶は、慰安所の苦痛をすこしは忘れさせてくれたはずである。あとの人生においてでさえ。

そのような記憶を無化させ忘却させるのは、彼女たちの体験を、民族の裏切り者の意味である「親日」と指さすのと同じくらい、暴力的なことだ。そして、そのような自家撞着な状態に陥れたのは言うまでもなく〈帝国〉である。元植民地もまた、進んでそれを受け入れたという点では、そこにあったのは、国民としての〈正しい記憶〉だけを必要とする〈国家の共謀〉だった。

癒しと羞恥

韓国人の記憶の中で、日本の軍人がただ性欲を満たすことに汲々とするけだもののような存在としてのみ記憶されているのは、その結果でもある。元慰安婦たちは軍人に受けた苦痛を語りながらも、それとは違った別の軍人の記憶をも語っていた。「悪い軍人は言葉で表現できないほど悪辣だけど、いい軍人は、いっしょに泣いたり、自分たちも天皇の命令だから仕方がない」（『強制』2、五六〜五七頁）と話したという証言こそ、慰安所の平均的な風景だったに違いない。にもかかわらず、「関係を求めずに胸を触るだけで帰る人たちもいた」（同、五六頁）といった記憶は、この二十余年間聞き入れられることはなかった。

> あの人たちはなにか、エッチなことを求めてとか、酔っぱらってくるのではなくいっしょに話しながら遊ぼうとして、自分たちの心を和らげようと来るんだよ。（中略）将校たちはあまり関係を持とうとしないんだよ。自分のからだを大事にするの。故郷の妻子、故郷の奥さんたちのことを思い出すのかただただ座って泣いたりね。奥さんのことを思って。その夫婦仲がいいのか、自分の奥さんのことを思って（私たちのような）外の女とは関係しようとしないんだ。ある人は何もしないで帰るの。それでも頻繁に来るの。癒され、遊び、お酒を飲みながら話そうとして来るわけ。肉体関係は持たないひとはたくさんいたよ。（『強制』5、三五〜三六頁）

慰安所の役割は性欲を満たすことだけでなく、軍人たちの「心を和らげ」ることにもあった。そのとき求められるのは、会話や遊びやそれによる〈癒し〉であった。戦争開始後に軍が主導的に作った慰安所は、最初は性病防止などという至極現実的で殺伐とした目的から作られたようだが、時間が経つにつれて、身体以上に心を慰安する機能が注目されたのだろう。そこは、故郷に向かう郷愁と戦闘で疲弊した心を癒す、文字通りの「慰安」の場でもあった。慰安所を性欲を満たす空間としてのみ考えるのは、「士気」を高める名目で、軍隊生活を維持させようとした国家の策略が見えていなかったゆえ（朴裕河（パク・ユハ）二〇一一、九一頁）の理解である。

もっとも、利用時間において比較的に余裕のあった将校と利用時間が限られていた兵士とでは、その効用も異なっていた可能性もある。一般兵士にしても場所によっては余裕を持てていたが、将校とは比べ物にならない兵士の数は、それだけで慰安婦との関係をいびつにするほかなかったはずだ。

兵士であれ将校であれ、慰安所に求めていたのは（お互いの移動で短期に終わった関係が多かったはずだが）戦争という非日常を生きる中で、男・軍・国家に代表される戦闘待機空間では許されない、会話が可能な別の空間――つかのまの〈疑似日常的私的空間〉だった。

先の米軍報告書は、朝鮮人慰安婦たちと日本人業者を対象に行った尋問を収めているが、そこには慰安所の前に並ぶ兵士たちの心理も示されている。

普通の兵士たちは、ここに来るのを見られること、とりわけ行列に並ぶのを恥ずか

しがった。なかには兵士が求婚した例や、実際に結婚したケースもあった。（船橋洋一　二〇〇四、二九七頁）

マルヤマ大佐は毎日のように通う常連だった。「料金」を一気に半額にした。非情で、利己的だった。ミズカミ少将は、けっして足を運ばなかった。優しく、部下思いで知られていた。ミッチーナー陥落の際、マルヤマ大佐は一足先に逃走したが、ミズカミ少将は自害した。（同、二九八頁）

当たり前のことだが、「日本軍」のなかにはさまざまな人がいた。もっとも、「慰安」行為に「羞恥」を覚えたり、「けっして足を運ばなかった」ような兵士は、少数だったかもしれない。それでも、慰安所に行かなかったり、行ったとしても行為を行わなかったり、並んでもそのことを「羞恥」と考えていた軍人がいたことを見るのは重要だ。その「羞恥」の中身がどのようなものであれ、「国家」の企てに抵抗する気持ちこそが、自己を含む「人」への憐憫や想いの始まりになりうるからである。そのような抵抗と違和感こそ、先に見た日本軍人の親切心や愛とともに、圧倒的な暴力のなかで人間であり続ける砦でもあったはずだ。

ある研究者の指摘のとおり、兵士はその性欲すらも国家に操られている存在でもある（倉本知明二〇一二）。慰安所での羞恥心は、そのような状況を無意識に自覚した結果であろう。

「蟻」の共感——憐憫と涙

一夜だけ泊まって行く軍人が、私がどのようにしてここまで来たのかを話すと、不憫がってお金（今のお金で一〇〇〇ウォンか二〇〇〇ウォン）をくれたりもした。（中略）軍人は私を殴ったりはしなかった。（『強制』2、三六頁）

わたしが泣くと彼らも泣き、食べていたものもくれた。広州部隊部隊長は、わたしのことを苦労してるねと言って不憫がり、中尉もわたしにやさしくしてくれた。（『強制』2、一五九頁）

おそらく、慰安婦といっしょに泣く軍人たちは必ずしも同情だけでなく、自分の立場もまた慰安婦の運命に劣らないと思って泣いたのだろう。兵士と将校は感情移入の経路や位置は異なっていたはずだが、ともかくも慰安所は、兵士と慰安婦がともに流すことのできる「涙の空間」でもあった。性欲という個人的な欲望を公的場所で満たさねばならない自分に対する羞恥や情けなさも、その涙には混じっていたかもしれない。慰安所とは、天皇や国家が許さなかった「涙」を見せてはいけない〈戦場＝国家の空間〉を裏切る、不穏で、不敬的でさえあった空間でもありえた。〈国家勢力拡張＝帝国〉を支えるべく集められた若い青年や娘たちの羞恥（もちろん羞恥は「慰安婦」をめぐる第一の中心感情である）と憐憫の感情を媒介に、〈感情の連帯〉が許されうる空間でもあったのである。

ある人たちはおもちゃとかも持って来て、これぼくが遊んでたものだから、君にやるよ。プレゼントだ、と言ってくれたりするの。「なぜ?」と聞くと、「僕はもう来れないから」と言うんだ。たいしたものでなくてもね。中にはタオルみたいなものに名前を書いてくれる人もいる。人形もくれるし、自分のものとして集めてたものを全部くれるわけ。わたしがいやだと言うと、いや、使ってたものだ、と言ってくれるの。考えるとその軍人たちもかわいそうだった。（『強制』3、三〇一頁）

帰る可能性のない戦闘に出て行く兵士たちは、自分の大切な家族や友人の代わりに自分の持ち物を慰安婦に残したりもした。ほんものの家族がいない戦場で、慰安婦たちはこのような形で故郷や家族を代替してもいたのである。軍人という公的な役割ではなく残された生の最後の時間をともに過ごし、その思いを受け止める役割をしたのも慰安婦だった。しかし軍人たちを「かわいそう」と思った慰安婦たちの思いはすっかり忘れ去られ、残っているのは「恨みの慰安婦」像のみだ。

戦争と慰安所を体験した日本の作家古山高麗雄（一九二〇～二〇〇二）は、ある小説で慰安所について主人公に次のように言わせている。

でもね、佑子、兵隊が慰安所に行くのは、「穢さ」もないぐらい、虫的なんだよ。よく兵隊は、自分たちを虫けらみたいだと自嘲します。それはそうだと思う、僕も。ただ兵隊が自分たちのことを虫けらみたいだと言うとき、兵隊たちは、愚弄されながら死んでしまうのだという気持で自嘲するわけです。僕は、兵隊は、小さくて、軽くて、すぐ突拍子もなく遠い所に連れて行かれてしまって、帰ろうにも帰れなくなってしまう感じから虫けらみたいだと思います。

少年のころ僕は、家の庭を這っていた蟻を一匹つかまえて、目薬の瓶に入れて、学校に持って行って放したことがあるのです。そして僕は、蟻の、おそらく蟻にとっては気が遠くなるほどの長い旅を空想しました。

今の僕は、あの蟻に似ているような気がするのです。

兵隊と慰安婦の出合いなど、蟻と蟻との出合いほどにしか感じられないのだ。また、僕と小峯との結びつきにしても、たまたま同じ目薬の瓶に封じ込まれた二匹の蟻のようなものではありませんか。(「蟻の自由」『二十三の戦争短編小説』一三三頁)

慰安婦が、国家によって自分の意思に反して遠いところに連れていかれてしまった被害者なら、兵士もまた、同じく自分の意思とは無関係に、国家によって遠い異国の地に「強制連行」された者である。兵士が慰安婦に対して、男性であり日本人であることで、権力関係で上位にいたとしても、そして赤紙という書類が必要だったかどうかの違いのため（彼らを戦場に連れていった〈法的強制性〉は、法が支えていた分、補償が約束されるものでもあった）非対称的構造が依然存在していたとしても、それは変わらない。しかも慰安婦が「性」を提供する立場であったなら、兵士は「命」を提供する立場だった。どちらも国家によって〈戦力〉にされているのである。「将校を相手にする人は日本人と朝鮮人」「現地女は主に兵士たちが相手する」（『海南島』、一一四頁）のように階級化されていた状況のなかで、たまたま同じ空間にいあわせた若い二人が、お互い憐憫を感じたとしても不思議ではない。
慰安婦の悲痛な状況を直視し、小説として文章にしたのがほかならない兵士だったのは偶然ではない。慰安所の部屋の中の風景も、当然ながら慰安所を経営する業者より兵士たち自身のほうが知っていたであろう。

私が梅干（ほかの女性たちより齢を取っていたためにつけられたあだ名――引用者注）を選んだのは、彼女だけは順番争いの対象になっていなかったからだが、私は梅干のチョン髷を見ながら、寂しい想いになった。おれも、梅干も同じようなものだ。私たちは何千回となく、キャーラーや、こらさんやをやらされているわけだし、彼女たちは何千回となく、性交をやらされているわけだ。拉致されて、屈辱的なことをやらされている点では同じだ。梅干は徴用されたとき、コーパ（工場）へ行くのだと思っていたのだそうだが、私たちが徴兵を拒むことができなかったように、彼女たちも徴用から逃げることはできなかったのだ。そんなことを思っていると、どうにも気が滅入ってしまうのだった。彼女たちは同族だ、だから親しくやっていかなければならない、と思ってみても、理屈だけでは親しめなかった。遊廓には通ったのに、慰安所に抵抗を感じるのは、矛盾しているだろうか。いずれにしても私は、一度、梅干に接して、もうこんなことはよそうと思った。（「白い田圃」『二十三の戦争短編小説』、九〇～九一頁）

主人公は、慰安婦と兵士を「拉致されて、屈辱的なことをやらされている」点で「同じようなもの」と言う。「同族」だから「親しくやっていかなければ」と思いながらも、遊廓とは違って抵抗を感じるのは、そこにいる二人が「拉致されて、屈辱的なことをやらされている」ことを意識するからだ。「何千回となく」性交を強制される慰安婦の悲惨と自分の屈辱を意識する限り、慰安婦を単に「天皇の下賜品」（千田、一〇七頁）とみなして楽しむことはできなかったのだろう。戦場の性に対しての考え方は人によってさまざまだったはずだが、ここには、「朝鮮人慰安婦」と「遊廓」の違いを明確に意識している兵士がいる。そこでの性行為が〈国家〉を媒介にしないと成立しないことにこの兵士はいたって自覚的で、彼の「抵抗」は、私的であるべき空間を侵犯されることへの「抵抗」だったはずだ。

古山は「エイタン村」で会った朝鮮人慰安婦についても小説に描いている。そこで主人公は朝鮮人慰安婦と次のような対話を交わしている。

「徴用たと言うんだよ。うち慶尚南道で田んぼにいたんたよ。そしたら徴用たと言て、連れて行くんたよ。汽車に乗て、船に乗たよ。うち、慰安婦なること知らなかたよ」

悠揚迫らぬ、とはあのことだな。春江には、暗い陰がなかった。愉快そうに笑いながら彼女は続けた。

「運たよ。慰安婦なるのも運た。兵隊さん、弾に当たるのも運た。みんな運た」(「プレオ－8の夜明け」同書、五〇頁)

ここにはだまされてきたと言いながら、軍人と自分の状況を運命とみなして、軍人と自分を同一視する慰安婦がいる。彼女は日本軍を恨まず、彼女の前には、民族の違いは意識されない一人の軍人がいるだけだ。目の前にいる男性は、あくまでも〈同族としての軍人〉であって、〈憎むべき日本軍〉ではない。彼女が軍人を自分と変わらない〈運命の者〉として共感を示すのは、彼女に同志意識があったからであろう。彼女もまた、自分も軍人も、日本国家によってはるばる遠くまで運ばれてきた「蟻」でしかないのを理解している。

日本人に抑圧はされたよ。たくさんね。しかし、それもわたしの運命だから。わたしが間違った世の中に生まれたのもわたしの運命。私をそのように扱った日本人を悪いとは言わない。(『強制』3、一三五頁)

慰安婦の体験を「運命」と話す人は、小説の中にのみいるわけではない。現実の慰安婦のなかにも、自分の体験を「運命」とみなすひとはいた。自分の身に降りかかった苦痛を作った相手を糾弾するのではなく、「運命」ということばで許すかのような彼女の言葉は、葛藤を和解へと導くひとつの道筋を示している。そのような彼女に、彼女の世界理解が間違っている、とするのは可能だが、それは、彼女なりの世界の理解の仕方を抑圧することになるのだろう。何よりも彼女の言葉は、葛藤を解く契機が、必ずしも体験自体や謝罪の有無にあるのではないことを教えてくれる。

しかし、被害を受けた側のこのような姿勢や態度は、これまで注目されることがなかった。それ以上に、慰安婦と兵士が共有する憐憫の感情も理解されることはなかった。国家の抑圧の中で持っていた共感や憐憫の記憶を無化したまま、抵抗や憎しみの記憶だけが受け継がれてきたのである。

このような日本兵士や慰安婦の思いや言葉が受け止められてこなかったのは、彼らの関係を単に対称的なものと捉えてきたからである。記憶の選択には、当事者のみならず、受け止める側の感情や感性もかかわってくる。

「管理」の二つの顔

慰安所に軍が「関与」していたことは、すでに指摘されている通りである（吉見義明の一連の研究）。しかしその管理は必ずしも抑圧体系としての管理だけではなかった。たとえば悪い軍人はいなかったか、という質問に対して、「兵隊さんが？　いやそんなことができるものか。お酒を飲んでもおとなしいよ。暴力を使ったり殴ったり（こんなことは）一切ない。（地位の）高い人に死ぬほど殴られるよ」（『強制』5、九〇頁）という慰安婦の答えは、日本軍の「管理」のもうひとつの姿をかいま見せてくれる。

> いや、そんなことしたら大変だよ。憲兵がいるもの。（中略）殴ったりすると大変なことになるよ。だから殴らない。だけど時々悪いやつもいるよ。悪いやつがいると私たちがそんなことするな、と。昼、私たちが遊んでいるとき兵士たちが下の方の道を通ると、朝鮮の女たちが兵隊を見て悪態をつくの。するとやつらが走ってこっちに来るよ。すると（笑）わたしたちは別の方向に逃げた（笑）。罵倒しながら。この野郎！こういうふうにね。この野郎！（『強制』5、三六頁）

> 一度は警備をする兵士が、自分の仕事の途中に入ってこようとした。わたしが彼に入って来るなと言うと、銃でわたしの肩を殴った。わたしがそのことを隊長につげ口して、彼は大変な目に遭った。（『強制』2、一〇二頁）

兵隊がわたしたちに慰安婦というと、将校たちが、そういうふうに言うなとたしな

めた。我が国のために女性たちが来たのにそんなことを言うものではないと叱った。（同、五九頁）

将校や憲兵たちは、兵士の暴力や軽蔑から慰安婦を守る役割をもしていた。慰安所の「規範」でお酒や暴行を禁じていることもそのひとつであろう（『政府調査』2ほか）。もちろんそれは次のように、外出を管理する「権力」を持っていたことも示す。しかし、たとえ「二、三カ月に一度」程度のものだったとしても（慰安所によってその規定は異なっていたようで慰安婦たちはさまざまに話している）、それは外出や廃業の自由がなかったとするこれまでの考えを翻すものだ。

> ここに来てからは時々外出もしました。いつでもできるわけではなくて、位の高い軍人が許可してくれると、外に出ることが可能でした。二、三カ月に一度でかけたかな。将校たちが行くとき、いっしょに行きました。私たちだけではだめです。軍人といっしょに車に乗って行くのです。（『強制』3、一三一～一三二頁）

> 部隊長が働きかけて私を故郷に帰らせてくれた。（中略）慰安婦として来て、病気になり（契約）期限も満たしたので、出て行くという公文を作ってくれた。ここに将校が署名をしたが、軍人の車に乗ってヨンアン駅に来て、牡丹江を経て、ソウルに行

く汽車に乗る時、この公文を見せると通過することができた。(『強制』2、一六一頁)

これまでは、慰安婦が戦場へ「行く」移動への関与のみが注目された。しかし軍は戦場から国へ「帰る」移動にも関与している。もちろんそれもまた、軍の権力下のことではある。しかし慰安所が軍の権力のもとに機能していたことを問題にするなら、どのように機能していたかを総合的に見届ける必要がある。しかしこれまでの研究は戦場へ「連れていった」ことだけに注目してきた。

海南島の慰安所は軍隊が上から一定の指示をした。海南島では最初は、相当な期間中、一割をもらった。しかし軍隊の責任者が代わると、収入の六割を女たちに与えて四割を抱え主が取るように取り決めてくれた。(『強制』3、一八一頁)

慰安婦たちに対する管理は、もうひとつの管理者としての業者にも及んでいた。慰安所を作り維持することは、慰安婦の過酷な生活を用意したものでもあったが、軍による「公的」管理は、片一方で慰安婦たちを守る役割もしていたのである。業者たちが行き過ぎた搾取をしないように、〈正しい〉運営を目指したのだろう。

先の千田は、ある軍医の話として、慰安婦たちのために軍が運動会を主催したこと、慰安婦たちが運動会を楽しんだことも伝えている。「とくに朝鮮人慰安婦は目をキラキラ光らせ、涙を浮かべているのもいたそうです。楽しかった少女時代の事をふと思い出したのでしょう」（千田、八〇頁）との証言を引用している。慰安婦のための運動会が必ずしも慰安婦だけのためでなかったとしても、「運動会の前日と翌日」、慰安婦たちが「びっくりするほど体を弾ませて」「、「運動会から一週間は兵隊に抱かれながら、自分が如何に頑張って走ったか、パン食い競走のパンが如何においしかったかを話していた」（同、八〇頁）という言葉に表れる彼女たちの喜びを無視することはできない。たとえそのようなことが、所詮「戦力」を維持するための国家の策略でしかなかったとしても、である。なぜなら、ともかくもそういう時間が、彼女たちに「地獄」としての慰安所生活を耐えさせてくれる喜びの時間であって、それを忘却させる権利は誰にもないからである。慰安婦問題が「女性の人権」の問題ならなおさら、そのような感情や思いや体験はありのままに受け止められるべきだ。

もちろん千田は、慰安婦の悲惨な状況に関してもきちんと書いていて、千田の関心はむしろそっちにある。だからこそ、千田は「もっともこうした事は、戦場に幾らか人間的な心を持ち込んで来た将校のいる部隊や駐屯地だけであり、その数は少なかったのは確か」と書き、「普通は何の楽しみもない共同便所として扱われていた」（同、八一頁）ともしっかり記しているのである。

わたしが自分の家に帰りたい、わたしたちは親も知らないうちにここに来たんだ、どうすればいいのかと話したの。そしたら将校たちが急いで部下たちを集める命令を出したりして大騒ぎよ。私たちを元の場所に連れていってあげろって。こんなかわいそうな子供たちをどうして連れてきたのかって。ムカヤマ少佐、コンドウ少佐、タカハシ中佐、こういう人たちが主人を呼びつけてこの子たちをどこから連れてきたのか、この子たちを連れてきた元の場所に戻せって。それでそいつも連れてきた元の場所に間違いなく戻させた訳。（中略）（こんな仕事をするには――引用者注）もったいない子を、ようやく大人になりかけているような子をどこから連れてきたのかって。この子を元の場所に連れ戻してあげなさいって。ある人はわたしをそういうふうに大切に思ってくれた。わたしたちがその、動物、かわいそうな動物を逃してあげるように、そういう気持ちみたいだった。（中略）その女たち、いっしょに行った女たち、三、四人だったけど、解放されてみんな朝鮮に帰ってきた。（『強制』5、四九～五〇頁）

目立って幼い少女が慰安所に来た場合、その状況を不当に思って帰らせることも軍はしていたようだ。それは慰安所の「管理」であると同時に、自分の意志で構造を変えられない運命の中で発揮しえた、せめてもの倫理意識だったのだろう。いずれにしても慰安婦の苦痛を産んだ慰安所の「管理」は、同時に慰安婦をそこから解放させてもいた。

　しかしそのような記憶も、韓国社会では忘れられたままである。記憶しなおされ、再生産されるのは、ただ〈凶暴なけだものとしての日本軍〉のみである。それは、そのようなイメージを必要とする現実の力が作動するためでもある。

消去と忘却

ある慰安婦は、「一番楽しく幸せだった時はいつですか?」という質問に対して、「ないね、そんなもの」と言いながらも、次のようにも語る。

今中国のことを考えると、どこかにでかけて散歩しながら遊んでたこと、景色のいいところに行って遊んだこと。軍人たちにどこかに連れていってもらって花畑で遊んでたこと、そういうことばかりだよ。軍人たちが遊ぶとき馬に乗せていたずらしたこと。馬に乗せておいてわたしが馬の上で泣きだすと写真を撮ったりしてからかうの。キョンへという人は、運転もできないのに軍人たちが車に乗せるものだから、アクセルを踏みつけて人の家の壁にぶつけたりした。(笑いながら)それを放っておくわけ。そう、もう子供のようにいたずらをして遊んだ。(『強制』5、七三頁)

兵士といっしょに馬や車に乗っては「子供のように」遊んだ体験を、この元慰安婦は「楽しく幸せ」だった思い出として語っている。それは、その後の歳月がいかに辛酸に満ちた時間だったのかを示している話でもあろう。いずれにしても、このたぐいの話は公的記憶になることはなかった。それは〈歴史〉というものが、所詮〈聞く者〉や〈書く者〉(その権力を持つ者〉によって取捨選択されるものでしかないことを示す。「軍人に悪い人はありません」（同、一四一頁）といった言葉が聞こえてこなかったのも、そのためだ。

もちろん、このような平和な風景が慰安所の日常だったと言いたいのではない。千田も言うように、そこでは「人間を殺すことが平気で日常」になって「三カ月もたつと、慰安婦を買いに行くのにも〝突撃〟という兵隊隠語がぴったりにな」り、「彼女らの身上話とか騙されて連れて来られたとかいう話は聞いても、同情心すら当時はまるで起こ」らない状態になっていた。兵士たちは「〝現地の女をもし強姦してしまったら必ず殺せ〟とも言われ」（千田、一八六頁）るような殺伐とした日常を生きてもいた。「こうした平和は兵隊の数と慰安婦の数に、バランスがとれていた時に限られていた」し、場所によっては「慰安婦の争奪戦がおこり、ゴボウ剣ふりまわす刃傷沙汰になったことが時おりあった」（同、六九頁）。

それでも、ここで確認すべきは、軍人たちが殺せと聞かされていた対象は「慰安婦」ではなく〈現地の女〉だということである。だからこそ「トラックに乗っている時、日本兵士が中国人女性を強姦するのを見た」（『強制』2、二〇〇頁）というような状況があり得たのである。

朝鮮人慰安婦と日本軍兵士は、双方とも、戦争のための国民動員という国家システムの中で動かされた将棋の駒だった。彼らは両方とも、性と生命を、それがつまっている身体を〈国家のために〉捧げる運命の中に落とされた一匹の「蟻」だった。凶暴な兵士であれ、やさしい兵士であれ、慰安婦と兵士の運命に違いはない。暴行する兵士に向かって「あなたも兵隊さん、わたしも兵隊さん、わたしがこういうふうに生きているのも、故郷を離れてこういう風に生きているのも、天皇のため」(『強制』3、一〇七頁)と諭すように、あるいは抵抗するように話しているのは、「故郷を離れて」飛ばされてきている「蟻」としての悲しい運命と、「天皇のため」という切ない誇りで結ばれている〈同族〉意識を呼び起こすためだったのであろう。もちろん、そこで彼女が望むように同族意識を持ってくれた兵士がどのくらいいたかは、また別の話である。

そんなに列をなしたわけじゃないよ。みんなひとりずつ入ってくるんだ。あなたの言うように列をなして入って来ると、私たちは死ねということだよ。そうじゃない。そして三〇分、一時間ずつだよ。(『強制』5、八九頁)

列をなしてつぎつぎと入ってくる日本兵のイメージに慣れている人には、このような言葉は例外的にしか聞こえないだろう。しかしそれ以上にこれまでの記憶を破るのは、次のような話である。

台湾やマニラで「皇国臣民なり」という臣民誓詞を覚えろと主人(業者のこと――引用者注)に教えられたし、軍人にも教えられた。(『強制』2、一一一頁)

慰安婦たちは、ほかならない〈日本人〉として動員されていた。だからこそ「軍人たちは病気にかかると処罰されると言った。サックを使わずに女たちと関係してはいけない、中国人女性のところには行かないで、私たちのところに行くように、と言われているということだった」(『強制』2、一五五頁)というような状況があり得たのである。「朝鮮人慰安婦」とはそのように、「大日本帝国」を支えるべく動員された存在だった。

これまで慰安婦たちは経験を淡々と話してきた。しかしそれを聞く者たちは、それぞれ聞きたいことだけを選びとってきた。それは、慰安婦問題を否定してきたひとでも、慰安婦たちを支援してきたひとたちでも、基本的には変わらない。さまざまな状況を語っていた証言の中から、それぞれ持っていた大日本帝国のイメージに合わせて、慰安婦たちの〈記憶〉を取捨選択してきたのである。

2、戦場の業者たち

「従軍」する業者たち

慰安婦になる人を慰安所にまで連れていったのは、ほとんど仲介業者や抱え主たちだった。そのことについても慰安婦たちは明確に話している。

主人は朝鮮の人だった。ほとんど日本人みたいに見えたけど、軍服を着てて、日本語が上手だった。初めは朝鮮人だとも知らなかったよ。そこの女たちが、「あの人が悪い人だよ。あの人の気に入るようにしないとだめ。でないと、お金もくれないで働かせるばかりだよ」と言ってた。人でなしだよ。朝鮮の人だけど、憲兵隊にいた人らしい。地位の高い人ということだったよ。肩章はないけど、主人は部隊に出入りしてた。そこは日本部隊といっしょに経営してたよ。主人は炭鉱ズボンとある時はサーベルを携えて帽子までかぶって入って来る。威嚇するためにね。日本人とそっくりだった。歩き方が将校たちといっしょ。その勢いは相当なものだった。下士官は彼の前で小さくなってたし将校たちが主人と話しながら遊んでた。「憲兵上がり」さんということだった。（『強制』3、一七六頁）

紹介業者たちが女たちをあっちこっち売り渡していたが、最初は満州で主人だった趙氏が女たち二〇名あまりを買ってはあっちこっち売り渡した。（中略）趙氏が満州から来ると、ソンファンの紹介業者が女たちを何人か紹介してくれるのだった。二二歳の頃に上海とシンガポールにもしばらくいて、インドネシアのスラバヤにまで行った。（同、二六九頁）

ここには軍と慰安所の緊密な関係が示されている。おそらく軍となんらかの関係を持っていた朝鮮人が、その特権を利用して軍の管理下に慰安所を経営していたのだろう。そして、女たちの〈移動〉は単に軍の都合によるものであるのみならず、このような業者たちの「営業」の結果だったということが見てとれる。千田の本でも、ある軍人は次のように話している。一九三七年正月のことである。

びっくりしたのは済南に入城した二日後に、早くも酌婦が入って来たことでした。人数は作戦しながら前進する部隊の後を汗流しながら追って来たもののようでした。人数は三人か四人で、ほとんど全部が朝鮮人だったようです。抜け目のない売春業者が、戦時手当をもらっている兵隊の、その手当をねらって女を集め稼ぎに来ていたようでした。女たちはそれぞれ日本髪を結わされていました。着物も着て、帯を締めてそれが驚くほど新鮮でした。抜け目のない業者の知恵だったのでしょう。軍が連れて来ることを要求とか希望したのではなかったようです。男が一人ついていました。これが業者だったのでしょう。

男はみるみる部隊の駐屯地のはずれに掘っ立小屋を建て、蓆《むしろ》をぐるぐるまわすと、もうできあがりでした。乞食小屋みたいなものです。外から蓆をめくると簡単に中がのぞける粗末な小屋でした。部隊に営業の許可をとることもなかったのでしょう。形としては、民間人が勝手にやって来て勝手に営業している、ということだったのでしょ

う。(千田、一八三～一八四頁)

元慰安婦の証言やその他の資料を見る限り、ほとんどの慰安所は軍の直接・間接的な管理のもとにあったようである。しかしこのような業者の存在は、場合によっては軍の正式の許可を得ていない業者(その場合、公娼ではなく私娼ということになるだろう)もいた可能性を示している。もっとも、すでに軍の許可があったのをこの兵士が知らなかっただけの可能性もある。いずれにしても、いわゆる「従軍慰安婦」とは、引率者の「従軍業者」が作った存在とも言える。慰安婦問題を否定する人たちが、民間人が勝手に営業したと主張するのは、このような記憶が残っているからだろう。しかし、「従軍」の主体はむしろ「業者」と考えるべきだ。

朝鮮でのリクルートが始まったのは一九四二年五月はじめ。業者たちは前線病院の負傷兵士の包帯を巻いてあげ、元気づけようといった言葉で、女性ひとりあたり二〇〇～三〇〇円の前金を渡し、連れていった。

こうしたやり方で三〇〇人近い女性が一九四二年八月二〇日、ラングーン(現ヤンゴン)に到着、そこから何組にも分けられ前線に送られた。

捕虜になった女性は、中国国境に近いミッチーナーにあった俗称「マルヤマ・クラブ」と呼ばれる慰安所で働いていた。

女性たちの平均年齢は二五歳。自分の「職業」は嫌いだと言い、そのことや自分の家族のことについては話したがらない。(「Japanese Prisoner of War Interrogation Report No. 49.」船橋、二九六頁)

「米国政府戦争情報局(OWI)が戦時中、捕虜とした朝鮮人慰安婦らから事情聴取したものを基に作成した報告書」であるこの文章は、一九四四年八月から九月に「ビルマ(現ミャンマー)戦線での日本軍掃討作戦で捕虜となった二〇人のKorean Comfort Girlsと民間人の日本人夫婦」を尋問した内容である。ここでも慰安婦作りに「業者」が深く介入していたことは明らかである。少女たちをだまして連れてきた人(あるいは保護者)に「二〇〇〜三〇〇円」を支払って連れていっては軍に提供したのは業者たちだった。軍の指示を受けたか、軍が慰安婦を必要とすることを知った業者たちが、それまでやってきた人身売買や誘拐の手段を使って、彼女たちを従軍させたと見るべきだろう。いずれにしても重要なのは、慰安婦の募集をめぐる状況が様々であるように、慰安所の中心主体や形態も様々だった、ということである。それは、慰安所に対する〈軍の関与〉の程度が、時期や場所によって様々だったことを示す。

強制労働と搾取

多くの業者たちは慰安婦たちを過酷に扱った。つまり慰安婦たちを強制労働に近い形で酷使したのは、軍人だけでなく業者でもあった。まだ幼い年齢で慰安所に行ったある慰安婦は次のように語っている。

そこに行くと女たちが何人かいた。二〇歳から二三歳の姉さんたちは、病院に行って検診をした。主人はわたしにもお客を取れと言ったが、そう言われると泣きながら隅でうずくまっていた。(『強制』2、一四九頁)

「慰安婦問題」が多くの人に衝撃的だったのは、慰安婦たちの多くが「少女」だったという認識による。しかし、資料や証言を見る限り、少女の数はむしろ少数で例外的だったように見える。しかも幼い少女たちまで集めたのは、軍の意志よりは業者の意志の結果だったと考えられる。そこにはあきらかに行動主体としての「業者」の意志が反映されている。多くの慰安婦を確保するのは、まずは業者の利益につながることであり、慰安婦強制募集が軍の命令でないかぎり、そこに存在した業者の意志を無視することはできない。集めてきた少女たちに性労働を強制していたのが、軍人以前に業者だったことを見ることは重要だ。

夜になると主人はその日に女たちが相手した軍人の数を確認し、軍人の数が少ない女やその日何か悪さをした女たちに罰を与えた。(中略)家の片付けでも何か言いが

かりをつけられて殴られ、特に相手をする軍人に反抗すると殴られた。（同、一二五〜一二六頁）

月末になると主人は女たちを一階の大きな部屋に集めて言うのよ。誰々は一番（の成績）を勝ち取った、二番、三番を取った、あんたたちは何をしたのか、といって売上げを記録したの。（中略）一番を取った女は月末に賞金をもらえるのよ。（中略）わたしはよくさぼった。（軍人を）拒否すると主人から殴ると脅迫されるのでやる気がしないから。（『強制』3、一〇五〜一〇六頁）

（病気になって）その女（業者——引用者注）に哀願しても、ずっと軍人の相手をさせられた。（中略）そうしているうちに気絶してしまったの。そこでやっと一日休ませてくれたけど、どんなにひどく悪態をつかれたかしれない。（中略）わたしがあまりにもつらいので「いっそのこと殺してくれ」と言ったら、「こいつ甘えるな」と大騒ぎ。（同、一三〇頁）

慰安婦問題に関してよく知られている状況——一人の慰安婦に一日のうちに何十人もの相手をさせていたのは単に日本兵の圧倒的な数字と強制だけではない。業者たちもまたそのような軍の需要に協力、さらに率先して過重な労働を強制していた。そこにあった強制労働の消費者は軍であっても、提供者が業者であるのもまぎれもない事実である。

こうした事業は軍が取り仕切っており、細かい規則を決めていた。（中略）将校は毎晩でも来ることが認められていた。兵士たちは行列で順番が来るのを待った。女性たちは客をとるのを拒む権利を与えられていた。

「舎監」（業者のこと——引用者注）は、女性たちの借金の度合いに応じて彼女たちの「稼ぎ」のうち五〇～六〇％を取った。平均して彼女たちの一カ月の「稼ぎ」は一五〇〇円だった。「舎監」の多くは食費を高くして、カツカツの生活にさせた。（船橋、二九七頁）

慰安婦たちはお金をもらわなかったと話す場合が多い。それは、彼女たちがとるべきお金を、借金返済の名目で渡さなかった業者（舎監）たちがいたからと考えられる。お金をまったくもらわなかったという慰安婦の記憶と、「（慰安婦たちに）お金をたくさん取られた」という軍人の記憶の食い違いは、このような構造の結果と見るべきだ。「（軍人が）お金をくれると主人たちがみんなもらってたよ。ひと月いくらかずつ、お金をくれ」た（『海南島』、四一頁）や「報酬はもらえなかったし、時々軍人がお小遣いをくれるときが」（『強制』1、一七三頁）あったとか「お酒を飲む女たちはかえって主人たちに借金をしていた」（同）と語る場合がほとんどなのも、その結果である。

慰安婦問題を否定する人たちが、慰安婦は「多額を受け取った」と主張するのは、このような業者や女衒の存在が見えていなかったからであろう。軍は慰安所を指定あるいは許可し、管理したが、「営業」の中心にいたのは業者だった。若い女性たちを直接売買し管理した業者たちもまた、元慰安婦たちに苦痛を強いた存在である以上、そうした存在を無視するわけにはいかない。

軍隊社会としての慰安所──監視・暴行・中絶

最初に見たように、業者たちに暴行をされたと証言する慰安婦は少なくない（『強制』1、六三頁、七八〜八一頁、『強制』2、三七頁、『強制』4、一五七頁）。なかには「主人と管理人にあまりにも頭をたくさん殴られたせいで頭がこんなに悪くなった」（『強制』2、四一頁）と話す人もいれば、「主人の女や男は門のそばの部屋にじっと座って監視していたし、そこで暮らしていた。わたしたちが逃げられないように門のそばにいた」（『強制』2、一〇四頁）と語る者もいる。生理中も客を取るように強制したのもまずは業者だった。

チンソン（陳村）時代から慰安婦たちにも階級制度ができた。この制度は慰安婦管理人によって始まったものであって女たちが進んでやったものではない。そこでわたしは赤い地に金の棒が三つ、星が三つある肩章をつけた。この肩章は相当に上のレベルだった。（中略）わたしは女たちの中でも位が一番高かった。その理由は、経歴が一番古くて軍人をたくさん相手したからである。
毎日午後、四、五時になると点呼をした。（中略）このとき慰安婦たちのうち言うことを聞かない女たちを殴ったりもした。位が高かったので私は彼女たちを直接殴ったりもしたし私より下級の肩章をつけた慰安婦に、別の人を殴るように命令したりもした。（中略）毎日毎日が荒みきっていた。（『強制』2、一七七〜一七八頁）

ここには徹底的に軍隊化されている慰安婦たちがいる。肩章、点呼、暴行が日常化されているというだけのことではない。「軍人をたくさん相手」した人が位が高かったというのは、戦場でたくさんの「敵」を殺した軍人が表彰されるように、行為の数がほめられる世界に彼女たちがいたことを示す。軍人との違いは、〈敵を殺す〉ことか、〈味方を慰安する〉ことかの違いでしかない。どちらも、手柄や稼ぎの先に〈国家のために〉という言葉がちらついていたであろう。しかしそのどちらも想像を絶する心理的・身体的負担がかかることだった。彼女たちが「毎日毎日が荒みきっていた」と感じるのは、そこがそのような欺瞞の世界だったことをも示す。相手する数が意味するのは、単に抱え主や慰安婦本人の収入が増えるということだけではなかったはずだ。

国家の規律を利用して慰安婦たちをしてそのような競争をさせ、繰り返される暴行で「管理」した主体は業者たちだった。せいぜい「ひと月に一回程度」外出を許しながら「逃げないようにグループを作って外に出」（『強制』3、一七九頁）し、「妊娠したよ、何度も中絶した。主人がわたしを民間病院に連れていって、中絶させるの。知られないうちにね。産んだら主人が損するからね。あんた、子供産んでどうやって暮らすの、と言われた。女たちのうち妊娠しなかったのは誰もいないよ」（同、一〇二～一〇三頁）というように、慰安婦たちに中絶をさせたのは軍だけではなかった。

慰安婦たちの恨みが業者たちにも向けられているのは、そのためでもある。

釜山から私を連れていったおばさんは解放になったあとは会えなかった。解放されてからはみんなが解放されたといって騒いだけど、どさくさまぎれに逃げてしまってたよ。その人の家族みんなね。（中略）（彼女が）みつかったらおそらく誰だろうが彼女をなぶり殺したはずだけどね。わたしたちはどこへ行けばいいのかも分からずに途方に暮れているのだから当たり前だろう？　なのに逃げてしまったわけ。そいつらがいたら女たちに殴られ殺されたはずだよ。（『強制』5、一九八～一九九頁）

業者が逃げてさえいなければ「なぶり殺したはず」という言葉は、業者たちへの憎しみの表現だ。慰安婦を対象に、暴行と監視と中絶などの手段を使って〈管理〉したのは、業者たちでもあった。そして、軍に対するそこまでの〈忠誠〉は、経済的利益のみならず、皇国臣民としての〈愛国心〉ゆえのことだった可能性も排除できない。

いずれにしても、このような業者の責任はこれまでほとんど問われることがなかった。

もちろん、慰安婦までが軍隊化している慰安所の実態を、業者の責任にのみ帰するわけにもいかない。軍隊化された慰安婦の姿が、戦争への国民総動員のもうひとつの姿である以上、業者もまた、その構造の下に動いたことも確かだからである。それは、〈忠良なる臣民〉化した結果として加害者となった人々の責任をどこまで問えるのかの問題でもあって、簡単に裁断できる問題ではない。それでも、当時不法とされていた行為をやった業者が多かったことを看過してきたことが、「慰安婦」に対する正確な理解を難しくしてきたのは間違いない。問題発生後二〇年以上、「慰安婦問題」が成り立つための三者——軍と慰安婦と業者——のうちの一つを見ないできたのである。

帝国の慰安婦

業者を憎んでいた慰安婦が、自ら抱え主になることもあった（『強制』3、二八八頁）。慰安婦の多くは労働の対価をきちんと手にすることがなかったようだが、中には例外もあったのである。

ご飯を作るのは中国人よ。夫婦とその子供。その人たちが水汲みは全部やるし、掃除も全てやるし、風呂も炊く。洗濯は別途やってくれる人がいるの。ママさんと呼んだけど、洗濯量によってわたしたちがお金を支払った。シップボーイと呼んでた小間使いもいた。この人が帳場の仕事をしたの。中国の人だったけど、私たちは彼をから

かって遊んだ。（同、一〇一頁）

スマトラではキムチも漬けて食べられたし、中国人コックを雇って、結構いい食事をしたの。そこでは洗濯してくれる女、掃除してくれる男を女たちが個別にそれぞれ一〇円ずつ支払って雇うほどに生活に余裕が出てきたし、そのうえインドネシアの人たちは、安い賃金で使えた。インドネシアの人は、日本人が何かいえばそれに抵抗することはできなかった。当時わたしたちの国籍は日本人だったし、日本軍の積極的な管理統制のもとにわたしたちがいたからだ。（同、二八六頁）

そこは大きな油田で、慰安所は油田のすぐそばにあった。本当に話すのも恥ずかしい話だけど、そこではお金をたくさん儲けた。インドネシアの女たちが、軍人をよく相手したからね。そこでは日本人の勢いが勇ましくてインドネシアの人は来いといえば来たし、行けと言えば行くような時代だった。そして日本軍の積極的な協力で、何も障害はなかった。日本軍が来て慰安所の消毒もしてくれた。（同、二八八頁）

朝鮮人慰安婦たちは、下働きに中国人やインドネシア人を雇い、そのうえインドネシア人女性を雇い入れて慰安所を運営するようなこともあった。それは、朝鮮人慰安婦たちが植民地人となって「本土日本」の次に位置づけられるようになり、その一方でほかのアジアの人々より上位に位置づけられてもいたことを示す。つまりここに見られる状況は〈帝国〉の賃金体系でもある。朝鮮人慰安婦は男性や軍や国家の被害者でありながら、大日本帝国の中で〈二番目の日本人〉の地位にいた。それは植民地人の矛盾でもあったが、そのことを直視しない限り、のちに触れるような、ほかのアジアの人々の朝鮮認識を理解することもできない。

アジア諸国では記憶されているこのような事実が、韓国のなかで〈公的記憶〉になっていないのは、韓国がこれまで植民地時代ときちんと向かい合ってこなかったからである。抵抗の記憶のみが、受容されるべき〈公的記憶〉となって、順応・協力した記憶が例外的少数のものとみなされ、否定・排除され続けているのもそのためである。

そのことは、日本のみならず韓国でもまた、歴史〈歪曲〉願望が続いてきたことを示す。その願望は、植民地とされた被害が無化される恐怖と連動するが、このような事実に向かい合うことが、必ずしも慰安婦の悲惨さを否定することになるわけではない。彼女たちがたとえ〈まったき被害者〉でないとしても、彼女たちが、ゆるやかな国民動員対象としての「日本軍慰安婦」である以上、個人としての悲惨な運命に彼女たちを組み込んだのが植民地支配構造であるのは、間違いないからだ。

慰安婦たちの身体に残る傷は、単に軍人によるものだけではない。監禁、強制労働、暴行による心身の傷を作ったのは業者たちでもあった。そして日本軍と業者の関係も、時期や慰安所の場所によって（つまり慰安所の形態によって）もさまざまだったと考えられる。

証言には普通の料理屋から、奥地の粗末な慰安所までさまざまな形の慰安所が登場する。そのことを見ないようにしてきたのは、それを見ることが〈日本の責任〉を免罪することになると考えられたからだろう。軍の加害性を強調するほうが、日本の責任を明確にすることになり、慰安婦問題の解決につながるとの考え方が中心的だった結果でもあろう。

しかし、朝鮮人慰安婦をめぐる複雑な構造に向き合わずに、慰安所をめぐる責任の主体を日本軍や日本国家だけにして単純化したことは、逆にこの問題への理解を妨害し、結果的に解決を難しくした。

第3章　敗戦直後——朝鮮人慰安婦の帰還

1、日本人から朝鮮人へ

韓国では、慰安婦たちが敗戦後、ほとんど帰ることができなかったかのように伝えられている。「日本軍に置き去りにされたか、虐殺された」とみなされているのである。しかし、元慰安婦の証言の中に見える、慰安婦の残留と帰国をめぐる様子は、韓国の常識を裏切るものだ。

ある日、日本の憲兵が慰安所に来て明日の朝はロシアの軍人たちが迫ってきて慰安所に火をつけるから早く逃げろと知らせてくれた。そこで、いっしょにいたミズ子と二人で明け方に逃げた。そのときほかの慰安婦もみんな逃げたが、ばらばらになった。わたしといっしょだったミズ子とも、帰国途中に人波の中で別れ別れになった。汽車にぶらさがったり、屋根の上に乗ったり、それもままならない時はハルビンまで歩いて、ひと月と五日かけて開城まで来た。汽車にぶらさがった距離が何十里もあるように感じられた。トンネルの中を通る時は、汽車から落ちて死ぬ人も多かった。(『強制』2、二一四〜二一五頁)

中国黒竜江近くの黒河にいたこの慰安婦の話は、実は「満州」地域(中国東北部)にでかけていた朝鮮人や日本人の、ごく一般的な引揚げ体験を代表するものでもある。この話はどこで汽車に乗ったのか明らかにしていないが、多くの在満日本人と朝鮮人たちは、突然参戦して来たソ連軍に追われて、今の北朝鮮地域まで歩いて逃げてきた。そして酷寒と伝染病と栄養不足で一九四五年夏から一九四六年春までの間に数万の日本人が命を失うことになる。その行列の中に、当然ながら「在満日本人」としての日本人慰安婦や朝鮮人慰安婦もまじっていた。

いわゆる「外地」と呼ばれていた日本軍の占領地と植民地にでかけていた日本人のうち無事帰国した人は、軍人と民間人を合わせて六七〇万人を超える数字だったという。彼らが帰還できたかどうかは、彼らがどこにいたのか、それまでの歳月をどのように生きてきたのかによってもその明暗が分かれたが、その状況は当時日本人だった朝鮮人も、基本的には変わらなかった。

たとえば日本軍朝鮮人兵のうち一部は、満州地方にいた日本軍とともにシベリアに連れていかれて、酷寒の中で強制労働を強いられたあとにようやく帰ることができた。フィリピンや南太平洋地域の島々にいた軍人たちの多くは戦死したが、その地域にいた慰安婦たちも同じような運命をたどったものと見える。慰安婦になるまでの過程やその後の慰安所生活がさまざまだったのと同様に、帰還できたかどうかも、一律ではなかったのである。

解放されたかどうか、そんなことは知らなかったよ。男に君たちの好きなように行け、と言われたの。お金はくれなかったので裸一貫で出て来たよ。そのようにして七人が白頭山まで歩いてきた。（『強制』3、八三頁）

「男」とは彼女たちを管理した業者である。連れてきたのが業者だったのだから、彼女たちの帰国に関して責任を持つべき第一の責任者は業者と言うべきだろう。しかし業者たちの多くは先に逃げるか「解放」の形で——しかし「お金はくれな」いで——彼女たちを放置した。もっとも、交通機関を含む慰安所までの移動の便を仕切ったのが日本軍だった場合も多いようだから、帰国に関してもまた、日本軍の責任はあるとも言える。しかしこれに関しても、構造的な責任主体と直接の責任主体はそれぞれ見ていかねばならない。そして、彼女たちが帰還できたかどうかは、置かれた状況によって異なっていた。

多くて三年いたように覚えているけど、解放されたから出て来たの。二三歳、酉年に解放されたのだけど、私はそのことを知らなかったの。主人もいないし、何かが変だった。不思議なくらい日本兵が一人もいないのよ。そして私たちに、ある朝鮮人男が早く出てこいと言ったの。何も持たずに出てこいというから出ていったところ、戦争が終わった、家に帰らないといけないと言うの。広場にでも行ってみなさいと言われて行ってみると、大きな広場に朝鮮の女性たちがいっぱいいたの。慰安婦が。（同、一八一～一八二頁）

「満州」にいた慰安婦の証言は、韓国における常識の「日本軍による虐殺」とは異なる場面である。もちろん殺されなかったからといって、彼女たちの帰還が順調だったわけではない。満州にいた日本人女性たちはソ連兵に強姦されたり、連れていかれて一定期間性労働を強制されることさえあったが、朝鮮人女性も「日本人」になっていたがために、混乱のさなかで同じ被害を受けていたようである。

そうしているうちにソ連軍が押し寄せてくるのよ、ソ連軍が私たちを強姦しようとした。私にそのことは聞かないで。わたしは本当にそれは話したくない。そのことのためにわたしが記憶喪失症にかかったのかもしれない。日本兵よりもソ連兵がもっと耐えられなかった。それほど汚かった。次から次へと押し寄せてくるんだよ。どうやって出て来たのかも分からない。ハルビンに入った時と同じようにその逆のコースをたどってきた。ハルビンで百名以上の日本軍の死体を踏んづけながら戻ってきたのよ。

顔は黒く塗ってお百姓さんが着る服を来て汚い格好にしてね。そうしなかった人はソ連兵にたくさん連れていかれたと思うよ。（同、一八二頁）

日本軍慰安婦だったこの証言者には、日本軍体験よりもソ連軍参戦がひときわ恐ろしい体験だったようである。当時女性たちは死んだ軍人の洋服を脱がせて着たり、髪の毛を短く刈って顔に墨を塗るなどして、ソ連兵の強姦を避けた。自分の「記憶喪失症」の原因がその体験にあるかもしれない、という彼女の言葉は多くを示唆している。彼女には、慰安婦体験よりも帰還体験のほうが、「聞かないで」と言わずにはいられない、忘れてしまいたい記憶として残っているのである。

とはいえ、このような状況は満州に限られていたはずである。日本人女性は満州だけでなく、北朝鮮でも朝鮮人やソ連軍に放置されて死んでいったが、朝鮮人女性はいったん朝鮮半島に入ってからは「朝鮮人」として、すこしはましな状況になったはずだ。

そこ（中国、ウハン）で生活し始めて一年くらいしてから日本が負けたの。そのとき死んだ日本人も多かったよ。日本軍人は朝鮮人と中国人に殴り殺されたり、自殺したりした。（中略）そこの主人夫婦がどこへ行ったか分からない。女たちは食べていく手だてがなくて、生きるためにばらばらになった。（中略）いっしょにいた女二人は、中国人の妾のようにして暮らした。食べるものも寝るところもないから。他国でのことで、わびしく悲しかったよ。中国人が妓生だったと言ってわたしに唾を吐いた。ここは中国だ、帰らないと銃を撃つぞと私を威嚇したり。わたしは彼らの行動が理解できた。（中略）人の家に入って働いて食べていけたの。（中略）わたしは名前を李春道と変えて中国国籍を得た。（『強制』5、一六三頁）

解放されたからその年に帰ってきたよ。すこし寒かった。アメリカ軍たち——鼻の高い人たち——の船は一隻しかこなかった。そして大きな軍艦に乗って行くというの。朝鮮に、お母さんのところにね。そこでみんなでくじ引きをした。日本軍か米軍か分からないけど、くじの入ってる空き缶を持って来て、ひとつとりなさいと言われた。（中略）そこで私だけ帰ってこられて、その姉やは帰ってこられなかった。（同、一九八頁）

そうやっていっしょにいたのだけど、日本が負けたと言うのよ。日本人、位の高い人が言ってくれた。日本が負けたから、わたしたちは日本に行くけど、あなたたちの場合は、朝鮮大統領が新しい国家を作ったと教えてくれたの。部隊で汽車に乗せてくれて、わたしたちはみんな上海に行って、そこで船に乗ってきた。（中略）朝鮮人だろうが日本人だろうが班長があるんだ。班長がトカイ（渡海？）と言った。何日になれば、一班が行く、二班が行く、と何度も言っていた。（中略）帰ってくるのは難しかった。一つ間違えば出て来れないんだ。まだそこに残っている女たちがいるはずだよ。

いっしょにいた女たちは、同じ船に乗らないから、別れ別れになるの。どこに行ったのか知らない。（中略）釜山で降りて、小さい時から釜山の話は聞いてたから、そこにしばらくいて。馬山まで歩いていった。（同、一四二～一四四頁）

彼女たちもまた、彼女たちを置き去りにして逃げたのが業者だったことを証言している。残留とは、彼女たちには生きるための選択でもあった。そして帰還できたかどうかは、根本的に脱出が困難な状況の中で、「くじ引き」で決まるような運命でもあった。敗戦後、満州の慰安婦たちは、そのように業者の放置と中国人の軽蔑、米軍によって選択される運命の中に放り込まれていたのである。「日本軍人」の中には、慰安婦たちが帰還できるように助力した者もいた。

ところが、東南アジアとなると状況はより克明に分かれる。

解放になってから慰安婦の女たちをみんな集めて近くの収容所に行っていた。そこには小さな船に乗って行ったけど、インドネシアの別の島のようだった。（中略）いつかの帰国に備えて服とふとんなどをたくさんこしらえておいたけど、一つも持って帰ることはできなかった。当時は日本が負けたのは、嬉しいどころか気が遠くなるような絶望的な気持ちだった。わたしの青春を捧げて稼いだお金を、全てゴミのように捨てて帰らなければならなかったのである。（『強制』3、二八九頁）

船が日本に出てくる前日にそのボイラーの代金をもらいにいったら、鉄の鎖を振り回しながら私を脅迫するのよ。インドネシアの人は、解放後、日本人にひどく当たった。その間抑圧されたからね。（中略）朝鮮に帰るのは簡単だったよ、部隊で看護師のような仕事をしていたから。ほかの人は何カ月もかかったけど。日本軍は船に乗って日本に帰ったの。わたしもその船に乗った。からだひとつでね。（同、二三三頁）

インドネシアにいた彼女たちの証言は、朝鮮人慰安婦が現地人と敵対関係にあったことを明瞭に見せてくれている。彼女たちの中には自ら慰安所を経営した人さえいて、日本の敗戦は財産を失うゆえの絶望を意味するものでしかなかった。看護師だったことを幸いに日本軍とともに船に乗って帰り、「朝鮮に帰るのは簡単」だった者もいた。彼女たちが財産を「何も持てずに」出てくるほかなかったのは、彼女たちが「日本人」としてそこにいた、当地の人にとっては占領国の加害者でしかなかったからである。当時海外に出ていた植民者・占領者たちは、そのほとんどは財産を放棄して帰国したのであって、帰国後も、厳しい生活苦に悩まされた人は少なくなかった。敗戦後の慰安婦の生活困窮は、まずは業者たちに奴隷のように搾取されたからでもあるが、「日本人」として「外地」にでかけていたためでもある。そしてそこのところも、（日本人や台湾人と同じく）朝鮮人慰安婦が、中国出身の慰安婦ともその他の東南アジア出身の慰安婦とも異なる位置にいたことを示す。

日本軍と軍属が引率してバンコクから歩いて出て来て埠頭にいると、日本に行く船が来た。小さい船に乗って大きな船に乗り換えた。日本まで乗って来た船の名前は思い出せない。わたしたちを船に乗せて横浜に来た。日本人が連れてきたの。横浜に来てもアメリカ人を見たよ。四国、戦犯たちを入れておく所に来た。朝鮮人の女はわたしのほかに三人いた。その他はみんな日本人だった。そこに来ると朝鮮の女たちがつかまってたくさん来てたよ。（中略）解放された次の年の初めに（朝鮮に）来た。（中略）故郷に来る時、日本から釜山まで乗って来た船がアメリカの船だよ。（中略）出てくる時、女たちが三〇人ほどいっしょに来た。（同、三二三頁）

ビルマのラングーン（ヤンゴン）から敗戦間際に爆撃を避けてタイに逃げ、そこから帰還したこの元慰安婦もまた、日本軍の導きで日本まで来てから帰国した事例である。彼女たちが「戦犯」たち（連合軍につかまった捕虜たちだったはずだ）と同じ場所へ行くことになるのは悲劇と言うほかないが、ともかくもそういう状況がありえたのも、連合軍にとっては彼女たちが日本軍と行動をともにし、長らく〈戦争を遂行〉した者たちだったからであろう。このあと彼女たちは「朝鮮人」であることが判明して帰還できるわけだが、彼女たちが過酷な性労働を強制された「被害者」であることは確かでも、〈帝国の一員〉だったからこそ、このような状況のなかにおかれることになったのである。

2、死・残留・引揚げ

そうしているうちにある日テントを張っていた負傷兵二人に会ったのですが、その人たちがわたしたちに海の方へ行けと教えてくれたの。「ウミラへ行け。この山間に添って行くとウミラが出てくるから、君たちはそこに行きなさい。わたしは死ぬけど、君たちは出て行って生きなさい。アメリカ軍から聞かれたら、ジャパンと言わずにコリアと言いなさい。」(『強制』3、五七頁)

「マニラから離れた田舎」とされるここには、敗戦を迎えて最後の瞬間に、朝鮮人慰安婦を「日本人」ではない「朝鮮人」に戻すことで、命を救おうとした日本軍人がいた。フィリピンやその他の孤立した島で、日本軍は熾烈な戦闘と物資不足でほとんど壊滅状態にいたのであって、韓国で言われているような「敗戦後の慰安婦の死」はそのような状況で起こったことと考えるべきである。

千田が引用した一九七〇年の「ソウル新聞」にも、「フィリピンやサイパンなど南洋に送られた慰安婦は殆どが悲しい死を迎えた」と書かれていて、その死が「南洋」地域でのことだったと語っている。この新聞が引用したソロモン群島に「学徒兵」として行ったイ・

ホウォン（李湖苑）という人も、「戦争初期に南方に連れてこられた挺身隊たちは、すぐにアメリカ軍の攻撃で後送船が途絶え、ジャングルの中で軍人たちと一緒に死んでいった」（「ソウル新聞」一九七〇年八月一四日付）と語る。

ところが最後になって、（いっしょに逃げていた主人が）勝手に行けというから、わたしも山であっちこっち歩いたけど、（米軍が）島に爆撃をしたりするものだから、たくさんの人が死んだよ。（中略）最後には、船からアメリカ人が島に向かって出てこい、手をあげて出てこないと殺すと船で放送をしながら島を回っていた。ところが、手をあげて出ていくとその後ろから日本の奴らがみんな銃を撃って殺した。出て行くとおもちゃみたいにもてあそばれて殺されるから我々の手で死ねっていって撃ってしまった。（中略）ノダ島で捕虜になってサイパンに出て来た。わたしは両親に会いたいから朝鮮に帰ると言った。別れ別れになったり、死んだりした。（『強制』５、三一八〜三二四頁）

パラオにいたこの慰安婦の証言は、さきの「学徒兵」が見た光景とほとんど一致する。ところがここでの慰安婦の死の直接の原因は米軍の爆撃である。そして日本軍に慰安婦が殺されたのは、「降伏」をめぐっての葛藤の結果だった。捕虜になるよりは死を選ぶようにと教育されていた兵士らしい行動といえる。その心理と状況は、満州や沖縄での集団自決などでも確認できるように、民間人も共有したものだった。この場面で、日本軍が降伏すると「おもちゃ」にされるのだと女たちに話したのは、降伏すれば敵軍に強姦されると考えられていたためであるはずだ。

しかし、降伏は天皇の名誉をけがすことと考えられていた当時の考え方からすると、最後の局面で殺された慰安婦がいたとしたら、それは日本人だった可能性が大きい。ここで語っている慰安婦が生きて帰れたことがその可能性を示唆している。

もっとも、戦場にいた慰安婦のなかに、軍人によって虐殺された朝鮮人慰安婦がいなかったとは断言できない。しかしたとえあったとしても、一方的な「虐殺」と言うより「玉砕」のような集団自決に巻き込まれた可能性が高かったのではないだろうか。軍人さえも、敗戦時にいた地域によってその運命が分かれたように、慰安婦の敗戦後の運命も、そのとき周りに誰がいたかで決まっていたのかもしれない。

千田の本の中の慰安婦たちも、着物を着て軍人と共に死ぬ準備（千田一九七三、一五六頁）として「真っ白いカッポウ着を所持」していた。割烹着は国防婦人会のユニフォームでもあった。慰安婦たちは、「部隊の祝日などの時、それを着て晴れがましく参加」したが、それは「彼女らに残された僅かな誇りのひとつ」（同、一五七頁）でもあった。軍人といっしょに自爆する慰安婦さえもいたのは、そのような彼女たちなりの誇りによるものだったのだろう。たとえ持たせられた〈誇り〉だったとしても。

日本人慰安婦は、朝鮮人慰安婦に白布をかかげ投降することをすすめ、傷病兵たちの飲む青酸カリをあおいだのである。突入した中国兵が数えたとき遺体は七体だったという。(同、一三一頁)

日本人慰安婦たちは、日本の名前をつけられて日本人のように行動しなければならなかった朝鮮人慰安婦たちを、敗戦の瞬間、「朝鮮人」に戻そうとした。彼女たちにとって自死は〈本物の日本人〉だけに許された義務であり、矜持の表現でもあったのだろう。

敗戦直後の朝鮮人慰安婦を日本軍が虐殺したという話は、少なくとも一般的な状況と見ることはできない。その辺の事情について、敗走のとき慰安婦と軍人との間に差別があったのかと聞く千田に対して、元日本軍人は次のように語っている。

指揮官クラスは最終段階になっても、彼女らの事に気をつかっていたようです。でも敗走となると、兵隊同士でも……人間のエゴがむき出しになりがちですから。よほど戦友意識の強い者だけが、助けあえたと思います(同、一五五頁)

戦場の極限状況下において、軍人が朝鮮人慰安婦を捨てて逃げていったケースがあるとしたら、彼女たちが朝鮮人だからという理由以上に、自分だけ生き残ろうとしたエゴイズムゆえのことだっただろう。集団自決的措置が取られたとしても、慰安婦よりは軍人、女性よりは男性が、生き残るべきとした時代的思考によるものであるはずだ。敗戦直後に日本人が「満州」で集団自決したとき、男性が女性と子供たちを先に殺してから自決することが多かったように。あるいは生き残ってそのことを後世に伝える役割を担ったのが男性だったように。つまり女性の〈性〉だけでなく〈生命〉までも、〈管理〉していたのは男性であった。もちろんその背後にあるのは〈国家〉である。

千田の本のなかの軍人はこのようにも話している。

兵力の四割が戦死する可能性があっても、戦闘に勝てると判断されたら攻撃を発動する。場合によっては六割でもやる。これが作戦計画者です。兵力でもそうですから、八十一、八十二旅団が慰安婦を棄てたのは、軍人として当然の判断だったと言っていいでしょう。それに殺すのではない。おそらくなにがしかの食糧と金銭は渡したうえで、安全地帯に身をひそめておれと言ったのでしょうから、むしろ人道的だったのかも知れない。当の部隊自体がその後、壊滅的打撃をうけているのですから。連れていったら彼女らも同じ運命になっていたはずです（同、一五八頁）

さらに千田がミャンマーで起こった事態について追及すると、彼は次のように話す。

これもまた仕方なかったのではないでしょうか。あれだけ全面崩壊すると軍自体の

> 統制がとれず、兵力掌握すらできない。まともな命令すら末端までとどかない。補給も考えられない。倒れたのは慰安婦だけでなく兵隊も同じだったのですから、それ以上の責任を、もし追究《ママ》するとしたら、慰安婦を考え、それを戦場に連れていった者にあることになるのでしょう。そんなことは戦争責任の追究《ママ》と同様に、一人や二人を責めたところで仕方ないことではないですか（同、一五八〜一五九頁）

おそらく、これが戦争末期の標準的な真実だったのではないだろうか。そしてエゴイズムであれ〈国民としての忠誠〉であれ、批判は誰より、「慰安婦を考え、それを戦場に連れていった者」に向かうべきだろう。

慰安婦たちの証言に現れる死や自殺は、敗戦の時ではなく、慰安所生活のなかであることがはるかに多い。その意味では、「敗戦後の日本軍の朝鮮人慰安婦虐殺」という韓国での常識は見直されるべきだ。そういうことがあった可能性も排除できないが、それでも一般的な事柄ではなかったことは認識されるべきであろう。実際に、慰安婦たちの敗戦前後の証言に虐殺などに関する話は見られず、帰国＝「引揚げ」についての話が多い。そしてそれによると、大多数の慰安婦たちは帰ってきたと考えるほかない。帰れなかった人や帰る意志がなかった人たちは現地に残った。もちろん数年にわたる引き揚げに関する交渉の中で、たとえば在サハリン朝鮮人のように日本が帰国措置を取らなかったせいで「置き去り」にされた例はあるが、それは日本政府だけでなく、建国や戦争で外地の朝鮮人のことを考える余裕のなかった韓国政府の無策のためともいわなければならない。二〇万人いたといわれる慰安婦のうち、私たちの前に現れた慰安婦がごく少数なのも、ほとんどが死んだからではなく、さまざまな理由から、名乗り出た元慰安婦がわずかだった結果と考えるべきである。

千田が「ブーゲンビル島、ビルマ、フィリピン、連合軍に追いまくられ、兵隊自身が体ひとつで逃げまくった戦場の慰安婦は哀れであった。体力的にも兵隊よりおとる彼女らが、生きて帰れた方がむしろ奇蹟であったのかも知れない」（同、一五八頁）と具体的に地名を挙げているように、〈戦場での慰安婦の死〉は基本的には「兵隊自身が体ひとつで逃げまくった戦場」（同）に限られることと見るべきだ。「ソウル新聞」さえも「南洋」でのことと明確に書いていたにもかかわらず、九〇年代の韓国における敗戦後の慰安婦をめぐる状況は「日本軍は戦争に負けると日本軍『慰安婦』女性たちをそのまま見捨てていった」（挺対協が日本の募金も得て開館した「戦争と女性の人権博物館」の展示説明から）、自決の強制、虐殺といった理解に定着してしまった。そして今や、ほとんどの慰安婦がそうだったかのような、慰安婦をめぐる〈公的記憶〉のひとつになっている。

もちろん実際に慰安婦たちがどのくらい帰還できたのかは確認できない。しかし声をあげた人が少ない背景として、虐殺や「置き去り」以外の理由も考えられるべきである。おそらくその第一の理由は羞恥心によるものであろう。その羞恥は、解放後も日韓両方で続いた売春への差別や、共に米軍基地をおいてその周辺で働く女性たちを量産した日韓の社会構造が作ったものである。これについては第4部で改めて触れる。

いずれにしても、今を生きるわたしたちが耳を澄ませるべきは、ほかの誰よりも、帰ることのできなかった人たちであるはずだ。戦場の最前線で、最後まで日本軍と行動をともにして命を失った、もはや声を出せない彼女たち。日本が謝罪すべき対象も、まずは彼女たちではないだろうか。言葉や名前を失ったまま、性と命を〈天皇のために〉捧げなければならなかった朝鮮の女性たち、〈帝国の慰安婦〉たちに。

第2部　植民地支配と朝鮮人慰安婦

第1章　韓国の慰安婦理解

1、恐怖による混同

一九九〇年代に入り「慰安婦問題」が発生したあと、「慰安婦」をめぐる韓国における集団記憶を形成し固めてきたのは韓国の支援団体「韓国挺身隊問題対策協議会」(以下、挺対協。二〇一八年に「正義記憶連帯」と名称を変える。正式名称は「日本軍性奴隷制問題解決のための正義記憶連帯」)である。慰安婦問題に関する研究書や論文は少なくないが、「挺対協」は韓国内で「慰安婦」に関する情報提供者として絶対的な中心位置に存在してきた。そして挺対協の運動は成功し、今や〈強制的に連れていかれて性奴隷となった二〇万人の少女〉の記憶は、〈世界の記憶〉となった。

実際に挺対協は、「慰安婦」のことを「第二次世界大戦前から一九四五年までの間、日本政府によって強制連行・拉致され、日本軍の性奴隷生活を強いられた女性」とホームページで説明している(二〇一二年七月現在。その後修正が加えられたが、修正前の説明がそれまでの二〇年にわたっての韓国の記憶を作ったので、修正前の資料をそのまま使うことにする)。あわせて「挺身隊」についての説明もあって、「日本帝国主義の戦闘力強化のために特別に労働力を提供する男女組織全てを指す名詞」と説明している。「慰安婦」と「挺身隊」は同じではないことを、きちんと説明しているのである。二〇一〇年に出された挺対協の現・代表の著書(ユン・ミヒャン(尹美香)二〇一〇)にも、その差異は言及されている。

実のところ、慰安婦問題の発生以来、その二つの概念が同じではないことは早くから指摘されてきたから(アン・ビョンジク(安秉直)一九九二、イ・ヨンフン(李栄薫)二〇〇八ほか)、そういう説明があるのは当然でもある。ところが「挺身隊問題対策協議会」がなぜ「挺身隊」問題対策協議会なのかについては説明されていない。つまり「挺身隊問題対策協議会」が活動初期に、挺身隊を慰安婦と勘違いしたことについては触れられていないのである。一九九〇年代の活動初期の新聞などに載った写真には「挺身隊問題について謝罪せよ」とあって、初期の頃は慰安婦のことを「挺身隊」と考えていたことがわかる。

挺対協の初代会長ユン・ジョンオク教授をインタビューした記事には次のような文面が見える。

「一九四三年梨花女子専門学校の一年生の時、ある日学校は一年生の学生をみんな地下の教室に集めては紙を一枚ずつ配って、下の隅のところに指で判を押させた。挺身隊召集状だった。その次の日に退学届けを出した」(中略)あらためて挺身隊問題を記憶から甦らせたのは、一九七〇年代半ば。日本の記者千田夏光が書いた『怒りの季節』（千田の本ではない――引用者注）という本の中で「従軍慰安婦」を発見したことがきっかけとなった。（『ミズ来日』一七一号、二〇〇四年三月、シン・ミンギョン記者）

判子を押すことを強制したというこの召集は、文字通りの「挺身隊」に関する場面のはずだ。学校で判子を押したというような状況は、慰安婦たちの証言には出てこない。ここでの場面は貧しく教育システムから外れていた階層の女性を田舎や都会の道端でかどわかしたり、新聞に広告を出すような募集方法とはあきらかに異なる。

当時すでに挺身隊に行くと慰安婦になるという誤解があったから（藤永壮二〇〇〇）、場合によっては当時のユン教授もそのようなうわさを聞いていたのかもしれない。また、実際に挺身隊に行ったあと、慰安婦になるケースもあったから、そのうわさが必ずしも嘘だったわけではない。

おそらく、このような混同が生じたのは、実際のケースに基づくものではなく、そのような「うわさ」自体によるのだろう。第1部第1章5「植民地の〈嘘〉」で述べたように、植民地特有の恐怖がそのような嘘を誘発した可能性が高いのである。

いずれにしても、ユン教授が見た本は、慰安婦に関する本だった。そしてその本を見て昔のことを思い出して各地の慰安婦の調査に出たという話は、ユン教授が挺身隊をそのまま慰安婦と同じものと勘違いした可能性を示している。

問題は、当時の心理的な〈嘘〉や錯覚自体にあるのではない。その後の調査過程、あるいはその後の運動過程の中で挺身隊と慰安婦が同じ存在ではないことを知る機会はあったはずなのに、そのことが今日まで公に知られることなく、いまだに挺身隊＝慰安婦の図式が韓国社会に根強く存在していることにある。そして「八一年に韓国日報に挺身隊おばあさんを探して歩いた記録を連載」（『ミズ来日』）することから始まったユン教授やその後の団体の活動は、三〇年以上の歳月を経ながら〈日本国家が幼い少女まで強制的に連れていって慰安婦にした〉とのそれまでの一部の記憶を〈公的記憶〉にした。

いまや小学生までもが水曜デモに参加したり、記念館を訪ねるなど積極的に関わっているが、そのような混同が公式に是正されたことはなかった。しかも、ホームページや博物館の展示内容では、すこしずつそれまでの理解を修正しながらも、そのような認識の変化を公式に知らせたこともない。

性を媒介とした日本軍と朝鮮人女性の関係は、しいて区別すれば文字通りのレイプを含む拉致性（連続性）性暴力、管理売春、間接管理か非管理の売春の三種類だったと考えられる。オランダ人、中国人などを含む「慰安婦」たち全体の経験はこの三種類の状況を併せ持つものと言えるが、朝鮮人慰安婦の体験は、例外を除けば管理売春が中心だった。しかし韓国では、これまで中国やフィリピンなどの戦場や占領地で主に行われた拉致性売春や強姦も朝鮮人慰安婦の中心的経験と伝えられてきた。

言うまでもなく、日本国家が慰安婦を必要とし、植民地となったがために朝鮮半島の人々がその対象として動員されたという意味では、構造的な〈強制性〉は存在した。しかしあくまでも慰安婦を「日本政府によって強制的に連行・拉致され、日本軍の性奴隷生活をした女性たち」とする挺対協の説明は物理的な強制性のみを国民にイメージさせてきたのである。

2、記憶の選択

挺対協のホームページは続けて、「どんな女性が慰安婦として連れていかれたのか知っていますか?」との質問を作り、「アジア太平洋全地域に渡る各国の未婚女性が慰安婦になったが、その中の八〇%が韓国人未婚女性だった」と答えている（以下も二〇一二年七月現在)。これは韓国人女性がどのようにして慰安婦になったのかを説明しないため、「アジア太平洋全地域」の女性と「朝鮮人」女性の位置が日本軍に対して同じであるかのように思わせる。しかし、すでに見たように、同じ「アジア太平洋全地域」といっても、それぞれの地域と日本との関係は異なっていた。当然ながら、そこに属する女性たちと「日本軍」との関係も同じではなかった。

この説明は、「朝鮮人女性」もその他の地域の女性と同じく、「強制連行」されたかのようなイメージを抱かせる。だまされて行ったとはいえ、「朝鮮人の未婚女性」が〈帝国支配下の日本国民〉として戦場へと移動させられたことが、ここでは見えにくいのである。朝鮮人女性が「日本人」として動員された、日本人女性を代替・補充した存在だったこと、軍人を励まし補助するために動員された存在であることも、そこでは見えない。

朝鮮人女性が多かったのは確かでも、そのことが宗主国日本が意識して植民地の女性をターゲットにして動員した、ということになるのではない。それは、植民地となった朝鮮が、大日本帝国内において相対的に貧しかったために、動員の対象になりやすかった結果だったはずだ。そして戦争末期には、「内地慰安婦の補充は、東支那海、揚子江の航行の困難が増すにつれて、先細りになる」（長沢健一 一九八三、二二一頁）というような、地理的要因も手伝ってのことだった。

つまり、植民地だったことが、最初から朝鮮人女性が慰安婦の中に多かった理由だったのではない。内地という〈中心〉を支える日本のローカル地域になり、改善されることのなかった貧困こそが、戦争遂行のための安い労働力を提供する構造を作ったのである。そのことが、朝鮮を政治的のみならず経済的にも隷属する、実質的な植民地として、人々を動員しやすくした。しかも彼女たちは、中国やその他の地域の女性に比べて日本語の理解度が高く、外見も日本人女性に近かった。朝鮮人女性が日本軍を支える慰安婦として多用されていたのは、彼女たちが日本人を代替するにもっともふさわしかったからであろう。皇民教育さえも施され、精神的にも国家に必要な存在として叩き込まれたことこそが、日本軍を支える慰安婦として朝鮮人女性が多かった理由だったと考えられる。

なんとか日本語を話せるようになった彼女たちが、日本の服を着て日本人の名前で日本軍の相手をさせられたのもその結果であろう。朝鮮人慰安婦の賃金が日本人慰安婦の次に高かった（『海南島』、七〇頁）こともそれを表す。

「朝鮮人慰安婦」という存在を作ったのは、植民地の貧困、人身売買組織が活性化しやすかった植民地朝鮮の社会構造、朝鮮社会の家父長制、家のために自分を犠牲にすることを厭わなかったジェンダー教育、家の束縛から逃れたかったためなど、さまざまなものである。もっとも、その全てを考慮するとしても、朝鮮が植民地化したということこそがもっとも大きな原因であるのは言うまでもない。だとしても、朝鮮人慰安婦の発生を「日本軍の強制連行」のみに帰すのは、朝鮮人慰安婦を多く出した植民地の矛盾をかえって見えないようにするだけだ。

ホームページはさらに、「戦争が終わってから彼女らはどうなったのか知っていますか？」と質問し、「現地で置き去りにされ見捨てられたり自決を強制されたり虐殺された」としている。しかし、先に見たように、これは慰安婦たちの帰還をめぐる、ごく一部の情景でしかない。千田の本をもとに考えても、「自決」に駆り立てられる条件を備えていたのは日本人慰安婦だった。

韓国における代表的な慰安婦写真として知られている妊娠した慰安婦の写真に関しても、「日本軍は戦争で日本軍の慰安婦女性をそのまま捨てて行った」という説明だけがついている。しかしこれも、「敗戦後の慰安婦と日本軍」を十分に語っているものではない。本来なら彼女たちを保護すべき「業者」の存在がすっぽり抜け落ちて、日本軍だけが慰安婦を置き去りにした主体として認識されているからである。もちろん「国民」を守るのは軍人の役割だったはずだが、日本軍人は日本人さえも守ってはいない。中国東北部や北朝鮮にいた日本人たちはシベリアに連行されたり、飢餓、寒さ、伝染病で数万人が死亡した。自分の命すら維持するのは至難だった極限状況の中で、民間人より自分の家族を優先する場合もあった。日本軍が慰安婦を「捨てた」とするなら、そうした全体の状況の中で語られるべきである。

それは何も、慰安婦の悲惨さを軽く扱うためではない。戦争に動員された全ての人々の悲劇の中に慰安婦の悲惨さを位置づけてこそ、性までをも動員してしまう〈国家〉の奇怪さが浮き彫りになるからだ。そして、それぞれの境遇が必ずしも一つではなかったことを認識して初めて、「慰安婦問題」は見えてくるだろう。

挺対協ホームページ二番目の説明項目には、「ハルモニたちが強制連行された場所をお見せします」という説明とともに、東北・東南アジアのほぼ全域にわたって赤い点が表示されている。その赤い色は色自体が与える強烈さとともに、女性たちの悲惨さを想像させる。

しかし、その赤い点に含まれているのが、たとえば、元慰安婦たちの居住施設「ナヌムの家」に再現されているような、粗末なベッドだけの殺伐とした慰安所だけではないのはすでに見た通りだ。歌と踊りが付きものの料理屋形式の将校用慰安所もそこには入ってい

慰安所の入り口　「身も心も捧ぐ大和撫子のサーヴイス」という言葉は、女性たちが精神的慰安も要求されたことを示す。強制的だったかどうか、もともと売春婦だったかはさほど重要ではない。女性たちがそのように、国家と男性たちに奉仕させられたことこそが重要である。

たし、公娼でない私娼、つまり未公認の慰安所までがそこにまじっている可能性は排除できない。しかしそのような記述は、その赤い点をすべて、粗末なベッドだけの殺伐とした慰安所と想像させるのである。

ホームページは、入り口の左に「身も心も捧ぐ大和撫子のサーヴイス」、右には「聖戦大勝の勇士大歓迎」と書かれている写真を出しながらも、そのような文句と「連れて行かれた」者との関係がどのようなものなのかについては説明しない（写真）。ホームページはただ慰安婦の証言に「満州に連行」、「中国にさらに連行」、「釜山で一六歳の時日本軍慰安婦として連行」、「家で慰安婦として連行」と、すべて「連行」と記している（挺対協が中心となって二〇一二年に開館した「戦争と女性の人権博物館」もその点は変わらない）。

問題は、そのような説明を通して定着したひとつの記憶自体ではない。多様な状況を見ないでひとつだけの記憶にこだわることは、往々にして別の記憶を抑圧してしまう。そしてその別の記憶との乖離を埋められないまま、解決の主体となるべき日本との間で、慰安婦問題における共通理解を作れなかったことにこそ問題はあるのである。

植民地の悲惨さは、一方的な「連行」を強調することで説明できるようなものではない。むしろ、朝鮮人女性たちが大和撫子に扮しなければならなかったことにこそ、植民地の悲惨さはあったはずだ。

「戦争と女性の人権博物館」の展示では、慰安婦の数に関して「二〇万人を含む複数の推定値がある」として確定は留保しながらも、八万人説（千田夏光）や五万人説（吉見義明、イ・ヨンフン）など、二〇万より少ない推定値は記さない。慰安婦の数を推定するためには、その定義から確認し直すべきだ。娘子軍の意味での慰安婦ならその数はぐっと減るのかもしれない。もちろんその娘子軍、従軍慰安婦こそがもっとも悲惨な体験をしたことは忘れられるべきではない。

さらに、「植民地朝鮮で広範囲に行われた動員の中でも、非公式に秘密裏に行」ったとし、九〇年代以降の「慰安婦問題」に関しては「政府が関与したことが明らかになり始めたが、責任を全面的に認めることもせず、法的責任を認めないまま きちんとした対策を取ろうとはしない」としている。

ところが、挺対協関係者は著作の中では、「一九六五年に締結された日韓協定」が「慰安婦問題が解決されなかった重要な要因」と述べている（ユン・ミヒャン二〇一〇、一八〇頁）。それは、あとから日本の立場が分かったということなのだろう。しかし一般国民にとってもっとも重要な情報源である博物館や挺対協ホームページには、そのことは記さない。日本政府がともかくも「女性のためのアジア平和国民基金」というものを作り、謝罪と共に補償金を渡し、相当数の慰安婦がこの補償金を受け取ったという事実もまったく語られない。あることの判断のために必要なはずの基本情報が、そこでは与えられていないのである。

挺対協が要求する「全面的に責任を認める」という言葉の意味は、慰安所設置や募集が「法的犯罪」だったことを認めて「国家責任」を取れという意味である。しかし「基金」に関してのことはひとことも触れずに「国家責任」を取っていないとしか書かれないので、韓国の人々は日本がまったく何もしてこなかったと考えるほかない。韓国のマスコミがいまだ同じような認識をもとにした記事を毎日のように報道するのも、その結果である。

3、ノイズの消去

このようにして挺対協が作ってきた記憶の集約は〈強制的に連れていかれた少女〉である。挺対協関係者たちが作ってきた五冊の証言集のタイトルが「強制的に連れていかれた朝鮮人慰安婦」となっているのも、慰安婦に対する理解を示している。そして「強制連行」と「レイプの反復」のイメージは「性奴隷」にされた少女のイメージを反復生産した。

もっとも、慰安婦の身体の〈主人〉が自分自身ではなかったという意味で、ほとんどの慰安婦は奴隷である。しかしその奴隷的労働の物理的な〈主人〉は、軍隊ではなく業者だった。「奴隷」の辞書的意味が「自由と権利を奪われ他人の所有の客体となる者」（韓国版ウィキペディア）である限り、彼女たちの「自由と権利」を奪った直接的な主体が、慰安婦たちが図らずも「主人」と呼んでいた業者たちだったことは記されないのである。

もっとも、そのような構図を作ったのは慰安婦を必要とした国家なのだから、日本こそが、奴隷の本当の「主人」と言えないわけではない。しかしそれは、「植民地とは奴隷状態のこと」あるいは「女性は家父長制的な家庭の奴隷だ」というような、大きな枠組みの中でのことであって、構造的権力と現実的権力の区別は必要だ。

朝鮮人慰安婦は、植民地の国民として、日本という帝国の国民動員に抵抗できずに動員されたという点において、まぎれもない日本の奴隷だった。朝鮮人としての国家主権を持っていたなら得られたはずの精神的な「自由」と「権利」を奪われていた点でも、間違いなく「奴隷」だった。

しかし、慰安婦＝「性奴隷」が、〈監禁されて軍人たちに無償で性を搾取された〉ということを意味する限り、朝鮮人慰安婦は必ずしもそのような「奴隷」ではない。たとえそういう状況にいたとしても、それが初めから「慰安婦」に与えられた役割ではないからだ。

何よりも、「性奴隷」とは、性的酷使以外の経験と記憶を隠蔽してしまう言葉である。慰安婦たちが総体的な被害者であることは確かでも、そのような側面のみに注目して、「被害者」としての記憶以外を隠蔽するのは、慰安婦の全人格を受け入れないことになる。それは、慰安婦たちから、自らの記憶の〈主人〉になる権利を奪うことでもある。他者が望む記憶だけを持たせるのは従属を強いることでもある。

植民地だったがために朝鮮人慰安婦となった彼女たちは、「皇国臣民ノ誓詞」を覚えさせられながら日本軍の戦争を支えた存在でもあった。それは、韓国が植民地になった瞬間から避けられなかった矛盾でもあった。しかし挺対協の慰安婦理解は、そのような植民地の複雑な側面を隠蔽してしまう。そのことは、「植民地」とはどういう事態だったのか、「朝鮮人慰安婦」とはどういう存在だったかに対する理解をいつまでも拒むであろう。

韓国が植民地朝鮮や朝鮮人慰安婦の矛盾をあるがままに直視し、当時の彼らの悩みまで見ない限り、韓国は植民地化されてしまった朝鮮半島をいつまでも許すことができないだろう。それは、植民地化された時から始まった朝鮮人の日本への協力――自発的であれ強制的であれ——を他者化し、そのためにできた分裂をいつまでも治癒できないということでもある。換言すれば、いつまでも日本によってもたらされた〈分裂〉の状態を生きていかなければならないことを意味する。そしてそうである限り、韓国に日本の植民地支配が作った後遺症から逃れる日は来ないはずだ。あと百年経っても、依然、解放される日は来ないのである。

太平洋戦争の時、日本が慰安婦を必要とし、慰安婦の効果的な供給のために〈管理〉をしたのは間違いない。しかし〈責任〉を問うべき主体を明確にし、その責任を負わせることが運動の目的なら、まずは慰安婦をめぐる実態を正確に知る必要がある。

慰安婦問題を否定してきた人たちが〈強制性〉を否定してきたのは、慰安婦をめぐるさまざまな状況のうち、自らの記憶にのみこだわるためである。そしてその多くは「強制連行」や「二〇万人」という数字に反発した。韓国の支援団体の記憶もまた、それに対抗するもう一つの記憶でしかなかった。

日本の否定者たちは植民地朝鮮との関係を見ないまま単なる「売春」とのみ考え、韓国は被害者としての思いを「強姦」のイメージに集約させたが、そこでは植民地だったがゆえに強いられた協力的構造が両方によって否認されていた。

この二〇年間、韓国は初期の認識を中心に慰安婦をめぐる〈公的記憶〉を作り続け、それに亀裂を入れる話は受け付けなかった。不協和音は、日本の右翼か親日派とみなして、排除することにやっきになっていた。その結果、韓国に残っているのは、あらゆるノイズ

—不純物を取り出して純粋培養された、片方だけの「慰安婦物語」でしかない。

もっとも、そのような物語だけが守られてきたのは、〈被害構造〉に亀裂が入れば、責任を問えなくなると考えられてきたからだろう。しかし、植民地支配に対する責任の追及は、その矛盾も含めての総体的な姿を見て初めて、可能となるはずだ。

「ナヌムの家」から一〇〇メートルほど離れたところで、犬一匹とともに一人暮らしをしていたある元慰安婦は、「ナヌムの家」が嫌いだと言っていた。そしてその慰安婦は、行き違いがもとで、愛した日本兵と別れてしまったという昔の恋愛談を話してくれた。

彼女に「ナヌムの家」が居心地悪かったのは、そこが愛の記憶をも抱きとめてくれる空間ではなかったからだろう。言い換えれば、「ナヌムの家」は完璧な被害者の記憶だけを必要とした空間だった。日本の補償金を受け取った慰安婦たちがいまだに声を出せない理由もそこにある。

被害の記憶が必要なところでは、和解の記憶は排除される。日本の謝罪を受け入れた、日本兵を愛した慰安婦の話は、決して国民が共有すべき「慰安婦の物語」にはならないのである。記憶すべき物語から排除される話は〈公的記憶〉にならない。したがって「歴史」として残ることもない。韓国社会が彼女たちを家父長制の韓国社会から「大日本帝国の慰安婦」という役割を押し付けて共同体の外へ追いやり、その後も五〇年間も差別と忘却で歴史から排除してきたことも忘却の彼方へ葬られるだろう。しかし本当の意味で元慰安婦たちに向き合うためには、ノイズに聞こえる声にこそ耳を傾けるべきだ。

第2章　記憶の闘い——韓国篇

1、再生産される記憶

挺対協が普及させてきた慰安婦のイメージは、韓国内では小説や漫画、芝居や歌として再生産されてきた。そして二〇年間再生産され続けた過酷で悲惨な〈慰安婦の記憶〉は今や韓国の集団記憶を支配している。たとえばパク・ワンソ（一九三一〜二〇一一）の短編『彼女の家』はそのような記憶を作ったもののひとつである。この作品の中には挺身隊徴発から逃れるためにワラの中に隠れたせいで悲惨な目に遭う女性が登場する。

それ以前にも女子挺身隊に関してまったく知らないわけではなかった。日本本土や南洋群島で働きたい女子たちは、志願すれば移送され、実家に送金も出来るという内容の公文が行き渡った後だったが、その気になった家はひとつもなかった。まさか金稼ぎのために親が強制的に送り出すとは誰も考えていなかった。だが風の噂によると、ノルマを与えられた公務員や巡査たちが女性のいる家を脅し、強引に連行していくこともあったのだという。（パク・ワンソ『彼女の家』）

「公文が行き渡った」というのは、この募集が勤労「挺身隊」動員だったことを示している。「ノルマを与えられ」、公務員や巡査が直接に関与したということは、ここで語られる事態が公開的な募集、即ち法的に可能な〈国家動員〉だったことを示す。しかもこの話は、「〜という」という伝聞表現を頻繁に使う形となっている。小説は次のように続いている。

まさかまさかと思っているうちに、更に悪いことが起きた。それは同じ町内でのことで、噂ではなく現実のことだった。隠された食料を探しに来た巡査を、挺身隊徴発のために来たものと勘違いした親が、娘を藁の中に隠したのだという。供出督励班の人たちは、鋭い刃のついた棒で、食料が隠されていそうな場所を刺してみるのが恒例だった。藁に刃を突き立てたのと、両親らが悲鳴を上げたのはほぼ同じ瞬間だった。刃先に彼女の肉片がついていたとも、串刺しにされた腸が引っ張り出されたとも、彼女がその場で死んだとも、病院に運ばれたが出血多量で生死不明だとも言われた。（同、四一〜四二頁）

韓国を代表する現代女性作家のパク・ワンソは、この悲惨な状況を「事実」と語る。しかし「事件の後」に関しては、「〜という」といった伝聞形式を使っている。食料を探すために刺した「槍」が藁の中に隠れていた人を刺し殺す武器になるのはありえないことではない。しかしその刃先に肉片や腸が付いてくるのはやや無理がある話だ。最もあり得る状況は、血を流しながら運ばれていく、といったものだろう。しかしこの小説ではあえて肉片や腸のことを強調し、読む者に残虐性に対する怒りを呼び起こす。また、「同じ町内」で起こったことなら、生死に関しては後で分かったはずなのに、この小説はその部分に関しては触れないので、読者は彼女の死を予想し、悲しみと怒りの感情を持たざるを得ない。さらに、この悲劇が「慰安婦徴集」をめぐって起こったことのように錯覚させる効果もある。この作品の内容が文字通り挺身隊供出をめぐって起こったことであっても、である。それは、この作品が九〇年代以降に、作家自身が現実の慰安婦問題を耳にして思い出す形で書き起こされているからでもある。そして、作家が「事実」と言っているだけあって、「挺身隊」を「慰安婦」だと考えている人たちに、この事件を慰安婦動員の現場――連行されなかったが悲惨な死をむかえた――と誤解させるのである。

パク・ワンソの小説は中学高校の副読本に掲載され、今では慰安婦問題を描いた代表的な作品として扱われている。全体的に穏やかな内容でありながら、前記の場面の悲惨さのせいで、感受性の強い中高生を刺激するテキストとして機能してもいる。

しかし、韓国の慰安婦イメージを決定的にしたのは、おそらく九〇年代前半に作られたテレビドラマ「曙の瞳」だろう。一七歳で日本軍慰安婦として強制連行された主人公は「独立運動家の娘」で、学徒兵の恋人がいる者として設定されている。

しかし、慰安婦＝性的サービスを強制された主な対象が、まともな教育を受けられなかった貧しい階層だったことを考えると、このような設定を標準的なものと見なすことはできない。「独立運動家の娘」という設定は、誇り高い「民族の娘」の役割をさせるための設定だったのだろう。教育のない貧しい農民の娘より、「独立運動家の娘（純粋で高貴な精神を象徴する）」と設定した方が、彼女が慰安婦になることの不当さを訴えるのには効果的だからだ。物語の主人公が高貴な身分から悲惨な立場に転落するストーリーは古今東西、よく使われるもので、この物語も基本的にはそのような物語の形を踏襲している。

同じく九〇年代に人気だった漫画家イ・ヒョンセ（李賢世）の『南伐』（一九九三年七月～九四年一一月、「日刊スポーツ新聞」）も「慰安婦」をめぐる日本の残虐さを描いているが、ここでの「日本」の暴力描写は『彼女の家』以上のもので、韓国の日本認識に影響を与えたのは間違いない。日本を攻撃して征服するといった内容も、九〇年代にベストセラーになった小説『ムクゲノ花ガ咲キマシタ』（キム・ジンミョン〈金辰明〉）のように暴力を暴力で返そうとした九〇年代の時代的無意識を表すものだった。

二〇一二年の春から夏にかけて放映されたドラマ「カクシタル（花嫁の面）」も、大日本帝国在朝鮮軍司令部の「陰謀」が介入した募集として描写されている。軍が主体となって慰安婦を募集したことを「隠すために」、親日派業者を軍が利用したようになっているのである。それは、必ずしも嘘とばかりは言えないだろう。しかしそこでは、慰安婦の募集以前から存在し、自分の利益のために動いた業者の姿は見えてこない。なによりも、そこでの業者に「親日」的な要素があったのなら、それが民族を裏切る特別な姿ではなく、皇国臣民化された植民地の普通の姿でもあったことが見えてこないのである（二〇一三年八月に韓国で刊行されたアン・ビョンジク（安秉直）解題『日本軍慰安所管理人の日記』にはその姿が明瞭に見てとれる）。

さらに、実際の慰安婦の肉声を使って作られていることでそのリアリティを増しながら、短いこともあって多くの人々に受容された（YouTube にアップされ、二〇一三年八月末現在、一七万以上のアクセス数となっている）「少女物語」における証言とアニメーションの内容の微妙な違いは、〈公的記憶〉の形成過程を垣間見ることのできるもうひとつのケースである。

証言の主人公は、自分が「ただ無条件に連れていかれた」のではなく、「父親のために」行ったので、ほかの人とは「状況が違う」と強調していた（「日本軍慰安婦被害者歴史館ホームページ」）。ほかの人と違って小作人まで持っていたゆたかな家の出身であることや、学校に行かなかった理由は父親が日本の学校レベルを軽蔑したためだったなど、父親が日本に反抗的だったことを強調しながら「普通の慰安婦とは違いがある」（同）と強調する内容となっているのである。おそらくそれは、ほかの慰安婦との差異化を図るための、彼女なりの誇りの表明だったのだろう。

しかしそのような「差異」はアニメーションでは描かれない。しかも彼女が「自分から」

行ったという証言での言葉は、アニメーションでは消えている。彼女固有の違いは消え、すでに存在する普遍的な慰安婦のイメージに合うところだけが拾い上げられているのである。

そして証言では、自分に阿片を打ったのは「主人」だったとしているが、アニメーションでは「軍人」が打ったかのように描かれる。「主人」の姿は消えて、軍人だけが前景化しているのである。阿片に関する話はほかの証言でも時折現れるが、阿片は、身体の痛みをやわらげる一方で、時には性的快楽を倍増するためにも使われていた（『強制』2、一五七～一五八頁、『強制』3、一三三～一三四頁）。そしてそのほとんどは、主人か商人を通して買われていた。しかしそのような阿片使用の元の目的は消えて、ただ日本軍の悪行の証拠としてのみ位置づけられる。証言を加工した二次生産物が、慰安婦のありのままの生をますます見えにくくしている最近の代表的な例と言えるだろう。

おそらく、二〇一二年に韓国で慰安婦の公式名称を「性奴隷」にすべきであるとの議論が出たとき、本人たちが拒否した理由もそこにあるはずだ。長い間、自分の慰安婦生活が性奴隷的生活だったと言われることを了解してきながら、いざその名称が固着しそうになったときにこだわったのは、意識したかどうかとは別にして、その名称が自分たちの過去のすべてを表現するものとは思わなかったからであろう。彼女たちを「性奴隷」としてのみイメージし続けるのは、過酷な生活の中であえて持とうとした、彼女たちのわずかな誇りさえも踏みにじることでしかない。「慰安婦のための」物語であるはずの「少女物語」は、彼女たち自身の本当の誇りを守ることには関心がなかった。

慰安婦の誇りが注目されるのは、ただ日本を相手にした朝鮮人としての誇りであるときに限られる。日本に虐げられた被害者であることのみが、彼女たちを代表するアイデンティティとして選ばれているのである。彼女たちには、日本を相手に闘う闘士としてのイメージもあるが、それはあくまでも彼女たちが「性奴隷」であることを受け入れる限りにおいてのことでしかない。性奴隷以外の記憶を抑圧しつつ慰安婦自身の生きた記憶より理想化された〈植民地の記憶〉を、彼女たちはこうして代表するようになった。

2、大使館前の「慰安婦少女像」を読む

この二〇年間に形成された韓国の〈公的記憶〉を集約する形で出現したのが、二〇一一年一二月、ソウルの日本大使館前に作られた少女像であろう。

記念碑は、性労働を強制された慰安婦像でありながら、性的イメージとは無関係に見える可憐な「少女」の姿である。つまり、大使館の前に立っているのは、慰安婦になった以後の実際の慰安婦というよりは、慰安婦になる前の姿である。あるいは、慰安婦の平均年齢が二五歳だったという資料を参考にするなら、実際に存在した大多数の成人慰安婦ではなく、全体のなかでは少数だったと考えられる少女慰安婦だけを代表する像である。

しかし少女像は、あたかも慰安婦の全体を代表するものとして受け止められ、「少女慰安婦」のイメージを日々強化している。人々は「二〇万」という数字を併せて思い起こすだろう。

少女のヘアスタイルは、慰安婦像に学生のような端正なイメージをもたらしている。少女像が作る学生イメージは実際の朝鮮人慰安婦とは距離があると言うほかない。さらにその端正さは、彼女がいまだ踏みにじられたことのない「処女」であることをも象徴していよう。

少女が裸足であるのは、何の準備もなく「いきなり連行」されていったことを想起させるはずだ。拳をにぎって力をこめた目つきでまっすぐに日本大使館を見つめているのも「強制的に連れていかれた」ことに対する怒りを表明する。つまりそこで少女像は、「抵抗する慰安婦」像である。当然ながら日本軍とのその他の関係は表さず、その怒りが日本軍以外の存在に向けられていた可能性もそこでは捨象される。

少女像の姿は、韓国人が自分を重ねあわせたいアイデンティティとして、もっとも理想的な姿である。少女像がチマチョゴリを着ているのも、リアリティの表現というよりは、慰安婦をあるべき〈民族の娘〉とするためだ。結果として、実際の朝鮮人慰安婦が、国家のために動員され、日本軍とともに戦争に勝つために日本軍の世話をしたことは隠蔽される。結局少女像は、時に家族のために自分を犠牲にした犠牲的精神も、息子ではなく娘が売られやすかった家父長制による被害者性も表出しないままだ。もちろん彼女たちを「強制的に連れていった」人々についても、日本人以外は思い起こさせないことになる。都会で誘拐されたとしたら、彼女たちの服装は必ずしもチマチョゴリではなかったはずである（特に日本で動員された場合は言うまでもない）。しかし、チマチョゴリを着ていることで、少女像は、独立運動をしたことで捕まって殺されたユ・グァンスンに限りなく似てしまっている。少女像はあきらかに、実際の慰安婦であるよりは、気高い独立闘士になっているのである。

つまりそこには、日本の服を着せられて日本名を名乗らされて「日本人」を代替した「朝鮮人慰安婦」はいない。死に赴く日本軍兵士を愛し、結婚した女性も、そこでは居場所を与えられていない。日本軍を最後の民間人として見送り、日本軍を自分と同じ運命に落ちた気の毒な存在とみなして同情する「朝鮮人慰安婦」は、そこにはいないのである。

少女像には「平和碑」という名前がついている。しかし、実際は少女像は、差別されながらも戦争遂行の同志だった記憶や許しの記憶を消去したまま、恨みだけを込めた目で、日本に対する敵対状況に列なることを要求する。したがって、〈日本軍より業者が憎い〉とする慰安婦もそこには存在し得ない。結果的にそこには朝鮮人慰安婦はいない。

彼女たちが解放後に帰ってこられなかったのは、日本だけでなく韓国自身のせいでもあった。〈汚された〉女性を排除する純潔主義と家父長制的認識も、彼女たちを長い間故郷に帰らせなかった原因だった。しかし性的に汚された記憶だけでなく、日本に協力した記憶もまた彼女たちを帰らせなかったものではなかっただろうか。つまり、〈汚された〉植民地の記憶は、解放された韓国にはもはや必要ではなかった。大使館前の少女像は、協力と汚辱の記憶を当事者も見る者もいっしょになって消去した〈まったき被害者〉としての像でしかない。

少女像が聖少女としての純潔と抵抗のイメージだけを持っているのは、そのためでもある。少女像は、恥ずかしい記憶を忘却し糾弾して〈我々〉の外に追いやってきた解放後の六〇年を集約してもいる。解放後六〇年もの歳月が流れても、一度も、総体的な〈植民地朝鮮〉を自ら抱きとめることで、汚辱の時代を乗り越えようとはしなかった歳月の象徴なのである。被害者少女に雨の日には傘を、雪の日にはマフラーと靴下を提供して雨や寒さから守ろうとする人々が後を絶たないのも、そこが〈民族の聖地〉になっているからである。そのような人々は、彼女たちが日本の着物を着て、日本の名前を持った「日本人」として日本軍に協力したことを知ったら、同じ指で指して彼女たちを非難するのだろうか。彼女たちが慰安婦になる前に、そのような幼い少女たちを共同体の外に押し出した〈手〉もまた同じ手であることは忘れて。

「朝鮮人慰安婦」とは、日本軍朝鮮人兵と同じく、抵抗したが屈服し協力した植民地の悲しみと屈辱を、身体で経験した存在である。日本が主体となった戦争に連れていかれ、軍が行く先々に「連れていかれた」「奴隷」でありながら、同時に彼らの無事を祈っていた同志でもあった。着物を着て日本の髪型をしたたおやかな「やまとなでしこ」として、日本軍朝鮮兵と同じく、植民地の矛盾を文字通り身体全体で生きた存在でもあるのである。

協力の記憶を消し、抵抗と闘争のイメージだけを表現する少女像では、日本に協力しなければならなかった朝鮮人慰安婦の本当の悲しみは表現できない。慰安婦になるまえの「少女」だけを記憶するのは〈汚される〉前の韓国を想像することで韓国自身を慰めることは可能でも、彼女たち自身を本当の意味で慰撫することにはならないはずだ。

慰安婦が代表している植民地体験―屈服の体験は、顕彰されるにはあまりにも多くの矛盾をはらんでいる。そして彼女のみならず、植民地化とは構成員のすべてが分裂状態を強いられることでもあった。

挺対協は近年、慰安婦をホロコースト的存在と認識させようとしている(「ホロコースト・慰安婦、来月、歴史的出会い」「聯合ニュース」二〇一一年一一月二一日付)。しかし、ホロコーストには朝鮮人慰安婦が持つ矛盾――すなわち被害者で協力者という二重の構造は、少なくとも一般的にはない。そうであるかぎり慰安婦をホロコースト的存在とするのは、その違いを無視することでしかない。悲惨な存在ではあっても朝鮮人慰安婦は、ただアイデンティティを理由に排除と抹殺の対象となったホロコーストとは、同じ存在ではありえないのである。

少女慰安婦像に託されたのは、実際には韓国の人々が普段は忘れている役割――民族の娘として存在し続けてくれること――であろう。言うならば、現実の人々にできない役割を少女像に託しているともいえる。水曜デモ一〇〇〇回記念の二〇一一年一二月一四日に、少女像が日本大使館の前に立つようになった理由もそこにあるだろう。今のままでは、元慰安婦たちがみんな亡くなってしまっても、少女像はずっとそこで日本を糾弾しつづけることになるかもしれない。しかし、少女像は実際のところ運動や運動家を記念するものであって、慰安婦ではない。くしくも「デモ一〇〇〇回を記念して」作られたように、大使館前の少女像はデモの歳月と運動家となった慰安婦だけを顕彰するものでしかないのである。

韓国で米軍の装甲車に轢かれて死亡した少女たちの親は、「悔しい死を遂げたわたしの娘を二度殺すな」と言っていた（『週刊東亜』二〇〇三年六月二六日号）。親たちが「もう家族だけで集まってその子たちのことを考えたい」（「Chosun Media」二〇一二年六月四日）と話したのは、彼らがほかでもない少女の肉親だったからであろう。つまり親たちは、自分の大切な娘たちがいつまでも〈アメリカによる被害者〉を象徴する〈民族の娘〉として反米の旗を掲げる役目を託されるのを見たくなかったのだろう。被害者少女に留まっている限り、きれいな成人女性に育って、恋愛もし結婚もしたであろう〈自分の娘〉の姿を想像できなくなるからだ。それは、少女たちは言うまでもなく、親たち自身の安息と心の平和を奪う。当事者も、当事者の家族も、そこでは周辺に追いやられてしまっている。

日本による被害を記憶するのは大切なことだ。しかし、大使館前の少女像は本当の慰安婦とはいえない。朝鮮人慰安婦が、朝鮮人のままでいられず「日本人」にならなければならなかったために経験した悲しい記憶が、そこでは消されている。少女像は、今や韓国のみならずアメリカにまで拡散されるようになった。アメリカの記念碑では「強制的に連れていかれた二〇万人の少女」という言葉をチマチョゴリを着た少女の台座に刻んでいるが、それは〈アジア全域の慰安婦〉ではなく、〈韓国〉の公的記憶を形にしたものでしかない。そのようなひとつの記憶だけを表している以上、慰安婦問題の否定者たちは、彼らの記憶――〈ただの売春婦〉の記憶にこだわりつづけるだろう。

慰安婦の苦痛を共有し、記憶することが目的なら、その像が立つべきは、慰安所があった場所か彼女たちが戦争で命を落とした場所がよりふさわしいはずだ。また、ノイズを除去した怒りよりは、複数のアイデンティティを生きるほかなかった植民地の悲しみを表したほうが、より普遍的な共感を得られるだろう。少女像が本当の〈平和〉を作る可能性も、そこから初めて生まれてくるはずだ。

3、元慰安婦の自己表象

日本の否認者たちは、慰安婦たちの証言に「嘘」があるという。確かによく指摘されているように、連れていかれた年齢が最初の話より若くなったり、連れていった人が変わったりするようなケースがないわけではない。

何日か経ったあと、ブンスンと川縁で貝を取っていると、向こう側の丘の上に立っている老人と日本人の男が見えた。老人がわたしたちを指差すと、男が私たちの方にやってきた。老人はすぐに立ち去り、男が私たちに、手招きをして同行を促した。(『強制』1、一二四頁)

この証言は近年最も活発に活動してきた元慰安婦のものである。二〇年前の一九九三年に出たこの証言集では彼女はそれは「満一六歳のこと」で、その後「数日経ったある日の夜明けに」友だちのブンスンに呼ばれて追っかけていったところ、「河原で見た日本人の男」に会ったと話している。そして男が見せてくれた「赤いワンピースと革の靴が見えた。子供心に本当に嬉しくて」「ついあとさき考えずについていくことになった」(同、一二三〜一二四頁)とする。

ところがこの証言は、以後すこしずつ変わっていくことになる。二〇〇四年に京都大学で行われた証言集会では、連れていかれたのは「一五歳」の時で、「日本軍の刀に威嚇された女性が自分を呼び出し、抱きかかえるようにして連れていった」と語っている。また最近の韓国の新聞では「大邱《テグ》にある家の庭にまで日本軍が入って来て連れていった」と語ってもいる。連れていかれた年齢が若くなり、日本軍による強制連行に近い状況が語られているのである。

また、二〇一一年一二月、アメリカのホロコースト生存者と会って行われた証言では「一五歳のとき台湾の神風部隊に連れていかれた」「軍人の部屋に入るのを拒否したところ、あらゆる拷問を受けてほとんど死ぬところだった」（「聯合ニュース」二〇一一年一二月一四日付）と話したりもする。また慰安婦生活については「言うことを聞かないと電気拷問もされた」（「ヨンナム日報」二〇一二年九月一四日付）と話す。

しかし先の二〇年前の証言集では、それに近い行為をしたのは日本軍ではなく、彼女を連れていった「主人の男」だった。慰安所で行われたという「電気拷問」とは「電気コードを差し込みから外してそのコードをわたしの手首足首に巻いて」「電話の取手をはげしく回す」ような行為だった。そのような虐待をしたのは日本人の「主人」で、「慰安婦だけでなく日本人女性の奥さんや朝鮮人だった妾」も「ともすれば殴る」ような人だった。そして「軍人たちには殴られなかったが、主人にはたくさん殴られた」（『強制』1、一二七〜一二八頁）とも話している。証言では暴行をふるわれた体験は軍人より「主人」による場合が多いが、暴行主体が業者だったと言わなくなっているのである。

しかし、慰安婦たちが自分をよりいっそう「かよわい少女」と表象して、日本軍による被害を際立たせようとするのを、単に彼女たちの問題とすることはできない。証言を聞きに集まった人たちは、慰安婦についての事前知識を持っていて、「日本軍に連れていかれた少女」の話を聞くために集まってくる。慰安婦たちは、自分に寄せられる期待に応えただけだとも言える。主催者たちはその証言がより残酷で、よりひどいものであることを無意識に期待すらするだろう。韓国人なら、その被害が過酷で凄まじいものであるほどに、日本に対する怒りを強化し、日本のいわゆる良心的市民たちであれば、韓国に対する謝罪意識を強めるはずだ。

その意味では、慰安婦の証言に食い違いがあるからといって、単に慰安婦たちのみを非難することはできない。彼女たちにとってこの二〇年は、最初に話したたくさんのノイズは受け入れられないことを確認する歳月でもあったはずだからだ。雑然としたノイズが除去された後の〈純粋な〉被害物語だけが流通していくのを目撃し、しだいにそれにあわせたとしても不思議ではない。慰安婦の証言の食い違いは意識した〈嘘〉というよりは、せいいっぱい聴衆の希望に忠実に応えようとした整頓された物語と言うべきだろう。

被害者であることを確認しようとする民族言説は、表面的な被害認識以外のすべての認識を抹殺して、ピュアな被害記憶だけを残そうとする。しかしそこで排除された記憶もまたまぎれもない慰安婦自身の生を構成した記憶に間違いない。それはそのまま、植民地支配を経験したすべての人々の記憶である。それは消しゴムで消そうにも消せないだろう。

傷つけられた自分を語ることには協力し、屈服した記憶を排除する。「日本軍の残虐性」というイメージに亀裂を入れる話があれだけ多かったにもかかわらず、二十余年もの間、それが韓国で〈公的記憶〉にならなかったのは、そのような欲望のためでもあった。しかしそういった欲望を非難するよりは、そのような欲望を胚胎させた過去と現在の構造こそが問題視されるべきであろう。

第3章　韓国支援団体の運動を考える

1、「挺対協」の力

韓国の支援団体は、慰安婦が日本による韓国の被害者を象徴する存在になるにつれて韓国社会で大きな力を持つようになっていった。挺対協の元メンバーが長官や国会議員になり、慰安婦問題関連活動でさまざまな賞を受賞するようになったのも、そのことを示している。そして今や韓国において、慰安婦問題に関しての行動や発言で挺対協に勝てる存在はないとさえ言えるまでになった。

それは、二〇一一年夏から一二年夏にかけての慰安婦問題をめぐる動きをみると、よく分かる。一一年の夏、韓国政府は、慰安婦問題の解決のために日本に働きかけないのは憲法違反との憲法裁判所の判決を受けて、大統領みずからが慰安婦問題の解決を日本に対して迫っていた。そして大統領は最初解決方法として「人道的措置」（法的責任ではなく道義的責任を追う解決）を提案してもいる。そして、これに応えてか二〇一二年春、日本政府は韓国政府に解決案を出していた。

日本政府は13日に北京で開く日韓首脳会談で、元従軍慰安婦問題の解決策の提示を見送る方針を固めた。韓国側の要請で今回の首脳会談で示すことを目指していたが、事前調整で折り合えなかった。

野田佳彦首相は昨年12月、来日した韓国の李明博《イミョンバク》大統領との会談で、「人道的見地から知恵を絞っていく」と語った。両政府は今月の首脳会談に向けて調整を開始。日本は外務省関係者を韓国に派遣して新たな人道支援策などを探ったが、合意できなかった。(「朝日新聞」二〇一二年五月九日付)

次の記事は、せっかくの提案とそれに応えようとした措置が、「合意」を見いだすことなく挫折した背景をうかがわせてくれる。

〈慰安婦問題　首相謝罪と補償打診　韓国、難色示し合意せず〉

斎藤勁官房副長官が4月に訪韓した際、韓国大統領府に対し、従軍慰安婦問題の解決策として、野田佳彦首相による謝罪や補償などを打診していたことが11日分かった。韓国側は日本側に慰安婦支援団体の意向を聞くよう求めるなどして難色を示し、合意に至らなかった。(「北海道新聞」二〇一二年五月一二日付)

韓国政府は、みずから解決を迫っておきながら「支援団体の意向」を気にして日本の提案を受け取らなかった。そして「人道的措置」を提案していた韓国政府が日本政府の提案を受け入れなかったのには、これに先立っての支援団体のイ・ミョンバク大統領批判が影響した可能性が高い。三月に大統領が「人道的措置」がいいとの意見を出した時、挺対協は声明書を出して大統領を強く批判していた。

〈イ・ミョンバク大統領は日本政府が主張する「人道的解決」に同調せず、公式的に日本政府に法的解決を要求しろ〉

イ大統領はソウルで開催される第二次核安保会議を前に、本日国内外のマスコミ六社と合同記者会見を開き、日本軍「慰安婦」問題に対して「法よりも人道的に解決」しなければならないと発言した。我々は被害者の思いを無視し、本質から遠ざかったこうした発言に、強く抗議する。今まで日本軍慰安婦被害者と挺対協は日本政府に対し、日本軍慰安婦問題に対する罪を明らかにし、罪に対する反省を元に、被害者の名誉と人権を回復するための公式謝罪と法的賠償を求めてきた。日本軍慰安婦問題は当時の日本が国家として管理し行った制度的犯罪であり、日本政府が国家として責任を認め、法的に解決しなければならない問題だからだ。そして日本政府が未だ誇らしげに広報しているアジア女性基金が結局失敗に終わったということからも、国家ではな

い民間の責任にすり替えた「人道的支援」は問題解決を困難にするだけだからである

（後略）（二〇一二年三月二三日）

挺対協の要求は「法的賠償―国会議決による謝罪と賠償」である。そして大統領の「人道的措置」とは日本の国会を経ることを要求するものではなかったので、批判されたのである。同じ頃、日韓の軍事情報保護協定が政府によって推進されることが報道されたが、このときも挺対協はイ・ミョンバク政権を「骨の髄まで親日」と激しく非難した。そして、韓国政府は結局、協定締結を直前になってキャンセルした。その後、韓国政府は国防相の訪日を延期し、日中韓ＦＴＡ交渉にも消極的になった。このことは、この当時の日韓外交においての慰安婦問題の占める位置を示す。

とはいえ、このようなことは、挺対協自体に力があるからというより、韓国国民とマスコミが挺対協の認識を共有し、支えているためである。その後大統領は二〇一二年の夏、竹島を訪れてその後の日韓関係の悪化を招いたが、四月の提案が受け入れられていれば、少なくともこの大統領上陸はなかっただろう。

2、当事者主義について

挺対協は、慰安婦―当事者たちが「立法解決」を望んでいると言う。しかし、九〇年代に日本が実施した謝罪―アジア女性基金を受け取ったのがすでに約六〇人（二〇一二年九月現在。「北海道新聞」二〇一二年九月二八日付）ということだから、挺対協の言う「当事者」の意見は必ずしも一致しているわけではない。そして受け取っていない慰安婦たちがみんな、法的解決を望んでいるわけでもない。挺対協の言う当事者とは、支援団体と考えと行動をともにする当事者に限られるとも言える。

さらに、実は韓国の支援団体は、挺対協だけではない。ほかにもいくつかの支援団体が存在するが、そのほとんどは地方にあって、韓国メディアに注目されなかった。たとえば釜山には、私財をはたいて、ソウルに二〇一二年に建った博物館以上に立派な展示館を作るなど、慰安婦問題の初期からずっと活動してきた八〇歳過ぎの女性活動家がいる。しかし、ソウルにある挺対協の活動が目立っていたために、そこだけに関心と力が集中することになり、挺対協が中心的な存在となっていった。それは、メディアの中央中心主義の結果ともいえるだろう。この釜山の民族と女性歴史館代表は、かつては基金に反対したが、今ではそうは思わないと話している。のみならず、運動のやり方をめぐって、ソウルの挺対協を批判してもいる。元慰安婦の意見が一つでないように、支援団体の意見も一つではないのである。

国家や社会や家族によって遠くへと移動させられ、つらい体験を強いられた慰安婦たちを、そして、帰ってきてからも数十年の間、同じく国家と社会と家族の冷たい視線にさらされながら苦痛に満ちた生を営んできた彼女たちを、九〇年代からまた、あらたに二〇年以上も〈韓国の自尊心〉の中心に立たせてしまったのは、酷なことではなかっただろうか。彼女たちに〈正しい民族の娘〉の役割を要求してきたのは、果たして彼女自身のためだけだったろうか。

おそらく、日本兵と恋愛し、慰安を〈愛国〉することと考えてもいたような慰安婦たちの記憶が抑圧されてきたのは、彼女たちがいつまでも民族を代表する存在でなければならなかったからである。彼女たちがいつまでも一五歳の少女被害者かあるいは闘士として生き続けなければならなかったのも、その結果である。

完璧な被害者であることを確認し続けようとする欲望は、日本兵に対する愛も、朝鮮人業者や親に対する憎しみも、解放後五〇年も続いた韓国人自身の冷たい視線も覆い隠してきた。「慰安婦問題」とは、そのような欲望と期待が優先され、当事者たちの〈今、ここ〉の苦痛は十分には顧みられなかった問題でもある。

実際に挺対協と深刻な葛藤を起こして、元慰安婦の水曜デモへの強制的な参加をやめさせてくれるようにとの訴訟を起こした元慰安婦もいた。しかしそのような慰安婦の声は韓国社会で注目を浴びることはなかった。そして挺対協に対する批判と恨みを込めた遺書をインターネット新聞社に預け、彼女は二〇〇八年にこの世を去った（http://www.ctnews.co.kr/sub_read.html?uid=15117など）。

韓国社会や支援団体は、あるがままの当事者自身よりも、当事者を通して、独立的で誇り高い朝鮮やその構成員としての自分たちを見いだそうとしてきた。その感情が植民地支配を受けたがために強化されたものである以上、それは必然的なことだったとも言えるだろう。しかし、誇り高い自分を確認するのと、相手に対する怒りを維持するのとは似ていて非なる行為である。何よりもそのような自己確認はいつまでも〈植民地の後遺症〉から抜けださせない。

米軍基地の売春施設で働いたことのある女性は、元慰安婦たちとお互いの経験を語りあった時を回想しながら、次のように語っている。基地界隈の女性の状況を改善し、米軍との間に生まれた混血児のための活動で彼女がアメリカ講演に行った時、彼女の思いとは異なる方向で自分の話が受け止められる現場に出くわしたというのである。

希望のない生。たった一度も自分が望むことを試したり成した経験のない人。それが私たちだった。だから私はその現実に耐えて勝ち抜いてきた人生の希望を語りたかった。テントを張り、新しく生きてみようと足掻きながら、その中で感じた希望と誇り。自分が変わることを可能にした契機を話してみたかった。また私が頼ることの出来た信仰の力についても話したかった。しかし主催側は、私が米軍を相手に売春しながら苦しかった理由、自殺したかった経験などをメインにして話すことや、軍事政策を中心に話が進むことを望んだ。（キム・ヨンジャ二〇〇五、二七三頁）

彼女はさらに「自分の話を聞いた韓国の関係者たちが、米軍撤収と米輸入反対を叫びながら、基地村の女性の死を膨らませるのも理解できなかった」（同、二五三頁）、「私は女性運動に関して詳しく知らないが、主演は女性運動家であり、現場の女性は助演、エキストラに過ぎなかった」（同、二五五頁）と話して、自分の話が反米運動・女性運動に横領されていくことに対する違和感を隠さない。

ここで見えてくるのは、彼女周辺の「運動」が彼女に強制したのは、彼女たち自身の生活改善より、〈抑圧される民族の娘〉として存在することだったことである。意識していたかどうかは別として、彼女たちの境遇が別の運動に使われていたのである。そうであるかぎり、そこでは被害の記憶以外の話は許されない。そのような強制がある種の暴力でしかないのは、普段は忘れて生活している〈虐げられている韓国人〉や女性としてのアイデンティティを、彼女たちには常に持つことを強いることでもあるからだ。

日本の植民地支配によって韓国が受けたいくつもの苦痛は、当然ながら記憶され続けるべきである。しかし現在の慰安婦問題をめぐる韓国の記憶は、日本のみの特殊なことと理解して、非難や怨恨の対象にするだけに留まっていて、なぜそうだったのかを考えさせることを不可能にする。同じやり方を被害者自身が真似てしまったこと（朝鮮戦争時の在韓国連軍の慰安所〉を忘却させるのも、そのような構造である。そのように慰安婦の記憶を関係者たちが〈横領〉する限り、当事者主義はそこには存在しない。

支援団体代表は「日本帝国主義の蛮行である日本軍慰安婦問題の解決をもって、日本軍性奴隷被害者たちの名誉回復、戦時下で女性に行われる暴力防止、日本の軍国主義復活阻止、アジアと世界の平和に貢献することを目標とする」という。さらに、「法的責任を避けるために」「国民基金を作った日本政府は悪い政府」であり「最近アメリカ下院の決議案採択をめぐってオランダや台湾との連帯が強化され、西欧社会に日本軍慰安婦問題を世論化するのに大きな役割」を遂行したとしながら次のように続ける。

しかし依然として日本政府は法的責任を果たそうとしていません。依然として「女性のためのアジア平和国民基金」で果たすべき責任は果たしたとしています。過去の犯罪に対する反省もなく、むしろ日本軍慰安婦問題を消し去ろうとするか、侵略戦争を歪曲・美化して在日朝鮮人に対するテロと弾圧、北朝鮮に対する敵対視政策を固守しながら、日本の戦争犯罪を反省していません。さらに教育法を改悪し、軍国主義教育を学生たちに注入しようとし、平和憲法九条改悪を通して軍事大国への野心を表しています（ユン・ミヒャン二〇〇七、五二頁）

ここに当の慰安婦がいたとしたら、米軍の装甲車に轢かれた少女たちの親や元米軍慰安婦が感じていた違和感を感じたであろう。その主張の正しさ如何は別としても、ここで慰安婦問題が政治運動に使われているのは確かだ。しかも、ここでの日本認識は、日本の慰安婦問題支援者にさえもすべてを納得させるのは難しいのではないだろうか。

3、「圧迫」の矛盾

挺対協はこれまで日本を外から圧迫することに多くの力を注いできた。そして、九〇年代に挺対協が慰安婦問題を中心に、世界の女性や人権運動家たちと連携して「戦時における女性への暴力」という問題を世界の関心事にした功績は大きい。そして挺対協の運動は、今や世界まで味方につけた。

しかし、そのような外からの圧迫は、いまだに慰安婦問題を解決できていない。逆に反発者を数多く作り、ますます混迷状態に追い込む結果となった。実らずに終わってしまったが、二〇一二年の春に日本が動き出したのは、韓国以外の国の圧迫ゆえのことではなく、韓国の大統領が直接訴えたからだった。日本の応答を導き出せるのは、ほかの国を集めての「圧迫」ではなく、日本と向き合うことによってである。

世界を相手にした挺対協の運動が成功したのは、同時代の戦争と連携して「普遍的人権問題」として訴えたからだった。そのような連帯は女性問題の喚起には効果的でも慰安婦問題、しかも朝鮮人慰安婦問題とは構造が違う以上、この問題をめぐる矛盾を隠した連帯でしかない。いずれその矛盾は露呈されるだろう。

オランダ女性を集めて「売春収容所」を作った主導者は日本の敗戦後に処罰され、オランダは国民基金を受け入れてもいる。何よりも、挺対協とオランダとの連帯には、オランダがもう一つの「帝国」としてそこにいたこと——つまり元帝国の一員としてインドネシアにいたがために、そういう事態に遭ったという認識がすっぽり抜け落ちている。「慰安婦問題」が「戦争での性暴力問題」ならば、朝鮮戦争での韓国軍の問題、ベトナム戦争での韓国の問題、米軍基地周辺の公娼を許容することで、軍隊慰安婦制度の維持に加担している韓国も、また同様に批判されなければならない。

慰安婦問題は、国家勢力拡張および維持のために国民を動員する国家システムが作った問題である。日本を非難するアメリカも、同じく沖縄や韓国で女性を蹂躙し続けている。しかもアメリカは日本とも韓国とも同盟関係にある以上、アメリカを当てにした圧迫がいつまでも効力があるとも限らない。何よりも慰安婦問題は、軍隊の駐屯を暗黙的に容認している韓国もまた、無責任でいられる問題ではない。そのような矛盾を隠しての圧迫運動は、韓国自身を矛盾の中に追い込むものでしかない。

挺対協は二〇一三年春から「世界一億人署名運動」というのを始めている。しかしこのような外からの圧迫の方法では、日本を動かすことはできない。これまでの日本への圧迫が効をなさなかったことがそれを証明している。慰安婦の記念碑をアメリカに建てるのは、世界の裁判官の役割をアメリカに期待してのことだが、日韓に軍事基地を持っていて、今でも新しい慰安婦を作り続けているアメリカにそれを建てることはアイロニーでしかない。アメリカ下院が（その後ニューヨーク州上院決議案などが続いた）この問題をめぐって韓国の味方だったのは、アメリカの慰安所問題を指摘されなかったからでしかない。そして下院での証言者の中に白人女性（オランダの女性）が入っていたのが影響した可能性は高い。

少女像が本当の「平和碑」になるためには、〈怨恨の記憶〉だけでなく、〈許しと和解の記憶〉も刻むべきである。今の運動は、平和ではなく不和のみを作り続けているだけだ。

4、運動の要求を考え直す

日本に対する挺対協の具体的な要求の中心は、「法的責任」と「公的賠償」である。

軍を派遣し続けるために必要な慰安婦システムとは、言うまでもなく倫理に悖る行為である。しかし、システム自体が禁止されていなかった限り、それを「法的」に追及できる根拠はない。慰安婦を対象とした暴力は規定では禁止されていたのだから、暴力を受けていたとしたら、それを犯罪視することは可能で、暴力を行った個人を対象とした法的処罰の要求も可能だろう。しかし強姦や暴行とは異なるシステムだった「慰安」を犯罪視するのは、少なくとも法的には不可能である。

慰安婦問題における総責任者は、慰安婦を必要として容認し、兵士の福祉の名目で個人の性欲を管理し、戦争機械としての能力を長持ちさせようとした〈国家〉と言うほかない。しかし、法的賠償を求める挺対協の要求は、「強制連行」の指示や実践が、軍全体の系統立った方針と命令体系が確認されない限り、妥当なものとは言えない。法的賠償は問えないのである。しかも「業者」をも法的責任を問うべき対象と想定すると、韓国人もまた共犯者としてその対象になるほかない。彼女たちが慰安婦になった道義的責任を問うのなら、彼女たちを守れずに慰安婦にした家父長制や、国家制度に依存していたすべての人にも、責任を問うべきだろう。

日本軍が慰安婦を必要としたのは、軍人たちに性欲処理という「それまでの日常」＝人間の基本的欲求が満たされる日常を提供するためだった。軍人たちの暴力的な性欲と、それによる性病を管理するために、軍隊周辺に生まれた慰安所と都会地の既存の施設の中から「管理可能な慰安所」を指定し、実際に管理したのが、一般的な慰安所の実情と考えられる。その中には日中戦争以前から存在した占領地の慰安所もあったはずだ。

オランダ人慰安婦が日本軍にとって征服の結果として得た〈戦利品〉だったなら、日本人・朝鮮人・台湾人慰安婦は士気高揚の目的で常に必要とされた〈軍需品〉だった。

もちろん、戦利品だろうと軍需品だろうと日本軍・男性に搾取されたという点で、彼女たちはともに男性と国家の被害者である。そして男性中心国家としての権力を使ってゆるやかな国民動員をしていた日本に責任がないわけはない。

しかし、日本軍として存在していた朝鮮人日本兵たちが自国の慰安所を利用しただけでなく、中国人女性をレイプした可能性もないとは言えない。朝鮮人兵士が日本に認められるためには、日本人以上に国家の要求に応えることが必要だった。残虐な行為をしたとして敗戦後にBC級戦犯となった連合軍捕虜朝鮮人監視兵たちのケースはそのことを語る。「からゆきさん」の主人公は、植民地となった朝鮮で、朝鮮人労働者たちにされたいじめ行為が一生トラウマとなった。それは植民地になった憎悪を、〈敵の女〉に表したことだった。いずれにしてもそのようなことが、〈加害国の女性〉との枠組みで無視されていいわけではない。なぜなら、「痛み」は、誰のものであっても放置されてはならないからである。

しかし、挺対協の言う「責任」の対象には、そのような朝鮮人兵士は含まれていない。そのようなことを見ることで、植民地の矛盾をも直視することは、二〇年以上の歳月の中でまったく試みられてこなかった。

挺対協は慰安婦のための慰霊碑を建てることも日本に要求している。少女像はそれに代わるものだったのだろう。しかし彼女たちが植民地化の結果として動員された存在であることを見なかったために、植民地支配の問題はそこでは消去されてしまっている。この二〇年間の運動が、日韓の認識で接点を作れずに不和を作り続けてきたのも、植民地固有の〈矛盾と悲惨〉を見ることを怠ってきたためである。

たとえば、「慰安婦」を〈日本によって協力を強制させられた〉存在とみなすなら、一〇万人以上の朝鮮人兵士も慰霊しなければならないことになる。しかし、「慰安婦」にシンパシーを持っている韓国も朝鮮人兵士を親日派とみなして、彼らの霊をなぐさめる碑が韓国に建てられるのをいまだに拒否している状態だ(女優黒田福美が、特攻隊として沖縄の海に散った朝鮮人日本兵のために慰霊碑を作ったが、反発が起こって予定地に建てられることを市民に拒否された)。

挺対協の責任者処罰の要求は、そのようなさまざまな矛盾を考慮していないものである。それでも、日本に対し、差別による強姦、暴行の責任を問うことはできる。つまり構造的な強制性を作った責任主体として、日本国家がそのような個人の犯罪と、慰安婦の不幸を作った構造的な罪に対して責任を問うことはできるはずだ。挺対協は慰安婦問題を「国家犯罪」とみなし、そうであれば、責任を取るのは「義務」である、「補償」ではなく「賠償」すべきだと主張している。しかし、「義務」として押し付けられなくても、人は「責任」を取ることができる。そして九〇年代の日本は「道義的責任」という言葉でそのことを実践してもいた。

元々挺対協は、八〇年代の民主化闘争とキリスト教系団体と女性運動の接合として生まれた団体である(山下英愛二〇〇八)。単なる「女性」団体ではなく、八〇年代後半になってようやく自己主張ができるようになった革新グループでもあった。九七年から革新派が政権の座について一〇年間続いたことも挺対協の成長の起爆剤となった。政府の支援を受け、長官と国会議員をメンバーから出し、二〇〇〇年代以降、日韓問題全般にわたってコメントを求められる重要団体になったことも、それを示す。イ・ミョンバク政権時代はそれほどの勢いではなかったものの、「戦争と女性の人権博物館」設立のとき政府から五億ウォンもの支援を受けたのは、その証拠と言えるだろう。単なる〈弱者〉を超えて〈日本による被害者〉になっているために、誰よりも先に国家と国民が保護すべき存在となっているのである。挺対協の認識を韓国国民が共有し、その活動が「正義」の象徴となっているため、政治家から小学生まで、そこにコミットすることが高い民族意識を証明することになるような状況も生まれている。

一九九〇年代以降、韓国による日本認識は、九〇年代に韓国でベストセラーとなったエッセイ『日本はない』（チョン・ヨオク（田麗玉）一九九三。日本語版は『悲しい日本人』）と慰安婦問題に対する挺対協の思想が形成したとさえ言えるだろう。一九九八年の文化開放以後、日本のドラマや映画に気軽に接することができるようになり、教科書問題などの歴史認識問題を経ながら日本のいわゆる「良心的」市民や知識人が認知されるなど、日本に対する理解は以前より深まった。しかし、同時に慰安婦問題が続いた二〇年間「謝罪しない日本」「厚かましい日本」「信頼できない日本」というイメージは、より強固なものとなった。そして竹島問題と連携する形で元慰安婦自身が「私が独島で独島がヨンス」（イ・ヨンス、「ヨンナム日報」二〇一二年九月一四日付）と言ったように、韓国が守るべきものの象徴になった。つまり慰安婦問題はもはや単なる歴史認識問題を超えて、韓国の誇りをかけた、なんとしても韓国の言い分を通さねばならない問題となったのである。

しかし責任は挺対協にだけあるのではない。挺対協の不十分な情報と発信にのみ依存してきた、政府関係者にも、学者にも、メディアにも、慰安婦問題やアジアの平和に関心を持ってかかわってきたすべての者にも、安易に一つだけの記憶の形成に参加し、伝播させた責任はあるはずだ。

第4章　韓国憲法裁判所の判決を読む

1、提訴者たちの主張

二〇一一年秋頃から慰安婦問題が再び注目を浴びるようになったのは、同年の夏、韓国の憲法裁判所がある判決を下したからである。二〇〇六年に支援団体と慰安婦六四名が「韓国政府が慰安婦問題解決のために努力しないのは違憲」として起こしていた訴訟（判例‥二〇〇六ホンマ七八八）で、韓国の憲法裁判所がその主張を受け入れたのである。

憲法裁判所の決定は、「請求人が日本国に対して持つ日本軍慰安婦としての賠償請求権が〈財産および請求権に関する問題の解決並びに経済協力に関する日本国と韓国との協定〉第二条第一項により消滅したのかに関する日韓両国の解釈上の紛争を、上記協定第三条が定めた手続きによって解決しないままでいる被請求人の不作為は違憲であることを確認する」（韓国憲法裁判所「判例集」二三―二、三七〇頁）というものだった。個人の請求権が日韓請求権並びに経済協力協定（以下、協定）によって消滅したのかに関する解釈であり、憲法裁判所はこれが消滅していないとみなして、その「解釈上の紛争」を解決するために政府が努力しないのは違憲、としたのである。それまで慰安婦問題に慎重な態度を維持してきた韓国の外交通商部が二〇一二年以降、支援団体の主張を全面的に受け入れたかのような方向に旋回した発言と行動を見せているのはそのためである。支援団体の主張通りに動かない限り、「憲法違反」になる事態になったのである。

この判決は、「日韓基本条約」の協定を基盤にしているので、この判決について考えるためには一九六五年の条約にさかのぼって考える必要がある。

協定では、「日本国及び大韓民国は、両国及びその国民の財産並びに両国及びその国民の間の請求権に関する問題を解決することを希望し、両国間の経済協力を増進することを希望して、次のとおり協定した」としながら、三億ドル分の「日本国の生産物及び日本人の役務」を「無償で供与」するとしている。さらに、二億ドル分の「日本国の生産物及び日本人の役務」を「長期低利の貸付け」にするとしている〈条約第一七二号、一九六五年六月二十二日締結〉。それは日本の韓国の経済発展への協力を示すものでもあった。

ただ、確認すべきはこの貸し付けが「海外経済協力基金により行なわれるもの」だったことである。しかも、「前記の供与及び貸付けは、大韓民国の経済の発展に役立つものでなければならない」との但し書きがつけられている。この規定は韓国の請求権に応えて作られたものだったが、その金は韓国が独自に使えるようなものではなく、「経済の発展に役立つ」ことだけが要求されていた。その意味では、これを植民地支配に対する賠償金とすることはできないだろう。

しかし条約は、周知のようにこの協定の第二条第一項をもって「両締約国は、両締約国及びその国民（法人を含む）の財産、権利及び利益並びに両締約国及びその国民の間の請求権に関する問題が、千九百五十一年九月八日にサン・フランシスコ市で署名された日本国との平和条約第四条（a）に規定されたものを含めて、完全かつ最終的に解決されたこととなることを確認する」ことになる。そして第三条によれば「この協定の解釈及び実施に関する両締約国間の紛争は、まず、外交上の経路を通じて解決するものとする」ものだった。そして「1の規定により解決することができなかつた紛争は、いずれか一方の締約国の政府が他方の締約国の政府から紛争の仲裁を要請する公文を受領した日から三十日の期間内に各締約国政府が任命する各一人の仲裁委員と、こうして選定された二人の仲裁委員が当該期間の後の三十日の期間内に合意する第三の仲裁委員又は当該期間内にその二人の仲裁委員が合意する第三国の政府が指名する第三の仲裁委員との三人の仲裁委員からなる仲裁委員会に決定のため付託するものとする」ということになっている。憲法裁判所の「憲法違反」判決はこれに基づいてのものだったのである。二〇〇六年に開始された被害者たちの訴訟請求内容は次のようなものだった。

日本国が請求人たちを性奴隷とした人権蹂躙行為は「醜業を行わしむるための婦女売買禁止に関する国際条約」「強制労働禁止協約（国際労働機関第二九号条約）」などの

国際条約に反するものであり、この事案の協定には含まれていない。この事案の協定によって打開されたのは我が国の政府の国民に対する外交的保護権のみであり、我が国の国民の日本などに対する個人的損害賠償請求権は放棄されていない。しかし日本はこの事件の協定第二条第一項に従って日本国に対する損害賠償請求権が消滅したと主張し、請求人に対する法的な損害賠償を否定しており、これに対して我が国の政府は二〇〇五年八月二六日、日本軍慰安婦問題に関連して日本国の法的責任が、この事件の協定第二条第一項によって消滅しておらず、そのまま存続している事実を認め、両国間に解釈上の紛争が存在する。（中略）（4）しかし、韓国政府は請求人たちの基本権を実効的に保障できるような外交的保護措置や紛争解決手段の選択など具体的な措置を取っておらず、このような行政権力の不作為は上記の憲法規定に違反する。（「判例集」、三七三頁）

この請求の根拠は最初にあるように「婦女売買禁止条約」に日本が違反したということころにあった。そして、被害を受けた「個人」の「損害賠償」が請求されていないと言う。つまり「婦女売買」の責任主体を日本国家にのみ帰している。しかし人身売買の主体はあくまでも業者だった。日本国家に責任があるとすれば、公的には禁止しながら実質的には（個別に解放したケースがあっても）黙認した（といっても、すべて人身売買であるわけではないので、その責任も人身売買された者に関してのことに限られるだろうし、軍上層部がそういったケースもあることを認知していたかどうかの確認も必要だろう）ことにある。そして、後に見るようにこのような「権利」を抹消したのは、韓国政府でもあった。

実際に、このとき外交通商部は、被害者が日本の賠償を受けるように動くことが政府の義務ではなく、政府が憲法違反をしているとは言えないと、強く反論している。しかし五年もかかった裁判の末に、裁判所は提訴者たちの味方になった。裁判所が、日本国家だけを責任主体とする考えに同調した形となる。

2、日韓協定の議論

韓国政府は、一九六五年の日韓協定締結時の「個人補償を国家が肩代わりする」とした会談内容を公開したあと、「日本植民地支配下強制動員被害者補償法」を制定し、被害者に再補償を行っている。遺族の場合二〇〇〇万ウォンの補償額が定められ、七〇年代に支給された三〇万ウォンを受領した人たちは、その金額を差し引いた金額を受け取っている。九〇年代以降、韓国政府に認められた慰安婦たちにも、四三〇〇万ウォンの一時払い金と月々の支援金額が支払われている（『聞こえますか？』二〇一三、三九六頁）。

一九六五年に日韓条約を成立させた日韓会談は、それまで一四年にわたって行われた長い長い会談だった。そして、その協定は日本に対する戦勝国が日本と結んだ一九五二年のサンフランシスコ条約に韓国が参加できなかったために、別途に始められた会談だった。連合国側は、朝鮮は日本と戦って勝利した国ではないと考え、サンフランシスコ講和会議に朝鮮の参加を認めず、そういった国々は、新しい関係の確立を当事国同士の特別約定として処理することを決めたのだ。植民地時代、韓国で暮らしていた日本人が残していった財産はアメリカが接受して、韓国に払い下げる形で処理されたのだが、そのようなやり方を認めたのもサンフランシスコ会議だった（浅野豊美二〇〇八、六〇七頁）。これによって日韓は一九五一年から会談を開始し、一四年も経った一九六五年にようやく日韓基本条約を締結するに至ったのである。

ところで韓国が一九五二年に提示した「韓日の財産及び請求権協定要綱八項」（「判例集」三七七頁）には「法人または人に関する事項は、韓国人が持っていた国債や公債または徴用された韓国人の金およびその他の韓国人の請求権を返済せよ」とされている。そして日本は韓国の個人被害補償要求に対して「具体的な徴用・徴兵の数字と証拠資料を要求」したのだが、韓国側は資料を提示できなかった。そしてその後も接点を見つけられないままだったが、六一年に「政治的側面からの接近」が模索された。

このとき日本は「請求権に基づいて請求することになると法律関係と事実関係を明確にしなければならないだけでなく、三八度線以南に限定しなければならないが、そうすると金額が少なくなるので韓国側も受け入れられないことになるだろうから、有償無償の経済協力の形にしては」どうかと提案した（「判例集」三七六頁）。おそらく、「個々人の被害」

を明確にできないという理由と、同じく「条約」という「同意」を得た上でのことだという認識が、植民地支配を謝罪の対象とは考えさせなかったのだろう。そして補償形式は「経済協力」の形になったのである。

日韓協定とはそうした議論の末に出された結果だった。そして両国は、それによって両国間の請求権問題は「完全かつ最終的に解決」されたのだと約束した。日本政府が、請求権は一九六五年の条約によって終了したとする理由はここにある。

そして韓国政府は一九六六年に「請求権資金の運用及び管理に関する法律」を制定し補償を行ったのだが、その対象は「徴兵・徴用者の中から死亡したものと、在日民間請求権者として議論され知らされていた民事債権または銀行預金債権などを保有していた民事請求権保有者」だった。そして一九七四年に「対日民間請求権補償に関する法律」を制定し、一九七五年七月から一九七七年六月末にわたって約九二億ウォンを支払っている。

しかし、このときの韓国政府は徴兵・徴用被害者に対する請求を行いながら、日本の植民地支配を対象とした謝罪と補償は要求していない。それは日韓会談がサンフランシスコ条約と連動した会談だったからである。つまり、サンフランシスコ条約はあくまでも戦争終了に伴う「戦後処理条約」だった。韓国は日中戦争に動員された人たちに対する補償を要求したが、それは国家犯罪によるものではない。もともと支払うべき金額だった「徴兵」に対する未収金などを要求したのである。

そして韓国政府は当時、植民地支配に対する補償は求めなかった。会談期間中、植民地支配に対する被害を訴え、その賠償を求めながら、結果的にそれを取り入れてもらえなかったのは、植民地支配を合法とする日本側の考えによるものだった。当時他の被植民地国家は植民地支配に対する補償を要求せず、宗主国側も植民地支配を謝罪と補償の対象とは考えていなかった（もちろんそれは時代の認識的物理的限界による）。そこでこのときの補償の中心は戦争に対する戦後処理と急激な内地・半島の分断と原状復帰に対する金銭的事後処理になったのである。

被害者団体は二〇〇六年の告訴文で次のように訴えている。

日本軍慰安婦問題は、この事件の協定締結のための韓日国交正常化会談が進行する間、まったく議論されず、八項目の請求権にも含まれておらず、この事件の協定締結後の立法措置による補償対象にも含まれていなかった。（「判例集」三七八頁）

これも、慰安婦が「強制連行」されたとの認識による訴えであったろう。そして、慰安婦たちの全てではないにしても、多くの女性が戦場に動員されて日本軍を支えていた以上、そしてその過程で多くの強姦と過重な労働を強いられた以上、これは主張自体としては妥当な主張と言える。しかし、それでもそこでの強姦や過重な労働が、軍の承認を得たものでもなく、すべての慰安婦に該当するものでもない限り、それを軍全体の責任とすることはやはり難しいと言うほかない。

問題は、日韓協定に補償の〈法的根拠〉がなかったところにある。日本人たちは「日本国民」として徴兵・徴用され、事後に戦没者墓地や恩給（年金）が支給された。徴兵自体は国民として国家総動員法に基づいて行われたものなので、「日本国民」でなくなった韓国人はいまや日本による補償の対象ではないことになる。しかし、そのことに含まれる矛盾は明らかである。国家が必要としたとき国民の地位を与えて〈国民の義務〉を与え、必要でなくなったとき、「国民」から外して〈国民の権利〉だけを奪った形になるからだ。

とはいえ、根本的な問題は、日韓併合が、国民の知らないところで少数の人によって「合意」の形を取って行われたことにある。つまり、たとえ賛同者がいたにしても、ほとんどの国民には「強制」されたことでしかなかった日韓併合が、朝鮮人すべてが進んで「日本国民」になる意思表明をしたかのように、合法の形になってしまっていたことこそが問題の根源にあるといえるだろう。

3、日韓併合条約の拘束

日韓併合条約は、第一条で「韓国皇帝陛下は韓国全部に関する一切の統治権を完全且つ永久に日本国皇帝陛下に譲与す」と記している。第二条は日本天皇はその提案を受け入れる、という内容だ。そして皇族を「尊称威厳及び名誉を享有せしめ」、そのための支出もするとしているというのが三条と四条の内容である。この条約が〈両国合意〉のものだとすると、その条約によって形は対等な併合でも、実質的には植民地となり、突然、日本人となった朝鮮人にとって、被害の補償の根拠は〈法的には〉存在しないことになる。慰安婦を被害者と規定して補償の対象とするべく立法をするためには、「植民地支配という不法行為による他国国民動員に関する補償」にならなければならない。しかし当時の併合が〈法的〉には有効だったという致命的な問題が生じるのだ。

一九九〇年代の日本の謝罪について考えるためには一九六五年の基本条約を、一九六五年の条約について考えるためには一九一〇年の併合条約を考える必要が生じる。そして当時、植民地支配が法的に禁止されていなかった以上（もちろんそのときの「法」とは強大国同士の「了解」でしかなかった）、植民地支配によって被った精神的・身体的被害に対して「賠償」を要求できる根拠が存在しない、という問題が生じるのである。

基本条約に向けての韓国政府の要請は、植民地支配に対する賠償ではなかった。日本は日韓会談における被徴用者に関する論議のとき「補償金とはどのような性格のものなのか」と聞いている。それに対し韓国は「未収金は当時規定によって受けるべきものを受けられなかったものであり、補償金は生存者、負傷者、死亡者を含めて被徴用者に対する補償、即ち精神的苦痛に対する補償を指すもの」（キム・チャノク（金昌緑）二〇一〇、二四八頁から再引用）と話した。つまり植民地支配全体に対する賠償要求ではなかった。

ところが、日本はこれに対して「この項目は私的な請求が殆どだと思うし、国交が回復し正常化すれば日本の一般法律に則り個別に解決する方法もあると思うが、この点に関してはどう思うのか」と聞いていた。つまり日本が主体となって個別に補償を行う方式を日本側が提示していたのである。しかしここでも韓国は「国が彼らに代わって解決しようとしている」と主張した（同、二四八頁）。また、被徴用者の補償金を巡って、日本は「補償とは国民徴用令第一九条によって遺族扶助料、埋葬料などが支払われることになっており、工場に関しては工場法によって、軍人軍属に関してもそのような規定があるが、当時のそうした基盤に沿った補償を意味するのか」と聞き、韓国は「新しい基盤のもとにそれに相当する補償を要求する」「他国の国民を強制的に動員することで生じた被徴用者の精神的・肉体的苦痛に対する補償」と答えている。それに対し日本は、「徴用時には日本人として徴用されたものなので、当時の補償のようなもの、つまり、日本人に対して今行われているものと同様の補償を要求するのか」と再度質問し、韓国は「新しい立場から要求する」と繰り返している（同、二四八〜二四九頁）。

「新しい立場」というのは、日本人としてではなく、韓国人としてもらいたいということだろう。それが、解放された民族として妥当な主張であるのは言うまでもない。たとえ国家の頂点にいる少数が合意したとしても、求めないのに「日本人」になってしまったことにより被ったことに対する補償を求めたのだろう。

そして、このとき日本は「我々の立場は未支払金が本人の手に渡されなければならない」とし「日本援護法を準用し個人基盤で支払えば間違いがない」としながら、「個人に対する直接補償を主張」(同、二四九頁)した。個人が被害事項を後から訴え出る可能性があるので、日本国が直接韓国の個人に補償するとしたものだったのだろう。

しかし、韓国政府はそのやり方を拒否した。すでに指摘されているように、当時の日本側には「徴用が強制動員だという認識がまったくなく、そのため、損害賠償をするべきだという意識もまったくなかった」(同、二五〇頁)のだろう。そのような認識が正しいかどうかは別として、日本が一九一〇年の合併と国民動員を「合法」だと認識するかぎり、当然の発想だったはずだ。

実際に日本側は、「徴用者補償金に関しては(中略)精神的苦痛に対する補償を請求しているが、当時の韓国人の法的地位が日本人だったという点に鑑みて日本人に支払われなかった補償金は支払えないと考える。しかし死亡及び傷病者に対しては当時の国内法によって給与金が支払われたはずなので、未支払いのものがあれば被徴用者未収金として整理されるはずで、その項目で検討したらいい」(同、二五二頁)と話した。

つまり、日本は「元日本人」としての朝鮮人、過去の「日本国民」の枠組みを使えば、被害に対する補償は可能、と話していた。しかしキム教授が述べるように「請求権に対する両方の認識の差異」(同、二五二頁)が生じたのであり、「韓国側は被徴用者の精神的肉体的苦痛に対する補償までを含むものと請求権を幅広く認識していたのに対して、日本側は日本の国内法によってすでに成立している権利のみを念頭に置いていた」(同、二五三頁)のだろう。

こうした認識の差異は、時の日本政府に植民地支配に対しての謝罪意識がなかったことを示す。そうではあっても、韓国政府がこのとき日本の意見を受け入れて個人補償部分を残しておいたなら、ほかの被害者もそれぞれ〈適法〉な補償を受けることが可能だったかもしれない。しかし韓国政府はそうはしなかったし、これまで慰安婦や被害者たちがほとんどの裁判で負けた理由はまさにここにある。

日本政府を相手にした裁判がこれまでずっと敗訴してきたことに関して、韓国は、日本に謝罪意識がないことと捉えて非難してきた。しかし、韓国の訴訟が敗訴したのは単に〈日本に謝罪意識がない〉ためのことではない。すでによく知られているように、一九六五年で終わっていると日本が考えていることの背景には、このような事情もあったのである。個人の請求分を、代わりに受け取ってしまって、日本に対してもはや個人請求をできなくしたのは、残念ながら韓国政府だった。それは、時代的な限界でもあった。

4、帝国と冷戦時代の限界

このとき韓国が個人の請求権を残さなかったのは、「経済建設のための犠牲というよりはむしろ北朝鮮の請求権問題を封鎖するため」(チャン・バクチン二〇〇九、四五六頁)だった。その理由は「統一後に日本が北朝鮮地域の日本人財産を要求するのを遮断するのと、統一以前に北朝鮮と日本が請求権交渉をするのを防ぐ」(同、四五五頁)ことにあった。つまり「日韓協定による各種個人請求権の消滅は本来なら日本に対していっしょに過去清算を模索すべきだった同族との対立のせいで生じたこと」(同)だったのである。

韓国が主張した〈新しい枠組み〉は、解放された元植民地人としては、論理的には正当な要求だった。しかしその時代に植民地朝鮮は日本の一部になっていたのであり、朝鮮人は「日本国民」となっていた。何よりも当時は国民が国家によって被害を受ける場合、補償を請求すべき法が存在しなかった。そうした状況であくまでも「被害国」(別の国)として補償を求めた韓国の主張は、モラルとしては正しくても、法的賠償を要求しうる「法」が存在しなかったことが問題となる。

つまり、日本の立場からすると、他国の国民になぜ補償しなければならないのかということになる。実際に、植民地支配がこの時期に不法とみなされていなかったことが問題のポイントなのだ。実際に、アメリカとイギリスが日本による韓国併合を承認(同、一九二頁)したのは、それが「条約」(韓国皇帝が自ら日本に国家を引き渡す形になっている背景はもっと研究されるべきだろうが)という形式を備えたものだったからだ。そうであるかぎり、日本としては不法ではないと言いたくもなるのだろう。

「慰安婦」と認められた人たちは、九〇年代後半以降、韓国政府から日本の補償金に代わる支援金を受け取っている。しかし二〇一一年の憲法裁判所の判決文を見る限り、そのような状況は把握されていないようだ。協定当時、日本側が個人補償を行おうとしたのに、韓国側の主張で個人補償を国家が代わりに受け取ったということ、一九六五年の日韓協定から四〇年が過ぎた時点で「慰安婦および被害者」たちに国家が当時行えなかった補償をしたという点を、把握してはいなかったようなのである。

一九九〇年代後半に、韓国政府は慰安婦として認められた者たちに四〇〇〇万ウォン程度の金を支払った。そして二〇〇五年に日韓会談の文書を公開した後、改めて徴兵者の遺族や被害者たちに補償金を支給した。九〇年代の韓国政府支援金は、日本政府の基金を受け取らないことを前提とした日本への〈対抗的性格〉の支援金だったが、二〇〇〇年代の支援金は日本が韓国政府に支払った植民地被害者に対する補償金を、個々人に支払ったものだった。

たとえ日韓協定時の日本に植民地支配に対する謝罪意識が明確に存在しなかったとしても、日本が個人被害に対する補償を行おうとしたのは間違いない。そして「慰安婦」という存在も、日本にとっては〈後から現れうる個人〉だった（「補償責任」があると認めた場合のことであるが）。植民地支配によるさまざまな問題が日韓協定時に議論されなかったのは確かだが、当時の補償金がそのような状況を想定して渡された金額であることは間違いない。

当時の個人請求権消滅責任が韓国政府にあったとすれば、日本の法的責任を問うのは難しい。そして（後述するが）、一九九〇年代に行われたアジア女性基金の「道義的補償」は植民地支配によって生じたことを意識しての補償だった。

国家による精神的・身体的被害を補償する法、帝国の植民地支配による被害に対して補償するようにした法が、日韓協定当時存在しなかったのは残念なことである。しかし、それは他国を支配することを悪いこととは考えなかった帝国主義時代と、それに対する問題提起を十分にできないままに日本と国交を結ぶことになった冷戦体制を、日韓が生きてきた時代的な限界によるものだった。

そして二〇〇六年以降に、韓国政府が慰安婦を始めとする植民地時代の被害者に渡した支援金は、名前は「道義的補償」でも、内容的には一九六五年の条約のとき日本から受けたお金を遅ればせながら個々人に渡したことになるのだから、実質的には法的責任を全うしたことにもなる。

何よりも、訴訟者の被害者団体の賠償要求の根拠は「強制労働」と「人身売買」であり、それが当時の国際法に違反するものだということにあった。しかしそのことを〈直接に〉犯した主体が「業者」だった以上、日本国には、需要を作った責任（時に黙認した責任）しか問えなくなる。そういう意味でも、法的責任を前提とする賠償要求は無理と言うほかない。

5、韓国憲法裁判所の慰安婦問題理解

ところで、韓国の憲法裁判所は「慰安婦」や「慰安婦問題」をどのように理解していたのだろうか。判決文で日本軍慰安婦の数字を「八万から一〇万もしくは二〇万」と推定しているのを見ると、訴訟者たちの提出資料をそのまま受け止めているようだ。この数字のほとんどを「拉致された朝鮮人」と考えていた可能性も高い。

さらに裁判所は後に見る国連での「マクドゥーガル報告書」を引用しながら、

1、この報告書が慰安所を強姦センター（rape center, rape camp）と規定して強制性を強調し、

2、日本の責任者処罰問題を強調しながら生存中の戦犯捜査を主張し、

4③、国連事務総長は日本政府から少なくとも年二回以上の進行状況報告を受け、国連人権委員会高等弁務官は、日本政府と協力して責任者処罰および適切な賠償のための委員会を構成するなど、国連の積極的な介入を求め、

④、生存者が高齢である点を考慮し、緊急かつ迅速に日本政府の賠償が行われなければならないという点が強調された。（「判例集」三八〇頁）

と述べている。このような資料を参考にして判決が出されたことが分かる。

しかし、この報告書は「挺対協」の意見を額面通りに受け入れたもので、文字通りのレイプと「慰安婦」を区別しなかった報告書だった。つまり、裁判所もオランダ女性のケースに当てはまる「強姦センター」を、朝鮮人や日本人中心の慰安所と同じものと考えていた可能性が高い。

また、判決文は「日本軍慰安婦問題の提起と進行」の（10）①項で、二〇〇七年アメリカ下院の日本軍慰安婦決議案にある「日本政府は日本軍のための『慰安婦』の性奴隷化と人身取引はなかったとする如何なる主張に対しても、明確かつ公的に反駁すべきである」とする部分を引用してもいる。おそらく、憲法裁判所も人身売買を日本軍によるものと考えたのであろう。しかも、アメリカ下院の決議が日本のアジア女性基金を認めたという事実に関しては触れられていない。

そして、裁判所は同じ文章の（11）項で、二〇〇八年国連人権理事会が「日本の人権状況の定期検討を行って日本軍慰安婦問題に関する各国の勧告と質疑をまとめた実務グループ報告書を正式に採択し、国連B規約人権委員会は二〇〇八年一〇月三〇日、ジュネーブで日本の人権に関する審査報告書を発表し、日本政府に対して初めて日本軍慰安婦問題の法的責任を認め、被害者多数が受け入れられる形で謝罪することを勧告した」と書いている。

しかしこうした決定は、あくまでも日本が朝鮮人を「強制連行」したという認識を前提にしたものだった。韓国の国会で二〇〇八年一〇月、日本軍慰安婦被害者名誉回復のための公式謝罪および賠償を求める決議案が本会議を通過したことも参照されているが、この決議案は韓国の国会議員たちもまた同じ認識をもっていたゆえのものにすぎない。

繰り返すまでもなく、慰安婦たちの多くが過酷な人権蹂躙的状況にいたことが確かである以上、そのことに対して後世の人によるなんらかの謝罪と補償が行われるのは当然のことである。しかし韓国憲法裁判所の決定は、個人が被害補償を受ける機会を奪ったのは日本政府ではなく韓国政府だったこと、そして九〇年代にもう一度日本政府による補償が行われ、相当数の慰安婦が日本の補償を受け入れたことは見届けていないようだ。何よりも、このときのすべての判断は「朝鮮人慰安婦」に対する不十分な認識と資料に基づいて下されたものだった。

訴訟者たちは、慰安婦は売春が禁止されていた当時の法規に違反していたので、慰安所運営が不法行為だと主張する。しかし国際法の専門家である藍谷邦雄弁護士はこの問題について次のように述べている。「①　国際法による主張には、2つの側面があることを理解しなければならない」として、「国際法で禁止する法規に違反するというだけでは、損害賠償を請求する根拠とはならない」としている。「民法の不法行為あるいはその他の法的根拠によって、なぜ賠償が必要かを言わなければならない」ので、「賠償の根拠法と、違法行為であることとの主張とは区別される」と言うのである。

②　賠償の根拠法として主張しえたのは、ハーグ第3条約の第3条に基づくもの、ILOの強制労働禁止条約に基づくものの2つである。

（中略）ILO強制労働禁止条約（1930年）は、禁止違反についての損害賠償を定めるものではないが、違法な強制労働に対しても報酬を支払うべきものとしている（第14条）。「慰安婦」への性的強要が、強制労働に該当することとされても、それに対する支払いを報酬というべきか疑問が残るが、しかし、条約の趣旨からすれば、何らかの現金が支払われるべきであったといえる。

この国際法の主張は、国家無答責がないことはもちろん（条約は国家の義務を定めるものであるから）、時効・除斥期間も適用されないものであることから、重要な根拠法規として主張された。

③ 他方、「慰安婦」制度の違法性を主張する根拠としての国際法には、「婦人及び児童の売買禁止に関する国際条約」（1921年）があり、その第1、2条では、本人の同意がある場合でも未成年者に対しては、他人の情欲を満足させるための醜業につかせてはならないこと、およびこれに違反した者は罰則を持《ママ》って処罰すべしとしている。これが、国際法上も「慰安婦」制度を違法行為と認定すべき根拠であることに、争う余地はなかったといえる。ただ、この条約が損害賠償をすべしという根拠にはなりえないことは、止むをえないところである。（藍谷邦雄二〇〇九）

つまり、たとえ慰安婦制度に問題があったとしても、それが損害賠償の根拠に直結せず、未支払い「（強制）労働」があったのならば、それに対しての補償は可能としている。たとえ人身売買を日本国家主導でやったとしても、それに対する損害賠償を求めるのは不可能だということになる。

被害者団体は、一九六五年の条約により「補償」は終わったという現実に対して、日韓の法ではなく、国際法上の法規を適用しようとしてきたようである。しかし、そういったものも「法的に」日本を追及できるものではないという結論ともいえるだろう。ならば結局、挺対協の主張する法的賠償の根拠はないということになる。にもかかわらず、憲法裁判所は被害者側（というよりは支援団体）の主張をそのまま受け入れての判決を出していた。つまり国会・メディア・国民の認識を憲法裁判所も共有しての判決にすぎなかった。

ところが、実はこの判決に賛成しなかった裁判官たちもいて、その際の意見は「この事件の協定は日韓両国が当事者となって相手に負担させるのを前提に締結された条約だったので、上記協定三条から我が政府が『請求人たちに負担する作為の義務』は導き出されず、しかもこの事件協定三条で『義務的』内容は記載されていない。そして上記協定三条に記載された外交的解決、仲裁回付要請は我が政府の『外交的裁量事項』に該当する前提の先例（憲裁二〇〇〇・三・三〇、九八ホンマ二〇六決定）もあるが、多数意見は結論的に上記の先例に相反する判断をしている」（「判例集」四一九頁）とするものだった。

さらに「『外交的解決をすべき義務』とは、その履行の主体ややり方、履行程度、履行が完結できたかを判断できる客観的判断基準を用意するのも容易ではなく、その義務を履行しなかったのかどうかの事実認定が困難な、高度の政治行為の領域に該当するため、憲法裁判所の司法審査の対象にはなるが、権力分立の原則上、司法の自制が要求される分野である」（「判例集」四一九頁）ともしている。

しかしこのような意見は少数でしかなかった。結局、二〇一〇年以降の韓国では、国会も司法部もそして政府も、支援団体の認識を超えることはなかったのである。裁判所の決定は以後、政府をして積極的に日本政府に働きかけさせたが、問題の本質が理解されないままの行動が、解決に結びつくはずはない。実際にその後の「外交的解決」の試みは、日韓関係を悪化させただけだった。

第5章 〈世界の考え〉を考える

1、クマラスワミ報告書（「女性に対する暴力 戦時における軍の性奴隷制度問題に関して、朝鮮民主主義人民共和国、大韓民国及び日本への訪問調査に基づく報告書」、国連人権委員会、一九九六）

韓国憲法裁判所も参考にしている二〇〇七年のアメリカ下院決議や国連報告書は、挺対協はもちろんのこと、韓国のメディアも慰安婦に関する罪と責任を「世界が認めた」として報道する根拠として使ったものである（「慰安婦問題問うた国連報告書注目」〈「ノーカットニュース」二〇一二年八月二九日付〉）。世界はこの問題をどのように見ていたのだろうか。

一九九六年の国連の「クマラスワミ報告書」（「女性に対する暴力 戦時における軍の性奴隷制度問題に関して、朝鮮民主主義人民共和国、大韓民国及び日本への訪問調査に基づく報告書」）は、日本政府に対して「法的責任を受け入れ、補償支払い、文書公開、公式謝罪、関係者処罰」などを勧めている。しかし二年後の一九九八年に提出された報告書（「女性に対するには次のように書かれている。

日本政府は「慰安婦」に対する過去の暴力という問題に対処すべく、ある程度努力しているのは歓迎すべきである。日本政府と首相たちは相次いで元「慰安婦」に対し悔悟の念を表し謝罪を表明している。アジア女性基金という民間基金も設立され、犠牲者一人あたり200万円の見舞金を支払うことになった。本報告書を書いている時点で、100人を越す被害者が基金受け取りを申し出ており、約50人が実際に基金を受け取った。同基金はまた、元「慰安婦」がいる国々の年老いた女性たちを助けたいとしているが、文化的な拘束力が働き女性たちは名乗れないままである。政府はアジア女性基金の医療・福祉プロジェクトのために7億円の国家予算をあてている。また意識向上やこのようなことが将来起こらないためにこうした悲劇を教科書にも取り上げる活動も展開している。しかしながら、日本政府は法的責任は認めていない。日本の裁判所に提訴されている6件の判決を待っているものと見られる。（「デジタル記念館　慰安婦問題とアジア女性基金」ホームページ）

この報告書が基金に対する日本の立場や努力を明言しているのは、アジア女性基金などに関する日本政府の説明を受け入れたからだろう。そして支援団体がこのような報告書の変化に気づいていなかったはずはない。しかしそのことが韓国に伝わることはなく、このクマラスワミ報告書は「法的責任」「賠償」を要求する根拠の一つとして使われ、韓国ではやがてメディアや政府までが同じことを言うようになった。

(韓国)外交通商部関係者は三〇日、「日本軍慰安婦に関して国連で多数の報告書が発刊されたのに、日本はその勧告事項をちゃんと履行していない」とし、「国連で使える最後のカードは決議案」だと述べた。外交関係者も「外交通商部内のいくつかの会議で、国連決議案を推進する方法が議論されている」と伝えた。(「dongA.com」二〇一二年八月三一日付)

ところでこの報告書では、「強制連行」をしたと話した吉田清治の本を引用している。また慰安婦のほとんどは「一四~一八歳」で、挺対協の初代代表だったユン・ジョンオク教授の言葉を引用して慰安婦募集に学校制度が利用されたと述べている。さらに、慰安婦たちが相手した軍人の数は一晩に六〇~七〇人だともしている。しかしここまでの数字を話している人は、少なくとも韓国で刊行された慰安婦証言集にはない。そしてそう語った人は北朝鮮出身の慰安婦だが、彼女は一三歳のとき連れていかれ、釘の出た板の上で転がされる少女や、局部の消毒のために鉄棒を突っ込まれた少女を見たと語っている。彼女は「日本陸軍の守備隊に連れていかれた」といい、少女たちを「拷問」したのは中隊長と語る。しかしそこまで具体的な証言が、韓国側の証言ではほとんど見られないのは偶然だろうか。

さらに、この報告書は「二〇万人の朝鮮人女性」、「その後大半の女性を殺した」としながら、一九六五年の日韓協定は個人の請求権は含まれていないので、この問題とは関係がないと結論づけている(以上、「デジタル記念館　慰安婦問題とアジア女性基金」ホームページ参照)。

このような「慰安婦」理解は「二〇万人」の「少女」を朝鮮人とすることや、彼女たちがほとんど殺されたとする点で、挺対協の認識、あるいはその運動初期の頃の認識といえるだろう。にもかかわらず、このあとに出るようになる報告書は、ほとんどがこの報告書の影響を大きく受けることになる。

そのようなクマラスワミ報告書でも、慰安婦の状況を「強制された売春」と認識している。慰安婦を三つのケース——自発的な売春、料理屋や洗濯婦として行って慰安をするようになった場合、そして「奴隷狩りに等しい大がかりな強要と暴力的誘拐」と分類している。「慰安婦」のすべてが「強制連行」されていたわけではないことを知っていたのだろう。つまり一九九六年の時点で、「慰安婦」とは、基本的に「売春」の枠組みの中のことであることに気づいていた。

しかしこうした点を除くと、クマラスワミ報告書は、「慰安婦」をめぐる状況を十分に知っていたとはいえない。そして日本の立場に対する理解を示したことも、韓国には伝わってこなかった。

2、マクドゥーガル氏による最終報告書（「武力紛争下の組織的強かん、性奴隷制および奴隷制類似慣行に関する特別報告者の最終報告書　追加報告」、国連人権委員会差別防止と少数者保護小委員会、二〇〇〇年）

韓国の憲法裁判所が引用していたマクドゥーガル報告書は一九九八年に出たものである。ところが、二〇〇〇年の「最終報告」では次のように話している。

性奴隷制が記録されたケースでもっともひどい事件の一つは、第二次世界大戦中の日本帝国軍が関連した強かん収容所の制度であった。特別報告者の任務を創設する主なきっかけとなったのも、アジア全域のいわゆる「慰安所」で奴隷とされた二〇万人以上の女性と少女に対する被害の実態と性格について国際的な認識が高まったことであった。（『戦時・性暴力をどう裁くか――国連マクドゥーガル報告全訳』二〇〇〇、一七一頁）

この報告書も、「二〇万人」もの「女性と少女」がすべて「強かん収容所」的な施設に収容されたと理解している。しかも「なんの賠償もなされていない」（同）としている。一九九八年の報告書（同、八八頁）では、多くが「一一歳から二〇歳」で、誘拐とだましの主体が日本軍であり、日本軍が女性の売買禁止条約に違反したとしている。生き残った人は二五パーセントに過ぎず、「14万5千人」が生きて帰ってこられなかったとする。しかし国家が違法者を放置したのが問題とも言っていて、マクドゥーガルは日本軍が個人的にだましと誘拐をしたものと理解したのだろう。そうだとすれば、九八年の報告書はきわめてまっとうな指摘と言える。

それに反して支援団体は、「慰安」を日本軍の体系的なシステムとみなし、国家犯罪と考えた。もっとも、「慰安」というシステムが、根本的には女性の人権にかかわる問題であって、犯罪的なのは確かだ。しかし、それはあくまでも〈犯罪的〉であって、法律で禁じられた〈犯罪〉ではなかった。当時の基準で法的責任を問えるのは、業者による過酷な強制労働や暴行、そして軍人による逸脱行為としての暴行と強姦の方である。

マクドゥーガル報告書も、このように誤った認識のもとに出されたものだった。にもかかわらず、国連の権威を借りて、韓国や日本の支援団体はこれを韓国の見解の正しさを証明する根拠にしてきたのである。

3、アメリカ下院の慰安婦問題決議（決議一二一号、二〇〇七年七月三〇日）

日本政府は、１９３０年代から第二次世界大戦中、アジアと太平洋諸島の植民地支配および戦時占領の期間において、日本軍への性的隷属を唯一の目的として、やがて世界に「慰安婦」として知られるようになった若い女性たちの確保を公式に行わせたものであり、日本政府による強制軍事売春たる「慰安婦」制度は、その残酷さと規模において前例のないものであるとされ、集団強かん、強制中絶、屈従、そして身体切除、死、結果的自殺に至った性暴力を含む、20世紀でも最大の人身取引事件の一つであり（「ｗａｍアクティブ・ミュージアム　女たちの戦争と平和資料館」ホームページより）

この決議もまた、挺対協を含む韓国のこれまでの「慰安婦」理解を、かなりの程度で受け止めている。「若い女性たちの確保」を「公式に行わせた」とするのは、国家の認知のもとの「強制連行」を前提にしての結論であろう。「強制軍事売春」としていることや、引用は省くがアジア女性基金の謝罪と補償を高く評価しているのは、韓国の意図をはずれたところのはずだが、ともあれここで言われていることは、インドネシアでのオランダ人女性など〈敵〉の女性を対象にしたことであって、朝鮮人慰安婦を対象にしてのものではない。そして強制中絶、屈従（奴隷化?）、身体切除、死、「人身取引事件」の主体を「日本政府」としているところも、必ずしも正しいとはいえないのである。

この決議案を可決させることに貢献したという日本の戦後補償研究者のミンディ・コトラーによると、この案への議員たちの賛同に影響したのは「人身売買」と「中絶」だった。コトラーによれば「もっとも強力な社会保守主義者からも驚くほどに普遍的な支持」を受けたということだが、その理由は彼らの「親家族、親禁欲、反中絶」の価値観にあった。「慰安婦に関して議会に説明する文献はすべて『強制された中絶』に関して言及していたが、それは意図的だった」「東京のアメリカ大使館ホームページに現れた五つの人気テーマのひとつが人身売買だった」とコトラーは語る（ミンディ・コトラー二〇〇八、一八四頁）。

しかしアメリカ下院はその中絶の主体に「業者」も多かったことは知らなかったのだろう。日本軍をその行為の中心主体と考えて、そのような決定を下していたのである。しかも、このとき決議を通した、主にリベラル系の人たちが、保守の価値観に訴える手段を使うような、意図的な接近をしたのは、彼らの本来の価値観とは矛盾していたはずだ。

慰安婦たちにとって「人工的中絶」がどのような意味でも苦痛であったことは言うまでもない。しかし、それを行った主体は業者たちでもある。そして、その中絶を彼女たちが自発的に選択した可能性も排除できない。恋愛をした相手の子である場合を除けば、その胎児たちは基本的には望まれない子だったはずだからだ。たとえばかつて韓国の米軍基地周辺の女性たちが、望まない混血児を妊娠した場合、その多くは手放され、海外へ里子に出される場合が多かった。その意味では、日本軍が慰安婦の妊娠を〈管理〉したのなら、アメリカ軍は〈放置〉したと言えるだろう。

いずれにしても、その後、カナダやEU（欧州連合）などの決議が続くことになるが、EUの決議もまた、慰安婦問題を強制労働、奴隷、婦人及び児童の売買、公的徴用命令による募集、強制中絶、二〇世紀最大級の人身売買と認識している。そしてマクドゥーガル報告書やオランダ政府の調査報告書を尊重するという言葉を決議の主要内容に入れている。彼らの決定に影響を及ぼしたオランダ女性を対象としたスマラン事件（インドネシア・ジャワ島のスマランの民間人収容所に入れられた一七〜二八歳のオランダ女性たち三五名を強制的に四カ所の慰安所につれていって強姦し売春させた事件）の慰安所は、事件が明るみに出たとき即刻閉鎖され、首謀者たちは敗戦後に死刑などの処罰を受けた。

それでもアメリカ下院決議は、「日本政府は、……べきである」とし、この問題を「正式に認め、謝罪し、歴史的責任を受け入れるべき」「日本軍のための『慰安婦』の性奴隷化と人身取引はなかったとする如何なる主張に対しても、明確かつ公的に反駁すべき」「この恐るべき犯罪について現在および未来の世代に対して教育すべき」としながらも、アジア女性基金を評価し、「政府によって着手され資金の多くを政府に負う民間基金」（以上、アメリカ下院決議は「ｗａｍアクティブ・ミュージアム　女たちの戦争と平和資料館」ホームページより）としていた。しかし、そのような認識が韓国に伝わることはやはりなかった。

そしてミンディ・コトラーは、二〇一三年に韓国の新聞のインタビューでは韓国の運動に関して「もうすこし柔軟である必要があり、この運動をどのように終わらせるのかも考える必要がある」としながら、「問題をここまで持ってきた日本に一番大きい非があるが、ドイツの場合を見ると、すべての和解は結局、ひとつひとつ細かい話し合いを通して導きだされた。しかし話し合いは片一方の話通りには行かないもの」（「京郷新聞」二〇一三年八月一六日付）として、韓国の姿勢も暗に批判するようにもなる。

4、ILO条約勧告適用専門家委員会の所見

国際労働基準、ILO条約勧告適用専門家委員会は九六年には「慰安婦とは性奴隷」であり、「強制労働条約違反」だとしていた。しかし二〇〇一年の所見では次のように書いている。

法的に補償問題は条約(日韓基本条約――引用者注)によって解決済みと認める。各国労組の反対意見も紹介し、マクドゥーガル報告の見解も留意。「日本政府が請求者および請求者を代表する団体との協議のうえ、遅きに失しないうちに犠牲者の期待にかなうような方法で犠牲者に補償する他の方策を見いだすことを望む」(『証言　未来への記憶』二〇〇六、二八二頁)

この見解は、一九六五年の条約によって「解決済み」とする日本政府の主張を認めている。そして「他の方策を見いだすこと」と勧告しているのである。しかもこれは一三年も前のことだった。さらに二〇〇三年には「個人の請求権の法的根拠について」、関係諸資料を「詳細に引用」しながら、「本委員会としては疑問のままとする」(同、二八三頁)と

結論づけていた。「日本政府の見解は必ずしも独立の専門家に支持されていない」としながらも、「日本政府の意見は正しい」としている。そして「請求権についてのコメントは避けたことを付記」（同）していたのである。このことはＩＬＯが韓国の支援団体の主張を額面通りに受け入れることはしない、という意味だったのかもしれない。

実際に、「二国間条約・多国間条約の法的効果はＩＬＯの権限外であり、性奴隷について最終的な申し立てをすることはできないし、しない」と再確認している。翌年の二〇〇四年には「前回の結論を繰り返し、総会委員会で議題にならなかった」（同）という言葉で締めくくっている。国連やＩＬＯは早くに、日本政府の言い分をある程度受け入れていたということなのだろう。そして、それ以上慰安婦問題に関して議論しないかのような姿勢を表明していた。

挺対協と被害者たちが問題解決のために、韓国政府が直接動くよう憲法訴訟を起こした理由はここにあるのかもしれない。しかし、挺対協はこのような変化を韓国メディアに知らせてはいない。いまだに韓国人のほとんどがこの問題をめぐって世界が韓国を支持していると考えるにいたっているのは、その結果でもある。

二〇一二年秋、ジュネーブで開かれた日本を検証の対象にした国連人権理事会では、七カ国が日本を糾弾したとの報道があった。

国連人権理事会が日本に対し、日本軍慰安婦問題の解決を求める報告書を採択した。

慰安婦問題の責任を回避し続けている日本政府の非人権的態度に対し、国際社会が警告を送ったのである。（中略）定例人権検討会議で韓国と北朝鮮、中国、オランダ、コスタリカ、東ティモール、ベラルーシの七カ国が、日本軍慰安婦問題に関する日本の責任ある措置を要求している。慰安婦問題に関して日本を批判した国は二〇〇八年の四カ国から七カ国に増え、特に中国が二〇〇八年と違って日本を直接名指しで非難している。（「京郷新聞」二〇一二年一一月四日付）

二〇〇六年、国連人権理事会が「国家別定例人権検証」という制度を設けて以来、一九三カ国の会員国は自国の人権状況に関して会員国の審議を受けるようになっているという。オランダが、ここでヨーロッパでは唯一日本を批判したのは、強制的に慰安婦になるほかなかった経験のほかにも、日本の占領の結果として植民地を失ったことが影響している可能性を排除できない（カウスブルック一九九八）。中国と北朝鮮以外の三カ国がどのような理由から日本を批判したのか分からないが、一九〇以上の国々の中で韓国と同じ要求をしたのはわずか七カ国だった。それは、もはや世界が、この問題に関して必ずしも韓国の味方ではないということを表しているとも考えられる。かつて日中条約で補償問題は済んでいるとしていた中国が、「二〇〇八年にも慰安婦問題をとりあげながらも日本を批判する直接の表現は使っていなかったが、今回は直接日本を名指しした」（「聯合ニュース」二〇一二年一一月一日付）というのは、領土問題をめぐる葛藤が目立っていた時期だったことも影響してのことだろう。もっとも、被害者たちが新たに声を出している以上、かつて国家が勝手にそう決めたとしても、新たな展開があってもおかしくはない。ただし、その場合でも考えるべきは、オランダや中国人女性たちと韓国人女性の立場が決して同じではないということである。

5、運動のパラドックス——消えた〈植民地〉問題

とはいえ、二〇〇〇年代以降、韓国の支援団体が世界と連帯することに力を注いだ結果として、二〇一三年現在、慰安婦問題をめぐる状況は、明らかに韓国の言い分に世界が同調している形になっている。それは、日本政府に直接圧力をかけるより、被害当該国やその他の国家に訴え、あるいは連携して、外部から日本政府に圧力をかける戦略を取った結果でもあった。

世界を相手に運動を始めたころ、「慰安婦」問題だけでやっても無理だから人身売買とリンクさせなさいとの忠告を国連の関係者などから受けたという支援者側の証言がある。最初は国連の拷問禁止委員会でも現在の事柄だけを扱い、過去の「慰安婦」問題には関心が低かった。そこで運動家たちは、二〇〇四年に「ストップ女性への暴力」とのキャンペーンをスタートさせ、紛争下の女性に対する暴力のなかに「慰安婦」問題を入れることに成

功した。

そして二〇〇七年夏、アメリカ下院で決議が出たことを受けて、一一月、アムネスティ・インターナショナルの主導で「慰安婦問題解決のためのスピーキングツアー」が実施されるようになり、オランダ、EU本部、ドイツ、イギリス、カナダなどを被害者たちが訪問し、証言した。一一月から一二月にかけてオランダ、カナダ、EUの各議会で「慰安婦」決議が採択されたのは、そのように、運動を「女性の人権」といった普遍的な運動に変えていった結果と言えるだろう。そして、二〇〇八年の国連自由権規約（市民的政治的権利に関する国際規約）委員会が「最終所見」として、

22　委員会は、当該締約国が第二次世界大戦中の「慰安婦」制度の責任をいまだ受け入れていないこと、加害者が訴追されていないこと、被害者に提供された補償は公的資金ではなく私的な寄付によってまかなわれており不十分であること、「慰安婦」問題に関する記述を含む歴史教科書がほとんどないこと、そして幾人かの政治家およびマスメディアが被害者の名誉を傷つけあるいはこの事件を否定し続けていることに、懸念をもって注目する。（第7、8条）

当該締約国は「慰安婦」制度について法的責任を受け入れ、大半の被害者に受け入れられかつ尊厳を回復するような方法で無条件に謝罪し、存命の加害者を訴追し、すべての生存者（survivors）に権利の問題として十分な補償をするための迅速かつ効果

的な立法・行政上の措置をとり、この問題について生徒および一般公衆を教育し、被害者の名誉を傷つけあるいはこの事件を否定するいかなる企てをも反駁し制裁すべきである。（「wamアクティブ・ミュージアム　女たちの戦争と平和資料館」ホームページより）

としているのは、〈運動の考え〉が〈世界の記憶〉になったことを見せてくれる。「世界の味方（＝見方）」は、そのような、世界のフェミニストや人権運動家と連帯した活動によるものだった。

このような経過が、「戦争での女性に対する暴力」に対する問題意識を高めた功績は言うまでもなく大きい。しかし、日本軍と「人身売買」をリンクさせた運動のやり方は、結果として「業者」の問題を隠蔽することになった。その後欧米諸国が、「『慰安婦』制度は二〇世紀の人身売買の最も大規模な例のひとつ」としながら「皇軍の行為を、言葉を濁さず、明確に、公式に認める」（「欧州議会決議」、引用は梶村太一郎「歴史認識の不作為と正義の実現――欧州議会対日『慰安婦』決議を読む」『世界』二〇〇八年六月）ことを日本に要請したのも、人身売買自体に日本軍がかかわったものと認識した結果だった。

運動は成功したが、さまざまなケースの女性の問題を「性」を媒介にすべて等しく扱ったために、朝鮮人慰安婦の特徴を消去し、欧米の「植民地支配」の影を消してしまった。つまり「慰安婦」問題を「紛争下の女性に対する暴力の象徴」としたことは、「慰安婦」

間のさまざまな「差異」を消してしまったのである。

おそらく、朝鮮人慰安婦問題が「植民地支配」ゆえのことと認識されていたら、欧米諸国が日本だけを批判することはできなかったであろう。日本の植民地支配下に入って慰安婦という存在を作ってしまった韓国が、ほかの西洋帝国に対して日本帝国の問題を訴えたことになるのだから、アイロニーと言わざるをえない。

運動が「紛争下の女性への暴力」のなかに「慰安婦」問題を入れたのは、運動の成功のためには効果的だった。しかし同時に、運動の出発点では明確に認識されていたはずの「植民地女性」の問題との理解が捨象されることになった。「帝国＝植民地支配」の問題が、それを可能にする手段の一つにすぎない「戦争」のことと矮小化されてしまったのである。特に日本の支援者たちが、だれよりも「植民地支配」のことを批判的に、真面目に考えてきた人々であることを考えると、それは皮肉なことだった。

こういうことになったのは、慰安婦問題を単に「戦争」の問題として認識したからである。「戦争」だけを原因と見ての訴えに対して、日本と戦って勝った西洋諸国が日本に対して厳しい態度を取るのは当然のことである。彼らは、「朝鮮人慰安婦」のことで、戦争における自分たちの被害——たとえばタイやビルマ地域で連合軍捕虜が酷使され、多くの命が失われたことを思い起こしたかもしれない。そうであれば、白人女性が日本軍に売春を強いられたことが、彼ら自身の屈辱的な体験を思い起こさせたとしても不思議ではない。「オヘルン（ヤン）おばあさんが去る二月十五日、米下院聴問会に出て第二次世界大戦当時の惨状を生々しく証言すると、これまでたいした関心を示さなかったアメリカのマスコミが、日本軍慰安婦問題に注目し始めた」（「オーマイニュース」二〇〇八年七月三日付）というのは、その可能性を窺わせる。何よりも、オランダを含む西洋諸国は、日本との戦争の結果としてアジアにおける彼らの植民地をなくした。韓国の支援団体は「最近、米下院での決議案採択活動と関連して、オランダの被害者であるヤンおばあさんと台湾、韓国生存者たちとの連帯は西欧社会で日本軍慰安婦問題を世論化させ、アジアの問題（にとどまるのを）を乗り越えることに大きな役割を果たした」（「統一ニュース」二〇〇七年五月二十日付）とし、このようなアイロニーを自覚してはいない。そこに、この二〇年の「運動」の矛盾が集約されているのである。

第3部

記憶の闘い――冷戦崩壊と慰安婦問題

第1章　否定者を支える植民地認識

1、朝鮮人慰安婦と差別――小説「蝗《いなご》」から

韓国の支援団体が朝鮮人慰安婦の片一方の記憶にこだわったのは、基本的には慰安婦を単なる売春婦とみなすような、日本の否定者たちの記憶に抵抗するためである。つまり、韓国の偏った記憶は単に韓国だけが作ったのではない。軍が慰安所に関与したのではなく、慰安婦たちを「自発的に」お金を儲けに行った「娼婦」と認識する記憶にのみ日本がこだわるかぎり、韓国の記憶や主張も強化されるばかりだろう。

慰安婦問題を否定する人たちは「強制連行」でないことを主張している。少なくともインドネシアや中国などで強姦されたり強制的に売春させられた人がいる以上、たとえ朝鮮が植民地であって状況が違っていたとしても、「慰安婦問題における強制性」は否定できない。

確かに、朝鮮人慰安婦に関してなら「軍人による強制連行」説は修正されるべきである。

さらに、軍が慰安所を設置したのは事実でも、軍が募集を依頼した慰安所以外の売春施設まで軍慰安所と考えられている以上、系統立っていたものとは言えない慰安所をめぐる状況を「慰安婦制度」と呼ぶのも難しい。

しかし、慰安婦問題は、「強制があったかどうか」以上に重要な問題——男性による女性の強姦や輪姦が、国家や男たちによって許されていた、という問題をわたしたちに突きつけている。それは、強姦を別にすれば「合法」の名で許されていた、男性による女性の〈手段化〉〈モノ化〉〈道具化〉の状態だった。そしてそのような状況を支えていたのは、相手に対する差別意識である。

作家田村泰次郎（一九一一〜一九八三）の小説は、そういったあたりを明瞭に見せてくれている。田村は、一九四〇年に応召して中国北部で兵士として戦争を体験し、その体験に基づいた小説を多く書き残している。たとえば、日中戦争時の戦場が舞台となっている「蝗《いなご》」（一九六四年発表。『コレクション　戦争×文学』７）もそのひとつだ。

この小説で主人公の原田軍曹は、冒頭で部下たちとともに、戦死者たちのための白木の箱を原駐地の商人から受領して前線に届ける任務遂行中の人物として登場する。ところが「五人の女たちを、原駐地からそこへつれて行くのも、彼の別の任務」だった。「慰安婦」以外に朝鮮人業者もついていたが、業者共々、軍曹が慰安婦の移送を担当していたのである。慰安婦と業者の移動が彼らの任務だったというのは、軍が積極的に慰安婦を必要とし、その利用ができるように〈管理〉したということでもある。列車で移動していた彼らは、途中で別の部隊に出会い、女たちを降ろすことを要求される。

「こらーっ、出てこいったら、出てこんか。チョーセン・ピーめ」（略）

「貴様が、引率者か。チョーセン・ピーたちを、すぐ降ろせっ。おれは、ここの高射砲の隊長だ。降りろ」（略）

「女たちは石部隊専用の者たちです」

「なにっ。文句をいうな。なにも、減るもんじゃああるまいし、ケチケチするな。新郷でも、さんざん、大盤振舞いをしたそうじゃないか。何故、おれのところだけ、それをいけないというのか」

「しかし、――」

「しかしも、くそもない。いやなら、ここをとおさないだけだ。絶対に、さきに行かさない。いいか。わかったな。通行税だ。気持よく払って行け」

ここへくるまでに、開封を出発してまもなく、新郷と、もう一箇所、すでに二回も、彼女たちは、ひきずり降されていた。そのたびに、その地点に駐留している兵隊たちが、つぎつぎと休む間もなく、五名の女たちの肉体に襲いかかった。（同、四七九～四八一頁）

ここでの状況は疑いの余地なく強姦である。「女たちは石部隊専用の者」という言葉は、慰安婦たちが部隊ごとに割り当てられ、「専用」意識が兵士たちにあったことを示してもいる。慰安婦とは、一種の軍需品だったことがここでも明瞭だ。

朝鮮人慰安婦を称する「チョーセン・ピー」という言葉には、朝鮮人に対する蔑視が露わである。この軍人が彼女たちをいとも簡単に強姦してしまうのは、彼女たちが「娼婦」だったからでもあるが、それ以前に「朝鮮人」だったからだろう。しかも、「減るもんじゃあるまい」や「ケチケチするな」との言葉は、この軍人にとって朝鮮人慰安婦とは、まともにお金を支払って利用するに値する娼婦でさえなかったことを示す。朝鮮人慰安婦が、その専用権を持った部隊が別の部隊に「大盤振舞い」をしてもいいような、〈もの〉でしかなかった。〈もの〉だからこそ、彼女たちが受ける苦痛には想像力が働かないのである。彼女たちは、「通行税」に例えられるような、人によって「使われる」モノでしかなく、主体的な意志を持つ商品でさえなかった。

陵辱されてもどってきた女たちが「チキショー、パカニシヤガッテ。アイツラ、アソプナラ、アソプテ、ナゼカネハラワナイカ。カネハラワズニ、ナニスルカ」と呟く。兵士たちは「馬鹿野郎、作戦ちゅうに、金なんか持ってるかってんだ」と、慰安婦たちの当然の要求を嘲笑する。

慰安婦問題を否定する人々の記憶では、「お金を取った売春婦」であるはずの朝鮮人慰安婦たちは、慰安所の外での強姦や〈無償〉労働を強いられてもいた。もちろん有償労働なら問題ないというわけではない。〈有償〉で「高い料金」を取っていたと主張する人も多いが、彼女たちへの「高い料金」には業者の分が含まれていた。彼女たちは多くの場合、借金で縛られていて、否定者たちの考えは「兵士」側に立った被害意識でしかない。

何よりも、「慰安」とは、本国から遠い占領地や命の危険さえ存在する戦場で必要とされたことだった。言い換えれば、彼女たちは兵士の「命」に代わる「性」を「国家」(＝男)に捧げるべく連れてこられた存在である。それでいながら兵士のように靖国が待っているわけでもなく、遺族たちが年金を受ける保証があるわけでもない。朝鮮人慰安婦たちはただ、わずかの誇りと金を与えられ、自分の身体を国家と業者と軍人によって、多重に搾取される存在でもあった。もちろん金銭的な搾取の主体は業者であり、過剰な搾取がないように軍は〈管理〉もしたが、同時に、そのような搾取構造を黙認し、利用し、勧めさえした。

このあと、原田軍曹と一緒に朝鮮人慰安婦たちを護送していた兵士たちもまた、彼女たちに対する欲望をむき出しにする。

なあ、班長、おいら、もう辛抱出来んわ。たかが、チョーセン・ピーやないか。そら、おいらはあいつらを、自分の部隊のおるとこまで、輸送せんならん任務があることはわかっとるが、員数だけ、そろえれや、ええやないか。さっきの将校のいい草やないが、ほんまに減るものやあるまいし、途中で、おいらが使うて、悪いのかい。よその兵隊に使わせて、おいらにだけは使わせんというのは、理窟にあわんな（同、四

九二頁）

兵士たちは、渋る原田に、明日に迫っているかもしれない自分たちの死と、「よその部隊も、ますます、ほうっておかないだろう」ことを強調しながら再び懇願する。「それに、無事にあいつらを、部隊にひき渡したら、こんどはおれたちは、何百人という列のなかに、並ばんならんのやぜ。あいつらと一発やるのに、何時間も立ちん棒せんならんのやぜ。そんな阿呆くさいことって、あるかいな」

そこで原田はしぶしぶ許可し、「慰安婦」たちはふたたび強姦される。そしてもどって来た朝鮮人慰安婦の一人「ヒロ子」は「アイツタチ、スケベータヨ。ヒトガツカレテイルトイウノニ……。トスケベータヨ」と訴える。しかし原田は、「日本語の話せる、兵隊の遊ぶ相手は、お前たちだけなんだ。同情しろよ」と「ヒロ子」をなだめている。慰安婦たちに比較的同情的な原田も、朝鮮人慰安婦をむき出しの性欲から守るよりは、日本人兵士の欲望を優先していたのである。

兵士たちの〈無償〉の強姦欲望は、「たかが、チョーセン・ピー」だからである。女性蔑視だけでなく民族蔑視感情が入ってのものなのである。「あいつらと一発やる」ために「何時間も立ちん棒」になることを「阿呆くさい」と感じるのは、その行為の相手にそれだけの価値を見いだしていないということだろう。朝鮮人慰安婦とは、女性を道具化する性差別だけでなく、朝鮮人にたいする民族差別の対象でもあった。

何よりもここでは、「何百人という列」という、慰安婦たちが繰り返し証言した風景を確認することができる。「ツカレテイル」とつぶやく慰安婦たちの、何百人も相手にしての「ツカレ」は、想像を絶するものだ。日本人慰安婦が主に将校を相手し、朝鮮人慰安婦が兵士を相手したとの証言を参照すれば、朝鮮人慰安婦の「ツカレ」は、最初から相手するべき対象の数において、日本人慰安婦より過酷であったに違いない。

移動中にも強姦されなければならなかった朝鮮人慰安婦たちが、ときに膨大な数を相手するほかなかったというのは、否定者たちが考えるように一方的な被害でないにしても、そこが想像を絶する過酷な労働の現場だったことを示す。しかも、その労働は羞恥心が伴われる労働だった。そのような労働を強いられた人々が自尊心を失い、自殺を思うのは無理もない。つまり、そこで「慰安」してもらうことは、構造的な苦痛を強いるという意味で間接的な〈殺害者〉になることでもある。たとえ彼女たちが朝鮮人の親に売られ、朝鮮人業者によって連れて歩かされていたとしても、彼女たちの人間としての尊厳を失わせる最後の一振りを行ったのは、軍人たちと言うほかない。戦場の「慰安婦」たちが（否定者たちが言うように）「もともと娼婦」だったかどうかはもはや問題ではない。

もっとも、ここでの場面は、慰安所の規律の外で行われたという点で例外的なことであって、慰安婦たちにもともと要求された役割ではない。しかし数字では少ない例外的なことだったとしても、いつでも起こりうることだったという意味で、本質的なことでもある。ここで起こっていることは、男女差別の上に、宗主国国民による植民地差別の構造が支えてこそ可能なことだからである。彼らの行為は、「国家のため」という美名の下に許され、被害者たち本人さえも、そのイデオロギーを内面化しているからである。彼女たちが不満を言いながらも自分たちを守ることなく従ってしまうのは、そのためである。

慰安所は、占領地の女性を強姦しないためとの名目で作られた。そのことをもって、慰安所を作らないで強姦を繰り返した他国のことを野蛮な国とする人もいる。しかし、「野蛮」（非管理）に対照される「文明」（管理）的場所としての慰安所は、貧しさやその他の理由で〈もの〉として扱われやすかった女性が集められた場所であった。そのような暴力を〈公式に〉容認した場所でしかないのである。つまり、慰安所とは、人間が人間を〈手段〉に使っていいとする「野蛮」を正当化した空間でしかない。性病の管理をしっかりと行ったという意味で、いたって「文明的」な顔をした、野蛮で暴力的な場所と言うほかないだろう。

小説の中の朝鮮人慰安婦たちは、強姦される前に「この車輛のなかで、夜ふけだというのに、狂ったように声はりあげて歌っている」「同じ歌をいつまでもうたってい」たとされる。しかも、彼女たちは強姦されたあと、痛みに耐えかね、性器を露出したまま横たわっていたりもする。作者はその風景について「ふだん、彼女たちがそこを男たちの眼に見せびらかすのは、男たちに対する挑みかけ、そして、もっと正確にいうならば、彼女たち自身に対する、そのことに羞恥を覚えることに対する抵抗、そしてそうすることによってしか、生きられない自分たちの生き方を、すすんで忘れようとする積極的な身ぶりがはたらいている」（同、四九〇頁）と書く。

彼女たちが「狂ったように」歌う歌は、悲惨と惨めさを乗り越えるべく自分を奮い立たせる精一杯の行為だったはずだ。その意味では楽しげに見える〈歌う慰安婦〉は、〈悲惨な慰安婦〉に対峙するものではない。慰安所には誇りや愛や幸せも存在しえたが、そのことが、過酷な性労働による病と死の苦痛の空間としての慰安所の本質を覆い隠せるわけではないのである。

彼女たちを連れて歩いていたのはここでも朝鮮人である。実際に朝鮮人の業者は多かったようだが、彼らが慰安婦たちを、彼らの主導できちんと管理できていたわけでもない。ここで業者が何の異議申し立てもせずに軍人たちのなすがままにされていることが、それを証明している。慰安婦の直接の管理者は業者であっても、慰安婦を実際に管理できる権力を持っていたのは日本軍だった。証言集に出ているように、軍人が慰安婦の願いを聞き入れて帰国させたり他の場所へ移動させたりしているのも、慰安所での権力の主体は日本軍だったからである。

しかし「蝗」は、慰安婦の悲惨な状況だけでなく、ヒロ子が原田に執着することで、苦痛をまぎらわそうとする場面も描いている。そのような慰安婦の欲望とは、自分が一方的に消費される〈もの〉でしかないことを忘れさせてくれる唯一の手段であったはずだ。「ツカレ」た身体を奮い立たせてまで、もう一度好きな男性を求めずにはいられなかったのも、自分の身と心の「主人」――真の所有者たろうとした精一杯の身振りなのである。

戦場で軍人は、性的欲望を国家によって暴走させられ、あるいは管理される。公衆の前で欲望を露わにすることへの羞恥を忘れさせられ、人間を〈もの〉（商品）として扱うことを教え込まれる。それは、あるいはその前後に存在したはずの殺害に必要な、人間を〈もの〉とみなす練習でさえあったとも言えるだろう。そのようにして、兵士たちは日に日に〈人間的〉であることから遠ざけられることになる。そして慰安婦もまた、自分の身体と心の「主人」であることや他人の手段として「使わ」れることに無感覚になっていったのだろう。戦場での〈集団慰安〉とは、兵士にも慰安婦にも、人間らしさを忘れて初めて可能なことでもあったはずだ。「アジアの解放」という〈聖なる〉名分の背後にあった慰安婦と兵士の悲惨な状態は、その戦争がアジア＝大日本帝国の周辺どころか帝国の中心にいた者たちにとっても、決して「解放」ではありえなかったことを教えてくれる。

2、権力者としての軍

満州事変勃発以降、日本は最終的には三〇〇万もの兵士を朝鮮や中国大陸や南洋においていた。兵士たちにとって、駐屯地と戦場での生活とは、それぞれ地元で送っていたいつもの「日常」が失われた生活である。戦争とはそのような非日常の世界であって、長く続く〈非日常〉の生活に耐えるためには日常的欲望を充足させる必要があった。スキンシップを伴う性的欲望がそのような日常であるのは言うまでもない。同じ性欲の処理でも、戦場での強姦はむしろ日常を逸脱する行為と言える。「強姦を防ぐため」に慰安所を作るのは、兵士の日常をも管理すべき軍としては、むしろ自然な発想だったのだろう。言うならば、日常と女性から隔離されて男性だけで生活するようになる軍隊システムや戦争自体が、すでに慰安所を必要としている。「慰安婦」とは皮肉にも、そのような構造的問題を露わにする名称でもある。

軍が慰安婦募集過程でだましなどの違法な行為を取り締まろうとしたのは、軍が無関係であることを示すのではなく、いわば消費者側による商品品質の〈管理〉に当たる。消費者側が、密輸品ではなく、公式の輸入ルートを経由した商品を使うようにしたとも言えるだろう。

一般に消費者は商品の品質を監視し、不満を提起することはできても、直接管理や改善に関わることはできない。軍が性病検査をしたのは、日本軍が商品をめぐるシステムの中で単純な消費者ではなく、管理者だったことを示す。ある元軍医は、「私は検査官という武器＝権力を持って」いたので、慰安婦に中絶させることができたとも話している（湯浅謙「私が知る『従軍慰安婦』」http://www.ne.jp/asahi/tyukiren/web-site/backnumber/05/yuasa_ianhu.htm）。

おそらくこのような権力の存在こそが、軍の〈管理〉事実や主体的な関与を示すものであろう。つまり、たとえ軍が募集に直接関わっていないとしても、そのことが即、軍の関与がなかったことになるわけではないのである。不法で強引な募集を「取り締まった」ことこそが、この問題に対する軍の認知と権力と主体性を示す。

つまり、だましであれ拉致であれ、国から遠く離れた地域に持続的な需要を作り、業者たちが、ともかくも強制的な手段を使っても女性たちを連れていきさえすれば、商売になると考えるようなシステムを維持したこと自体が問題なのである。

植民地支配の内実が実際にはよい統治だったと強調する人も日本には多い。しかし、たとえ相対的な〈善政〉があったとしても、それはあくまでも体制に抵抗しない人々に限ることでしかなかった。逆に言えば、日本の統治が〈穏健〉だったのは、日本国家への服従が前提とされていた空間でのことだった。法律を作って挺身隊を合法的に動員できるようにしながら、「慰安婦」はそうはしなかったのは、それが植民地での穏健統治の臨界が壊れることだったからである。同じく、植民地ではなく戦場で、さきの小説でのようなことがあり得たのは、そこが「国家」(法律体系)の外の空間だったからである。つまり、そこはもはや、日常を維持する法を作動させなくてよい空間だった。

慰安婦募集で業者たちが前面に出たのは、まさにそのためである。穏健統治(皇民教育)の中に〈自発的に〉編入された人たちが帝国に協力しつつ、〈個人的に〉だましや誘拐などの犯罪行為をしたのである。結果的に、日本は自らの手は汚さずに(穏健統治を維持しつつ)植民地の人々を同族に対する加害者にした。業者が愛国者であれば、だましや誘拐さえ自己正当化できただろう。

植民地で暮らしていた日本人たちは、朝鮮を支配しながらも恐れていた。それは、支配というものが、構造的につねに抵抗と反発を含むものだからである。反体制の思想犯を拘束するのは治安維持法という法を作動させることで可能だったが、植民地の人々を理由もなく連行することは、穏健統治をかかげる限り不可能である。

資料を見る限り、すべての軍が慰安所を一律に設置してはいなかったようだ。といっても設置した場合、積極的であったか消極的だったかの差異（関与や軍権力の行使の程度）はあっても、慰安婦問題における軍の関与はもはや否定できることではない。「第二一軍司令部が慰安所をつくるという決定を行ない、内務省に四〇〇名、台湾総督府に三〇〇名の女性を集めてほしいと要請した経過を示す資料」（吉見義明二〇〇七）以外にも慰安婦の証言と軍人が残した多数の記録から、慰安所運営に関する軍の関与は明白だ。ただし、すべての軍が設置、あるいは積極的な関与をしたかどうかについては、留保が要る。千田の本での軍人の話にあるように、ほかの部隊が慰安婦を「専用」に持っていたことを見聞きしては、別の部隊もその設置に出たと見るのが妥当のようだ。その意味では、すべての部隊に、指定あるいは部隊内に設置した慰安所があったとも確認できないが、たとえ一部でも慰安所が「軍が設置した軍人・軍属専用制度」に当てはまるとも限らないし、すべての慰安所に対する軍の責任は否定できない。軍が慰安婦や慰安所を管理したことが確実である以上、慰安所に対する軍の責任は否定できない。それでも、その責任が「法的責任」かどうかについては考える余地があるだろう。

「蝗」での慰安婦の移送は、その移送が単なる戦場での民間人保護のレベルのものではないことも見せてくれている。しかも当時は、内地・半島と中国との移動は厳しく制限されていて、国家の管理を受けなければならなかった。したがって、移動するには今のパスポートのような、国家の許可証が必要だった。ところが、日本内地では売春の前歴のない女性や二一歳未満の女性は渡航を禁止しながら、そのような制限が朝鮮や台湾では設けられなかった（吉見義明二〇〇九夏季）。それは、大日本帝国が、植民地の女性に対しては国家の保護意識を作動させなかったことを意味する。ここでも、朝鮮人慰安婦問題は、普遍的な女性の人権問題以上に〈植民地問題〉であることが明白だ。そして個人を過酷な状況に追い込む制度を国家が支えていた以上、「軍の関与」はまぎれもない事実となるほかないのである。

3、国家と男たちの「法」

慰安婦問題を否定する人たちは「慰安婦」の存在は認めながらも、あの時はそのことが「常識」で「合法」だった、と言う。もっとも、はやくから遊郭を国家が公認して「公娼」という空間に慣れていた日本が、軍隊の周辺の公娼に特別に抵抗を感じなかったのは不思議でもない。しかし、一九世紀後半から二〇世紀初めにかけて、次々と撤廃され、公娼が

「存続していたのは、日本・オーストリア・イタリア・スペイン等の国」(同)だった。当時は常識だったと考える人たちもいるが、公娼制度が「世界中どこでもありふれていたとはとうていいえ」(同)ないのである。

しかも、たとえ「ありふれていた」としても、それは、その社会のシステムが男性のための社会システム――「法」体系だったことを証明することでしかない。

「法」とは、一つの共同体が共同で守るべきとした規範である。したがってその多くには、そうすることが望ましいと考えられた、同時代の思考が反映される。そういう意味では「法」とは共同体すべての人に「正義」となる内容であるべきだ。しかし実際には、誰が法を作る主体となるのかによって、その正義の中身は変わってきた。性の売買を〈常識〉としたのは、そのことが悪いとは考えなかった時代の男性たちでしかない。植民地における法の根幹が、あくまでも宗主国中心のものだったように。

慰安婦たちがたとえ慰安婦になる前から売春婦だったとしても、そのことはもはや重要ではない。朝鮮人慰安婦という存在が、植民地支配の構造が生んだものである限り、「日本の」公娼システム――日本の男性のための法に、植民地を組み込んだこと自体が問題なのである。慰安所利用が「当時は認められていた」とする主張は、「朝鮮人慰安婦」問題の本質を見ていない言葉にすぎない。

もっとも、「当時は常識」との言葉に込められている当惑を理解できないわけではない。悪いこととは意識せずにやってしまったこと、しかも法が守ってくれる体制の中でやったことを後日非難されるのでは、不当に思うとしても不思議はない。さまざまな境遇があったのに、もっとも悲惨なケースだけが取り上げられて糾弾されることに、腑に落ちない思いをするとしても当然だろう。

しかし、「慰安婦」の存在を単に「常識」とする考えは、なぜそのような存在が長い歳月を経たあとに、わたしたちの前に現れたのか、考えることを放棄することでもある。同時代人が「常識」として容認したとしても、それは所詮、同時代の共通思考にすぎない。現代を生きる私たちが過去を問い続けるのは、そのような構造がなお現在と無関係ではないからだ。遅ればせながらでも、過去のあることを、「正しくないこと」と新たに認識することが重要な理由は、そこにある。

慰安所の利用を常識とし、合法とする考えには、その状況に対する恥の感覚が存在しない。しかし、一人の女性を圧倒的な多数の男性が欲望の〈手段〉としたことは、同じ人間として、恥ずべきことではないだろうか。慰安婦たちが尊厳を回復したいと言っているのはそのためでもある。彼女たちの羞恥の感覚はおそらく、人間ではなく、〈もの〉として扱われた記憶による。

先の小説の主人公が部下たちや慰安婦に感じたのは、まぎれもないそのような羞恥心だった。人間としての最低条件——自分の身体と心の所有主であることを放棄させられていた彼女たちの苦痛を想像することは、日本人が経験した苦しみを想像させる回路にもなるだろう。当時の兵士たちの中にも、その苦しみを見届けた人はいた。さまざまに存在した感性と行動の中で、どの感性に自分を引き寄せ、次世代に引き継ぐかが、今日を生きる人たちに求められている。

4、〈愛国〉する慰安婦

「自発性」の構造

「慰安婦」の「強制連行」は、基本的には戦場と占領地に限られると考えられる。吉見教授は、インドネシアの「アンボン島で強制連行・強制使役があったことは明らか」（吉見義明二〇〇九夏季）としているが、先に見たように、そこでの強制性を朝鮮人女性をめぐる強制性と同じものとすることはできない。彼女たちの中には貧しい生活の中で「白いごはん」を夢見たり、女の子が勉強することを極端に嫌悪していた家父長制社会の呪縛から逃れて、一人の独立的主体になろうとした人も多かった。

しかし、たとえ〈自発的〉に行ったように見えても、それは表面的な自発性でしかない。彼女たちをして「醜業」と呼ばれる仕事を選択させたのは、彼女たちの意志とは無関係な社会構造だった。彼女たちはただ、貧しかったり、植民地に生まれたり、家父長制の強い社会に生まれたがために、自立可能な別の仕事ができるだけの教育（文化資本）を受ける機会を得られなかった。

「仕事」とは、家の外で経済的に自立して社会に寄与できる自分の「居場所」を作ることでもある。しかし性を提供する仕事は、たとえ制度的に問題がなかったとしても社会的――心理的認知を受けられる仕事ではなかった。そのような醜業に、彼女たちが自発的に向かったのなら、何がそうさせたのかを考えるべきだ。しかも、そうやって集められた女性たちは最前線でも爆弾と暴力に苛まれながら、兵士たちの欲求に応えなければならなかった。

戦争が起こってから鍬を持ってわたしたちが穴を掘った。島を歩き回りながら空襲を避けたがそういうときヤン・ウンチルとイム・チャンスが私をタンカに載せて運んだりもした。身体が恢復してからは爆弾を運んだりもした。逃走中にも板を持って来て穴の上において防ぐだけで、水を張っておいたタライで下を洗う間もなく男たちが飛びかかった。バナナ、ヤシ、ササポ（意味不明）の木など、果物の木の下にカーテンを引いて男たちを受け止めた。酒を飲んで飛びかかる軍人をわたしが性器が腫れて身体が言うことを聞かないと拒否すると、刀で肩を打たれた。ある時は銃で顔を殴られた。それにろくに歩くこともできないのに、血の付いた包帯も洗わなければならなかった。（『強制』2、六〇頁）

彼女たちの仕事はここではもはや、醜業とさえ言えない。こうした状況でいわゆる「軍票」（報酬）をもらえたのかさえも疑わしい。何よりも彼女たちの役割が文字通りの「娘子軍」だったことをこの証言はひしひしと伝えている。彼女たちは、隠れるべき穴を掘り、逃走中に爆弾を運び、包帯を洗濯もした。そしてその合間に兵士たちの性欲に応えていた。つらいあまり時に拒否しながらも、最善を尽くして日本軍の戦争を支えていたのである。そのような彼女たちの働きは、見えない抑圧構造が強制したものだった。

補助軍としての慰安婦

「慰安婦」たちが兵士たちに「群がってきた彼女たちは商売熱心に私たちに媚び」たとか「実に明るく楽しそう」で、「『性的奴隷』に該当する様な影はどこにも見いだせな」（小野田寛郎二〇〇七）いように見えたのはそういう構造によるものだ。彼女たちが商売熱心に「媚び」たり、そのために「明るく」振る舞い、「楽しそう」にもしていたとしたら、それは彼女たちなりに「国家」に尽くそうとしてのことなのである。業者の厳しい拘束と監視の中で、自分の意志では帰れないことが分かった彼女たちが、時間が経つにつれて最初の当惑と怒りと悲しみを押して積極的に行動したとしても、それを非難することは誰にもできない。歌う慰安婦が悲惨な慰安婦と対峙するものではないように、「媚び」る笑顔も、慰安婦たちの悲惨性と対峙するわけではないのである。

彼女たちは、自分たちに与えられていた「慰安」という役割に忠実だった。彼女たちの笑みは、売春婦としての笑みというより、兵士を慰安する役割に忠実な〈愛国娘〉の笑みだった。たとえ「兵士や下士官を涙で騙して規定の料金以外に金をせしめているしたたかな女」（同）がいたとしても、兵士を「慰安」するために、植民地支配下の彼女たちを必要とした主体が、彼女たちを非難することはできないはずだ。そして、そのようなタフさこそが、昼は洗濯や看護を、夜は性の相手をするような過酷な重労働の生活を耐えさせたものだったのだろう。

植民地人として、そして〈国家のために〉闘っているという大義名分を持つ男たちのために尽くすべき「民間」の「女」として、彼女たちに許された誇り――自己存在の意義、承認――は「国のために働いている兵隊さんを慰めている」（木村才蔵二〇〇七）との役割を肯定的に内面化する愛国心しかなかった。「内地はもちろん朝鮮・台湾から戦地希望者があとをたたなかった」（同）とすれば、そのような〈愛国〉を、ほかならぬ日本が、植民地の人にまで内面化させた結果でしかない。

慰安婦でも山中や奥地の駐屯地まで行ったのは、植民地の女性が多かったようだ。それが個人的選択の結果なのか、構造的なことなのか明確ではないが、いずれにしても彼女たちがそのような場所まで行って日本軍とともにいたことを、日本の愛国者（慰安婦問題を否定する日本人の中には愛国者が多いようだ）たちが批判するのは矛盾している。朝鮮人の方がより多く過酷な環境に置かれていたとしたら、それは植民地の女性という、階級的で民族的な二重差別によるものである。たとえ自発的な選択だったとしても、その〈自発〉性と〈積極〉性は、そのような構造的な強制性の中でのことなのである。

お金のためであれ、強制されてであれ、朝鮮人慰安婦は命を脅かされる危険な場所にもいた（『毎日グラフ別冊　日本の戦歴』一二頁、兵隊とともに河を渡る写真やそのキャプションもそれを示している）。もし慰安婦個人の積極性があったとすれば、差別されないためには日本人以上に日本人にならなければならなかった植民地の構造もあったことを忘れるべきではない。

チンソン（陳村）でのように、ダイチン（大陳島）でも、冬になると一カ月に一度軍人を相手しなくてもいい日に、朝、日本軍の墓で草むしりをし、香を炊き、箒で掃いたり手を合わせたりもした。死んでからも故郷に帰れずにそこに骨を埋めた軍人たちだった。雪が降っても寒い時も山に登ってその仕事をした。お墓が分からない時は、場所を知っている人に連れていってもらった。休みの日には血で汚れた軍服や布団を洗って縫い直して（部隊に）入れてあげた。

また、軍人たちが戦場に出て行くと歓送会を開き、帰ってくると歓迎に出向いた。たまに時間ができると消防隊訓練と米俵を立て槍で刺す練習もした。消防隊訓練はチンソン（陳村）の時もあったが、この時は黒い帽子をかぶって黒いもんぺを着た。（『強制』2、一七七頁）

朝鮮人慰安婦たちは、生きている軍人を慰安しただけでなく、死んだ軍人も慰撫した。

「血で汚れた軍服」を洗って次の戦争に備え、いざとなったらいっしょに戦えるような「訓練」さえもしていた。それは、国防婦人会のメンバーとしての仕事と考えられるが、まさしくそれは戦場での国民総動員の姿である。だからこそ、当時の軍人たちに「運命」をともにする「同族」(古山高麗雄「白い田圃」九〇頁)とみなされ、日本の戦争をともに戦えたのである。

戦場における兵士たちの性行為は、死という非日常を押しつけられた中で「日常」をとりもどそうとする切ない欲望の表出でもあって、一概に非難することはできない。しかし、責任が問われる問題で、その行為主体自身(あるいは後裔)が、軍人の慰安所利用を「短い人生を生きたことの確認としての性行為」(諏訪澄二〇〇七)と考えるのは、自分にとっての「証」が、他者にとっては苦痛でしかない場合があることが忘れられているゆえのことである。

安倍晋三首相は慰安婦を、韓国のかつてのキーセンハウスと比較したことがある(『歴史教科書への疑問』一九九七、三二三頁)。しかし、慰安所は戦争遂行と軍人のための場所だった。もっとも、七〇年代の韓国が日本からの観光客目当てに女性たちを配置したキーセンハウスは、国家の外貨稼ぎのためになると考えられた点で、かつての「からゆきさん」と同じ構造を持つものだった。とは言っても、慰安所の多くは、遠くに移動させられ、生命を脅かされ、暴力が日常化されていた場所にあった。そして朝鮮人慰安婦は、絶対服従命令に慣らされていた軍人たちにとって、自分たちの権力を行使しうる唯一の対象にもなっていた。朝鮮人慰安婦問題における日本の責任は、そのような構造に女性たちが置かれることを黙認し、ときに進んでその構造を作ったことにある。

第2章　九〇年代日本の謝罪と補償を考える

1、河野談話を読みなおす

「慰安婦問題」における日本の責任は否定できないが、慰安婦をめぐる状況がさまざまである以上、そのすべてを「国家責任」を取るべき対象とみなすことはむずかしい。慰安婦問題自体を否定する人は問題発生直後から多かったが、それでも日本政府は最初に書いたように、この問題に対する日本軍の関与を認め、謝罪と補償をしている。その最初のものが、一九九三年に発表された「河野談話」だった。二〇一四年初め現在、否定者たちは、この談話が「軍の強制連行」を認めたものとみなして見直すべきであるとしている。しかし、「河野談話」は謝罪を示しながらも、「強制連行」を認めているわけではない。

今次調査の結果、長期に、かつ広範な地域にわたって慰安所が設置され、数多くの慰安婦が存在したことが認められた。慰安所は、当時の軍当局の要請により設営されたものであり、慰安所の設置、管理及び慰安婦の移送については、旧日本軍が直接あるいは間接にこれに関与した。慰安婦の募集については、軍の要請を受けた業者が主としてこれに当たったが、その場合も、甘言、強圧による等、本人たちの意思に反して集められた事例が数多くあり、更に、官憲等が直接これに加担したこともあったことが明らかになった。また、慰安所における生活は、強制的な状況の下での痛ましいものであった。

なお、戦地に移送された慰安婦の出身地については、日本を別とすれば、朝鮮半島が大きな比重を占めていたが、当時の朝鮮半島はわが国の統治下にあり、その募集、移送、管理等も、甘言、強圧による等、総じて本人たちの意思に反して行われた。

いずれにしても、本件は、当時の軍の関与の下に、多数の女性の名誉と尊厳を深く傷つけた問題である。政府は、この機会に、改めて、その出身地のいかんを問わず、いわゆる従軍慰安婦として数多くの苦痛を経験され、心身にわたり癒しがたい傷を負われたすべての方々に対し心からお詫びと反省の気持ちを申し上げる。また、そのような気持ちを我が国としてどのように表すかということについては、有識者のご意見なども徴しつつ、今後とも真剣に検討すべきものと考える。

われわれはこのような歴史の真実を回避することなく、むしろこれを歴史の教訓として直視していきたい。われわれは、歴史研究、歴史教育を通じて、このような問題を永く記憶にとどめ、同じ過ちを決して繰り返さないという固い決意を改めて表明す

る。(「デジタル記念館　慰安婦問題とアジア女性基金」ホームページ)

ここには、日本政府が「軍の要請を受けた業者」の存在を知っていたことが見えている。つまり、「甘言、強圧」を行ったのは「業者」であることを日本政府は知っていたことになる。「甘言・強圧」をしたのは業者だったことを知りながらも、「本人たちの意思に反して」集められたことを重視して日本軍の責任を認めたのである。この当時もインドネシアのスマラン事件を参考にしていたかどうかは明らかでないが、いずれにしてもここでの応答が、「朝鮮」を相手にしたものであることは確かである。

つまり「河野談話」が認めたのは、軍人が強制的に連れていったという意味での「強制性」ではない。この段階ではインドネシアでのような軍の要請も知らなかったようで、「募集」は業者がしたと言いつつも、業者たちがした甘言や強圧といった第三の「強制性」だけを認めていたのである。

それは、「当時の朝鮮半島はわが国の統治下にあ」ったことの意味を考え、直接連れていかなかったと考えながらも、募集をめぐって起きた、間接的な強制性に関して責任を認めたことになる。「官憲等が直接これに加担した」というのは、慰安婦たちの証言を額面通りに信頼したか、言われているような政治的妥協ゆえのことかもしれない。

日本政府は、朝鮮の女性たちが日本軍の性欲を解決する道具になっていた理由が「朝鮮半島が日本の統治下にあった」結果、つまり植民地支配という精神的強制体制のもとでのことだったと認めていた。これは、朝鮮人慰安婦問題をめぐる実態を正確に見届けたという点、そのうえで責任を回避・縮小しようとしなかった点で、評価すべきであろう。「河野談話」が認めたのは、〈軍人が強制連行〉したという意味での「強制性」ではなかった。日本政府が認めたのは、あくまでも「慰安婦」という存在が「総じて本人たちの意思に反して」生じたという点であり、そのことに対する総体的な責任である。

重要なのはそれが、早くから出ていた〈自発的に行った売春婦〉とする否定者たちの声に抗して出されたということである。「河野談話」は、すべての慰安婦が、軍による「〈物理的〉強制連行」だったかのように考える韓国の〈記憶〉に対抗しつつ、〈自発的に行った〉とする日本国内の否定者たちの〈記憶〉にも対抗するものだった。後日、激しい反対に遭うようになるアジア女性基金は、ここで言う「そのような気持ちを我が国としてどのように表すかということについては、有識者のご意見なども徴しつつ、今後とも真剣に検討」した産物だった。

「強制連行」否定者たちは、韓国の中心的記憶――「軍による強制連行」を否定しようとしている。そして、今では「河野談話」を、軍人による朝鮮人慰安婦の強制連行を認めたものとみなしている韓国や日本の支援者たちが多い以上、その不満はありうる不満である。しかし、「河野談話」は、少なくとも朝鮮人慰安婦に関しては、「強制連行」を認めているわけではない。そうだとすれば、慰安婦問題を主に〈植民地支配〉という対朝鮮関係が生じさせたことと考えてのこの〈応答〉に、問題はないはずだ。

慰安婦問題が、「軍の関与の下に、多数の女性の名誉と尊厳を深く傷つけた問題」であることは間違いない。そして「従軍慰安婦として数多くの苦痛を経験され、心身にわたり癒しがたい傷を負われたすべての方々に対し心からお詫びと反省の気持ち」を表明した「河野談話」の価値は、何よりも〈国家〉の間違いを初めて認めたことにある。そのうち、慰安婦という存在を今なお作り続けているほかの国家も、このような謝罪を現代の慰安婦たちにしなければならなくなるかもしれない。

すでに亡くなった一人の元慰安婦は、部隊内にいた自分たちだけが「本当の被害者慰安婦」であり、他の人は業者の元で従軍した慰安婦だと話している（シム・ミジャ。本文一八三頁参照）。それは、慰安婦をめぐる「強制性」の差異を語るものとも言える。しかし、そのすべてのケースにおいて、植民地の女性が〈仕方なく〉宗主国の軍隊に奉仕しなければならなかったという構図は変わらない。「河野談話」は、その部分を正確に判断し、提示された談話だった。

もっとも、「長期に、かつ広範な地域にわたって慰安所が設置され、数多くの慰安婦が存在した」とするのは、それ以前の慰安所的施設に気づいていなかったことを示す。それでも、それに触れることが、慰安婦を必要とした国家の責任を軽くすることになるわけではない。慰安所の中に「当時の軍当局の要請により設営されたもの」以外のものがあるとしても、「管理及び慰安婦の移送」に深く関わっていた以上、慰安婦問題に対する日本の責任は明確だからだ。

朝鮮に総じて貧しい女性が多かったのは、植民地支配の本質をついている。近代化しても貧しい人はあふれていたし、朝鮮人慰安婦問題が、性差別と階級差別以上に、〈植民地支配問題〉であるのはそれゆえのことである。そして「河野談話」は、そこのところに明確に応えた談話だった。その後、他国の慰安婦が現れて問題が複雑になるが、いずれにしても、少なくとも「河野談話」の文面が認めている「強制性」は、間接的な強制性のみだった。

2、与野党の合作としての「アジア女性基金」

その後日本政府は、慰安婦問題に対する謝罪と補償を実施した（詳しくは大沼保昭二〇〇七、パク・ユハ（朴裕河）二〇〇五）。しかし最初に書いたように、その謝罪と補償は韓国では部分的にしか機能しなかった。現在韓国で「日本は謝罪も賠償もしていない」との認識が一般常識となっているのは、実際は受け取った人たちが受領を公言できるような環境になかったからである。

日本で否定者たちが基金に反対したのは当然としても、基金が支援者たちの多くに反対されたのは、慰安婦問題をめぐってもっとも不幸なことだった。なぜなら、基金は、「河野談話」と同じく、慰安婦問題発生後にすぐに始まっていた否定者たちの声に抗して実施されたものだったからだ。

基金はあきらかに「謝罪と補償」のために日本政府が主導して作られたものだった。韓国と日本の支援団体が、日本政府の方式を非難したのは、政府の補償をただ「責任回避」と見たためだった。「基金」が韓国でまったく受け入れられず、たとえ知っている人でも基金に否定的なのはそのせいでもある。

基金は、社会党党首でもあった村山富市が首相となったときに作られたものだった。そして村山内閣は「これまで自民党政権が触れてこなかった問題への対応を重点的課題として、戦後50周年という節目を前に、歴史的な役割を担って発進した」（土野瑞穂二〇一〇）内閣だった。

しかし国会は、「議席数では自民党が社会党の3倍を占め、加えて重要な閣僚ポストのほとんどを自民党が占めていた」、「『実質的には『自民党主導』の政権』」（同）でもあった。そのため参議院議員だった「清水澄子が『河野談話』発表後から立法に取り組んではいたが、議員立法が成立する見込みは低かった」（同）。つまり政府と国会でこの問題に対する姿勢が異なる可能性が大きい状態だったと言えるだろう。

結論を先に言えば、基金とは、そうした状況のもとに、過去処理問題に深い関心を抱いていた村山内閣が独自に作ったものだった。国会議員も含めての、補償の必要などないと主張する否定者たちの批判を受けながら実現化したことだったにもかかわらず、その経緯を十分に理解しなかった日本の運動支援者たちの反対に遭うことになったのである。

基金は、政府の「閣議了解」によって設立が決定されたが、「閣議了解には全閣僚の合意が必要であり、反対派の説得という政策決定に伴う困難は議員立法と変わらない。一般に、閣議での決定の際、閣僚の間で議論は行われない。官僚らによる事前の『根回し』により、閣議に議案が上る頃にはすでに全閣僚の合意は得られており、閣議は署名のみを行う場というのが実態」なのだが、「自民党の場合、すべての政策は党内の政務調査会の審議を経なければならず、そこでの決定は全会一致を原則としていた」ので、「自民党閣僚だけでなく党内の反対派議員の合意も得なければ、閣議了解には至らない」（同）中でできたものだった。つまり、その詳細はあきらかでないが、ある程度国会の自民党議員の賛成も水面下で得ていた可能性がある。

とはいえ、自民党議員の数が三倍もある国会で、この問題が公式に通る可能性は大きくなく、したがって解決のための立法が行われる可能性はほとんどなかった状況で、国会を通さずに政府が独自に作ったものだったのである。

おそらく、慰安婦当事者や支援者たちは、「連立政権で多数派を占めていたのは自民党であり、清水ら女性議員らのリーダーシップだけでは法案提出は困難であった」（同）といった状況を十分に認識していなかったのだろう。しかも、法案提出がむずかしかった理由が、慰安婦問題を議論した小委員会で「本当に強制連行はあったのか」といった論争が激しく、話が進まない状況（「デジタル記念館　慰安婦問題とアジア女性基金」ホームページ）だったことを知っていた痕跡も見えない。

そして、国会での議論が法案成立にいたらなかったのは、こういった問題が国会で扱われることに対する男性委員たちの当惑もあってのことのようだ。そこで、このような問題に対する「政策知識と発想をもたない男性議員たちがほとんどを占める小委員会は実質的な機能を持たず、名ばかりのものであり、議論は官邸へ持ち込まれ」(土野瑞穂)ることになったのである。

3、謝罪〈手段〉としての基金

批判が沸騰する厳しい状況の中で、当時、内閣外政審議室長は、「やれるだけやってごらん」と実務者を激励したという。そして「公的に語られるはずのなかった『慰安婦』が政策課題となっ」ていった。そして「日本の政策史上『前例』がないという『慰安婦』問題のもつある種の『革新性』が、既存の戦後補償関連政策にない新たな政策実現の可能性を開いた」(同)のである。

しかしここで日本政府は「償い金」を名目上は「国民募金」でまかなうことにした。直接の国家補償は、一九六五年の日韓基本条約で決まったことに違反すると考えたからである。

基金の発起人で、事務局長や専務理事として長い間基金に関わってきた和田春樹教授は、基金が戦争に対する謝罪意識を強く持つ社会党が中心となった政策であり、戦後補償のために用意された予算で支給される予定であったので、実際には国家補償の性格を持っていたことを強調している（和田春樹二〇一二、五九〜六二頁）。

和田は、国民からの募金は「政府にお金を出させるための、ポンプの呼び水」と考えていたという（同、六二頁）。「アジア女性基金は内閣の決定で設立された財団法人」であり、「この法人の決定と行動は内閣府と外務省の代表者によって常に監督されておりまして、すべての文書はこれらの官庁の検討を経て作成、印刷」された。つまり「政府の決定によって作られた、ある意味では政府の方針を実行する、そういう財団法人」（同、六三頁）だったというのである。

次の記事はこの頃における日本政府の考え方や基金の受け止め方を示している。

日本政府は従来、朝鮮半島出身者を中心とする元慰安婦に対しては「政府による個人補償はしない」との方針をとってきており、韓国の金泳三大統領も補償は求めないとの考えを明言している。このため、今回の構想では政府からの出費を事務関係に限定、最大でも募金規模全体の二、三割程度に抑えることや、この募金を慰安婦問題以外の戦後処理にも振り向けることで、従来の方針を崩さずに、間接的、実質的に元慰安婦個人への「償い」を実現できると位置付けている。

「見舞金」の対象となる元慰安婦は最大千人程度を見込んでいる。「見舞金」とあわせて、村山富市首相名による謝罪の手紙を元慰安婦に送る案も浮上している。(中略)村山政権としては、その不満にこたえ、「過去の清算」に真剣に取り組む姿勢を示したいという考えがあり、個人補償とならない範囲での窮余の策として構想を練っている。(「朝日新聞」一九九四年八月一九日付)

基金は「間接的」な形を取った「実質的」補償だった。つまり基金は一九六五年の協定のために個人補償はできないという原則(それは一九六五年の日韓基本条約を進めた自民党政権としても譲歩できないことだったはずだ)は維持しながらも「窮余の策」として用意された政策だった。何よりも重要なのは、この方針が、慰安婦たちの不満に耳を貸しながら『過去の清算』に真剣に取り組む姿勢」が生んだ政策という点である。

言うならば、政府が避けたのは「国家補償」という内容ではなく、「直接補償」という形式だった。ところが当時のみならず、政権が自民党から変わった後の民主党政権も、やはり「個人補償」はできないという一九六五年協定の壁を乗り越えることを考えた痕跡はない。つまり、政府による個人補償を不可とした〈原則〉は、政権とは関係ない、〈国家〉のなしたことであって、後に言うように、当時の批判者たちが望んだ政権交代で、解決できるようなことではなかったのである。

二〇一二年、(後に見るように)民主党政権は、イ・ミョンバク大統領に解決案を提案したが、それが支援者たちが主張していた法的解決ではなく、「人道的措置」という名前の補償だったのもそのためである。戦後初めての二大政党による政権交代のあとに出てきた二〇一〇年代の政策も、連立政権当時の九〇年代の内容と変わらなかったのは、それが国家というシステムの原則だったからだ。

第3章　ふたたび、日本政府に期待する

1、一九六五年の日韓協定の限界

韓国憲法裁判所の違憲判決が出たあと、読売新聞は、基金を「歴史的事実の冷静な検証が欠けていた」ものとみなして、「1993年の河野官房長官談話には、日本の官憲が組織的、強制的に女性を慰安婦にしたかのような記述があり、誤解を広めた。だが、こうした事実を裏付ける資料は存在しなかった」（「読売新聞」社説、二〇一一年一〇月一七日付）としている。確かに（朝鮮人慰安婦を）「日本の官憲が組織的、強制的」に連行したというイメージが普及している限り、それは是正されるべきだ。しかし、この発言の主旨が、朝鮮人慰安婦は単なる売春婦で、たとえ個人が被った被害があったとしても一九六五年の日韓協定で終わったこと、と主張することにあるのなら、問題のあるものと言うほかない。

先に、日韓協定で韓国政府が個人に代わって補償金を受け取ってしまったことを書いたが、だからといってこの日韓協定に問題がなかったわけではない。今度はそういう視点か

らもう一度、日韓協定を検証してみることにする。

日韓両国は国交を正常化するにあたり、過去のことについて話しあい、その結果として日本は韓国に合計一一億ドルの無償・有償金や人的支援をした。しかしその提供は、「独立祝賀金」と「開発途上国に対する経済協力金」との名目でなされたものだった。つまり、日本政府は、莫大な賠償をしながらも、条約ではひとことも「植民地支配」や「謝罪」や「補償」の文言を入れてはいない。つまり事実上は補償金でありながら、名目は補償とはかかわりのないようなことになっていたのである。皮肉にもこのことは、九〇年代の「基金」が事実上は政府が中心となったものでありながら、あたかも国家とは関係ないかのような形を取ったことと酷似している。

第2部でも述べたが、日韓間の交渉は、一九五一年、朝鮮戦争のさなかに、当時の大統領イ・スンマン（李承晩）の要請で始まったという。しかしそれは「李大統領としては、やはり後ろ楯であるアメリカの斡旋に応じることが主な目的」だった（高崎宗司一九九六など）。朝鮮戦争のとき日本が後方でアメリカを支援する役割を担い、日本が戦争特需を謳歌したことはよく知られていることである。しかも、日本は戦争そのものにも深く介入してもいた（庄司潤一郎二〇〇七、チョン・ビョンウク二〇一〇）。米軍の要請に従って通訳や運転などの軍属の仕事だけでなく、直接参戦して命を落とした人もいたのである。そしてその参戦は、このときの日米韓が「反共」を理念として固く連携していたことを教えてくれる。帝国崩壊後の日韓の新たな関係は、冷戦構造に深く加担することから始まっていた。

もっとも、そのような必要に乗じての会談ではあっても、「植民地統治のとき日本はよいこともした」との発言で有名な、一九五三年のいわゆる「久保田発言」による会談中断に象徴されるように、元宗主国と元植民地国との対話は緊張あふれるものだった。公開されている会談内容からは、植民地支配という過去を互いに強く意識しての対話だったことが、ありありと伝わってくる。そして、韓国側は、植民地支配時代に日本に搬出された文化財の返還を要求するなど、植民地支配による問題の解決を強く要求してもいた。

しかし、不思議なことに、人的被害に対する要求は、一九三七年以降の、日中戦争における徴用と徴兵だけに留まり、突然の終戦によって未回収となった債権などの、金銭的問題が中心となっていた。つまり、一九一〇年以降の三六年にわたる植民地支配による人的・精神的・物的事柄に関する損害ではなく（実際の日本の「支配」は、「保護」に入った一九〇五年からとするべきだが）、一九三七年の戦争以降の動員に関する要求だったのである。

決裂することもあったほどに、互いに植民地時代を強く意識していながら、そういうことになったのは、日韓会談の背景にあった、サンフランシスコ条約があくまでも戦争の後始末――文字どおり「戦後処理」のための条約だったからである。日韓会談の枠組みがサンフランシスコ条約に基づくものであったために、その内容は戦争をめぐる損害と補償について、ということになっていたのだろう。

会談は、金銭的な話題については、日本が残してきた資産と韓国が請求すべき補償金（対日債権、韓国人の軍人軍属官吏の未払い給与、恩給、その他接収財産など）をめぐっての議論が中心だったようである。そして請求権に関して、基本条約の付随条約――「財産及び請求権に関する問題の解決並びに経済協力に関する日本国と大韓民国との間の協定」が結ばれたのだった。つまり、日本がこだわっていた朝鮮半島内の日本人資産は放棄され、（アメリカが戦勝国として）「接受」し、それを韓国に分け与えた形を取った。これも反共戦線を作るためのアメリカの思惑が働いてのことのようで、アメリカが日本から受け取るべき費用（引揚者の帰国費用など）をそのようにして肩代わりすることで、韓国の自立を助けたという（浅野豊美二〇〇八、六〇六～六〇七頁）。

いずれにしても、一九六五年の条約及び協定内容と金銭の名目に「植民地支配」や「謝罪」などの言葉が含まれなかったのは、そのときの韓国の「請求権」が、一九三七年以降の戦争動員に限るものだったためであろう。そして、その賠償金はすべて韓国政府に渡され、国家が個人請求に応える形となった。

日韓基本条約の文面は次のようなものだった。

日本国及び大韓民国は、両国民間の関係の歴史的背景と、善隣関係及び主権の相互尊重の原則に基づく両国間の関係の正常化に対する相互の希望とを考慮し、両国の相互の福祉及び共通の利益の増進のため並びに国際の平和及び安全の維持のために、両国が国際連合憲章の原則に適合して緊密に協力することが重要であることを認め、千九百五十一年九月八日にサン・フランシスコ市で署名された日本国との平和条約の関係規定及び千九百四十八年十二月十二日に国際連合総会で採択された決議第百九十五号（Ⅲ）を想起し、この基本関係に関する条約を締結することに決定し、よって、その全権委員として次のとおり任命した。

ここでは過去の日韓関係について具体的に触れずに、単に「歴史的背景」という言葉で曖昧に処理されている。そして、後半の文面では、この条約がサンフランシスコ条約に拠るものであることを確認できる。

韓国が日本に対する賠償要求を一九三七年以降に限定したのは（明記しないにしても）、すでに指摘されているように「植民地関係は一次的に賠償要求の対象になりうる問題ではないと認識」（チャン・バクチン二〇〇九、二四八頁）したからだろう。

サンフランシスコ条約で連合国諸国——アメリカやイギリスやフランスが、日本の植民地支配を問題にしなかったのは、その会議が「戦争」をめぐる会議だったからで、その国々が、日本と同じく帝国を築いた国だったからでしかない。第二次世界大戦の終焉によって植民地から解放された国は多かったが、植民地支配のことはまだ議論の対象にならなかった。つまり、第二次世界大戦当時も、そしてその後も、長い間、植民地支配——他民族を〈占領〉〈支配〉することは、元帝国には〈悪い〉こととは認識されなかったことになる。

しかし一九六五年の日韓の条約で植民地支配に対する認識が盛り込まれなかったのは、

韓国の請求が「アメリカの対日賠償政策の動きと連動して展開されるほかない制約のもとにいたから」(同、二四八頁)だった。そもそも韓国がサンフランシスコ条約に参加できなかったのは、「署名国参加の可能性は莫大な賠償要求の放棄と連動される構造」のなかで「韓国政府の基本能力を越えた構造的結果」(同、二四八頁)でもあった。「日韓会談の目的は当初から特殊な過去の清算のためのものではなく、反共のための友好的な日韓関係樹立にあった」(同、二五六頁)のである。

そういう意味では、日韓会談は、お互い「植民地支配」を意識しながらも、そのこと自体を公式には問題にしなかった会談だった。それは同時代の構造と認識の限界ゆえのことであろう。いわば、米ソ中心の世界の大国の力に背を押される形で、日韓はそれぞれの言い分(日本側も、日本人の個人資産を取り戻すことを考えていた)を十分には言えずに終わった会談だったのである。

植民地支配を終えて二〇年もの歳月を経て作られた条約に、ひとことも「植民地支配」や「謝罪」の言葉がなかった理由は、おそらくここにある。日韓基本条約は、少なくとも人的被害に関しては、〈帝国後〉補償ではない。あくまでも〈戦後〉補償でしかなかったのである。

その意味では、日本は一九四五年の大日本帝国崩壊後、植民地化に関して実際には韓国に公式に謝罪したことはない。両国の首脳が会うたび謝罪をしてきたし、そのことはもっと韓国に知られるべきだが、それは実に曖昧な言葉によるものでしかなかった。一九一九年の独立運動の際に殺された人たちに対しても、関東大震災のとき「朝鮮人」であるという理由だけで殺された人々に対しても、そして帝国日本の方針に従わないという理由だけで監獄に入れられ、過酷な拷問の末に命を落とした人々に対しても、一度も公式には具体的に触れる機会のないまま今日まで来たのである。

もっとも、同じような境遇に処された日本人もまた、そのような謝罪や補償の対象にはならなかった。もちろんそれは治安維持法など、当時の体制批判を取り締まれる法律に則ってなされたものだから、少なくとも〈法的〉には責任がないことになる。

しかし、韓国では二〇〇〇年代以降、過去において国家がなした不当な人権弾圧に対し、「真相究明」を行う作業を通して補償を行った。そして、一九六五年の協定によって個人被害者に補償はしたが、そのとき漏れていた人たちも加えて、当時の金額が少なすぎると判断しての追加補償も実施している。アメリカも、戦後、日系人の強制収容への謝罪と補償を行ったことがある。「国家がやったこと」に対して責任を問うことは不可能ではないのである。そして、日本国内のこともさることながら、他の国に対して国家がやってしまった人権被害は償う必要がある。何よりも、そのときの「国家への抵抗」は、その国家の主体が他民族である以上、必然的な抵抗だった。

日本の場合、対国内の責任は、侵略戦争自体に対する認識で意見が対立しているので簡単なことではないだろう。しかし少なくとも本来なら巻き込まれずに済んだ他民族女性――朝鮮人慰安婦たちが〈自発と他意による動員〉をされ、日本軍の士気を高める役割をさせられ、苦痛の日々を送ったことに対して、日本国家はどのような言葉でも応えるべきではないだろうか。そして、それを直接受け止められる生存者はごくわずかとなっている。

とはいえ、一部の学者が主張するように、日韓協定自体を揺るがすのは、あまりにも問題が複雑になる。それは学術的・法的・政治的議論になるほかなく、そのような議論はいまの関係を根底から崩すものなので、両国関係をいま以上に壊してしまうだろう。協定をとりあえず守るのは、単に国家間の約束だから守るといった形式的意義以上の意味がある。となると、いま必要なのは、当時の時代的限界を見ることであり、そのうえでその限界を乗り越えられる道を探すことではないだろうか。

日本は、個人に対する法的責任は果たしたと言うだろう。しかしそれは植民地支配に対するものではなかった。だとすれば、そのような時代的限界を検証し補うことこそ、後裔たちの権利であり義務ではないだろうか。

近年、西洋の元帝国も過去の植民地だった地域に対して謝罪をしたことが報じられるようになった。イタリアはリビアを一九一一年から一九四三年まで支配したことについて「苦しい思いをさせた」と謝罪し、イギリスもアイルランドに対して女王が謝罪をした。

もっとも、日本も、曖昧ではあっても植民地支配に対する天皇や首相の謝罪はあった。そのうえ慰安婦問題に限ってではあったが補償もしたのだから、日本の〈植民地支配謝罪〉は本当は元帝国のうち、もっとも具体的だったとも言えるだろう。アジア女性基金は、オランダなどに対しては法的に終わっている戦後処理をさらに補ったものであり、韓国に対しても実質的には〈植民地支配後処理〉の意味を持つものだった。

しかし、そのときの処理は、すでに述べたように、あくまでも「戦後処理」（しかも法的にはしなくていいこと）と考えられ、慰安婦問題をめぐる「謝罪と補償」が〈植民地支配後処理〉であることを明確にしなかった。意識もしていなければ、意味づけもしなかったと言えるだろう。

しかも、それはあくまでも曖昧かつ非公式に行われた謝罪にすぎなかった。公式の窓口がなかったためと言えるが、公の場でなされていないせいで、過去への謝罪が韓国人に記憶される機会もそこでは失われていた。

2、未完の一九九〇年代の謝罪と補償

日本は一九九〇年代後半から基金の解散までに、補償金を実質的に支払った。しかし、残念ながら朝鮮人慰安婦の「認定被害者の過半の人々がアジア女性基金についに申請を出すことがなかった」（和田春樹二〇一二）。前述のように（本文一八二頁参照）、「北海道新聞」によればその後受け取った人は約六〇人ということになっている。

基金は、九〇年代の日本政府としては誠意を込めての措置だったと言える。しかし、一

九六五年の措置にこだわったため、実際には補償をしながらも、全面的な「国家補償」の形にしなかった。最終的に「基金」の補償事業に五二億円近くものお金を使い（和田春樹二〇一二）、そのうち九〇％に近い四六億円以上の国庫金を使いながらもそのときの補償主体を「国家」とすることに積極的でなかった。そしてそのことが、その後に慰安婦問題をめぐって韓国政府や支援団体と海外で対立しなければならなかった原因でもある。

当時は、慰安婦間の差異を判断しての補償はむずかしかったかもしれない。研究があまり進んでいない当時としては、すべての慰安婦を同じように扱う以外の解決方法は考えられなかったのだろう。

しかし、たとえば被害者たちが個別に裁判に訴えたとしたら、その補償の中身は異なっていたはずである。植民地の人ゆえの被害なのか、戦争相手国の人ゆえの被害なのか、個別の「強制性」はどうだったのか、公式の「慰安」以外に強姦される体験はあったのかどうか、都会にいたのか戦場にいたのかなど、事例をそれぞれ細かく区別して対応していれば、もうすこし違った展開があったかもしれない。

そうできなかったのは、慰安婦問題が「戦後五〇年プロジェクト」の枠組みでなされた補償だったからだろう。等しく「戦争被害者」とみなしたために、日本軍との関係を具体的に問わないまま補償が行われた。当時の認識には植民地支配への認識がすっかり抜け落ちていたとしか言いようがない。そしてそのことこそが大きな混乱を生んでしまったのである。

この点でも、一九九〇年代の日本の意識と対応は、一九六五年の場合と変わらなかった。つまり戦争責任は意識していても、「河野談話」に片鱗が見えるように、当初は持っていたはずの〈植民地支配責任〉意識は、そのうちに消えてしまったといえる。

台湾・朝鮮半島での補償事業がうまくいかなかったのは、何よりも、過去にこの両地域・国家が植民地だったという関係性にある。つまり朝鮮人慰安婦や台湾人慰安婦は、戦争を媒介として加害者と被害者の関係で規定される存在ではなく、植民地になったがために動員された〈帝国主義の被害者〉でありながら、実質的にはいっしょに国家への協力（戦争遂行）をしてアジアに対して加害者となった複雑な存在だった。彼女たちはかつて「誇り」を傷つけられ、しかも協力させられた存在として、一方的に被害を受けた他の国よりも「誇り」へのこだわりは強くなる。そのような心理構造も、基金拒否の背後には働いていたと考えられる。

とくに韓国の場合は、あとで見るように慰安婦問題をめぐる日韓の闘いが、「歴史＝過去」をめぐる「政治＝現在」として表出することになる。日本内部のみならず、国境を越えての左翼と右翼の闘いに拡大したのは、冷戦崩壊後時代のさなかにあったためでもあった。あの時、日本政府が表舞台に出て、政府が中心になっての事業だったことを明確に示していたら、韓国での基金に関する理解をもうすこし深めることができたであろう。そうなっていれば、いまのような混乱も避けられたはずだ。

つまり、九〇年代の日本政府の気持ちと基金との関係を説明し、実際の謝罪と補償過程に外交官の支えと誠意が存在したことを説明し、「二〇年間、私たち歯を食いしばってやってきた」「みんな神経を使って、みんな愛情を持って一生懸命やっていた」「何の報いも求めず、名誉も求めず」(『オーラルヒストリー　アジア女性基金』二〇〇七、二二七〜二二八頁)といった努力をその当時に、そして公に説明していたなら、韓国人の「基金」に対する理解や態度は、もうすこし違っていたはずだ。

ともかくも、基金は補償をしたが、結果として「認定被害者の過半の人々がアジア女性基金についに申請を出すことがなかった」――別の言葉でいえば「半分にちかい」数の人々が補償金を受け取らないまま、二〇〇七年、「基金」は解散し、その事業を終えた。そして、その後日本では、補償を受け取っていない人々がいることがすっかり忘れられたようである。

一九九五年、村山首相は戦後初めて、アジアを相手とした戦争や植民地支配に対して公式的に謝罪をし、こう話した(「村山談話」)。

アジア太平洋地域ひいては世界の平和を確かなものとしていくためには、なによりも、これらの諸国との間に深い理解と信頼にもとづいた関係を培っていくことが不可欠と考えます。政府は、この考えにもとづき、特に近現代における日本と近隣アジア諸国との関係にかかわる歴史研究を支援し、各国との交流の飛躍的な拡大をはかるために、この二つを柱とした平和友好交流事業を展開しております。また、現在取り組んでいる戦後処理問題についても、わが国とこれらの国々との信頼関係を一層強化するため、私は、ひき続き誠実に対応してまいります。

当時、村山首相が、「戦後処理問題に……誠実に対応」するとした言葉を受けて、「基金」は発足している。しかし、その基金は、韓国に関しては半分の成果しかあげていない。「深い理解と信頼にもとづいた関係」を目指すとした首相の言葉は、いまだ達成されていないのである。つまり、経過はともかくも、一九年前の「日本」政府の言葉——「村山談話」の志は、いまだ全うされていない。

日本の歴代首相たちは、自民党政権であっても一九九五年の「村山談話」を継承すると表明してきた。しかし「これらの国々との信頼関係を一層強化する」とした談話の志は果たして引き継がれてきたのだろうか。そして、現在の日本は、本当に韓国をはじめアジア諸国と「深い理解と信頼にもとづいた関係」を作りたいと考えているのだろうか。もしそうだとしたら、いま一度「村山談話」の「志」の完遂を、めざすべきであろう。

3、〈世界の考え〉と日本の選択

先に見たように、二〇〇七年以降、欧米の各国は、慰安婦問題をめぐって日本は謝罪すべきだとする国会決議を次々と出してきた。それは、実は、アムネスティ・インターナショナル（国際人権救援機構）に対する支援者たちの働きかけで可能となったことである。具体的には、韓国、オランダ、フィリピン人の慰安婦の証言が効を奏した結果だった。アムネスティが慰安婦問題を大きな人権侵害と受け止めたのであり、それを受けてＥＵ議会が「人身売買のひとつ」と支持したのである（羽場久美子二〇〇九）。

欧米の日本批判に問題があるのは間違いない。二〇〇七年当時、安倍首相は、「20世紀は人権侵害の多い世紀であり、日本も無関係ではなかった」（「産経新聞」二〇〇七年四月二七日）と話している。悪いのは日本だけでない、ということなのだろう。文脈は違うが、橋下徹大阪市長が二〇一三年春に慰安婦問題をめぐって、「戦場の性の問題は、旧日本軍だけが抱えた問題ではない」（「朝日新聞」二〇一三年五月二七日付）としたのもそうした気持ちを込めてのものだろう。

その後日本の国会議員たちがアメリカの新聞に出した「ＴＨＥ　ＦＡＣＴＳ」という広告（「ワシントン・ポスト」二〇〇七年六月一四日付）はさらに一歩進んで、慰安婦は売春婦、植民地支配は悪くない、との見解を露わにしたものだった。さきほど見たような欧米諸国からの誤解もあってのことではあったが、これはそのような心理構造を示すものだった。

しかし、ほかの国家も無罪ではないとしても、謝罪より先にそのことを強調するのは、責任回避と受け取られるほかない。もちろん、被害者の、和解に向かう気持ちをも後退させる。あることの責任が問われているなかで、加害者に望まれているのは、まずは「悪かった」との一言であるはずだ。

しかも日本政府は、こういった発言や行動こそが、その次のアメリカ下院の決議を導き出したことを深刻には受け止めなかった。二〇〇七年に「日本の弁護を買って出ることの多い人物ですら」「安倍首相を擁護せず、批判するほうに回った」（北岡伸一 二〇〇七）ことの意味をよく考えなかったのだろう。

そして、当時の決議を単に不当なものとして、また拘束力のないものとして無視し続けたことは、その後の慰安婦問題をめぐる日本の立場をさらに悪化させた。

あのとき日本政府が世界の反応をもうすこし深刻に受け止めていたら、その数年後にソウルの在韓日本大使館前に少女像が建ち、さらにアメリカにも似たようなものが建ち、ニューヨーク州の議会決議（二〇一三年一月）まで出されることにはならなかったかもしれない。

もっとも、アメリカが戦後の日本で慰安所を利用し、そしていまなお軍基地を各国において利用しつづけているという現実を認識せずに、日本批判に走っているのは矛盾でしかない。しかし、過去において日本と戦争をした欧米諸国で、その犠牲者への記憶がまだ生きている以上、そして慰安婦問題がともかくも人権にかかわる女性問題である以上、世界の人権意識の趨勢として、そのような世界の認識が変わることは期待できない。そして、たとえ差異があるとしても、「慰安婦は自発的な売春婦」と主張すればするほど、オランダのケースが欧米の人々の記憶に繰り返しよみがえることになるだろう。そして、せっかく九〇年代に日本が謝罪と補償に込めた気持ちさえも疑われるほかないのである。あのとき、日本の一部の人々が世界に対して「THE FACTS」をつきつけた目的は、日本人の誇りを取り戻すことにあったのだろう。しかし、本当の誇りは責任を認め、残された問題に向き合うことにあるはずだ。そのほうが、韓国のみならず世界の心を動かせただろう。

過去において国家や帝国が人間にもたらした不幸に対して現在どう思っているのかを、いまの日本国家に聞きたいものだ。その内容が、世界が共有すべき新たな〈価値〉となれば、すばらしいだろう。

第4章　支援者たちの可能性に向けて

1、「基金」批判について

先に見たように、日本政府は、慰安婦問題に関する調査の後に「河野談話」を出したものの、サンフランシスコ条約に基づいて「国と国との戦後補償はかたがついている」（「朝日新聞」一九九四年七月一七日付）としたために国家としての個人補償はできないとしていた。それでもこの問題を重く受け止め、「戦後補償」としてアジア交流や女性基金を構想し、「これまで個人補償は行わないとしてきたが、民間団体の基金を通じて元慰安婦を支援する措置を講ずることで、補償に近い形での解決を目指す」（「朝日新聞」一九九四年八月一三日付）ともしていた。その「措置」が具体化したのが基金であった。

このときの支援者たちの批判は「あくまでも（責任を――引用者注）回避すべく構想」されたものと断定し、「民間団体の衣をかぶせ」（鈴木裕子一九九七、二三七頁）たとするものだった。

鈴木氏は当時の政治状況を「村山氏が、自民・社会・さきがけ三党政権の首相になったとき、社会党の党是・基本政策というべき『非武装中立』をいとも簡単に放棄」したことと受け止めている。そのうえで村山内閣が「日米安保体制堅持・自衛隊容認へと自民党路線に大きく右転回し、その一方でそれまでの『国家賠償・個人賠償』政策から一転し、宮沢喜一政権の『補償に代わる措置』（中略）としての『民間基金』路線へと舵を切った」（鈴木裕子二〇〇八）と理解している。

もっとも、安保政策批判が問題というのではない。問題は、その根っこはつながっているとしても、安保政策を支える思想と戦後補償政策を支える思想を同一視していい根拠がここにはないように見えることである。ここでの批判は、戦後日本の安保政策を担ってきた「自民党」政権に対する不信が、連立政権が政策を受け継いだことで、そのまま当時の政府に対する不信に変わったように見える。

しかし、戦後日本や自民党批判が、そのまま自民党や（社会党首班の）政府に過去に対する責任意識がまったくないとの断定になるのは認識論的飛躍ではないだろうか。実のところ、村山首相の戦後補償政策と「村山談話」に込められた認識は九〇年代以降の自民党の国際政策を受け継いだものだった（浅野豊美二〇一四）。

先に見たように、当時の日本政府はそれなりの責任意識を持っていた。それは、「自民党と官僚は法的な責任を認めず、国家資金から個人補償することに反対しました。しかし、道義的責任は認めており、謝罪して、償いの事業をすることには賛成しました。社会党（野党ではありません。与党です）は法律的責任を認め、国家補償せよと主張しましたが、通りません。そこで、自民党と官僚と合意する範囲で償い事業を実施することになりました」（和田春樹二〇〇八、未発表原稿）との証言からも明らかである。

当時の新聞は「『灰色決着』見切り発車　元慰安婦への民間基金構想」とのタイトルで「与党三党首会談」に「同席した五十嵐広三官房長官が突然、『第三者機関を通して元慰安婦事業にカネを出すのでよろしく』と切り出した」としながら（「朝日新聞」一九九五年六月一五日付）、この発言が「元慰安婦への福祉施設建設や医療費負担など間接的な補償に国費を充てる構想を、政府部内で検討させた」うえでのものであることを記している。

つまり、自民党やさきがけが「国家間の賠償は決着済み」と反発し、「勝手にやるなら予算は認めない」と自民党幹部が「首相官邸主導の進め方に不信感を隠さない」（同）なか、政府がいささか強引に、補償に向けて「国費を充てる」政策を進めていたことが見えてくるのである。

実際にこのとき、韓国外務部は基金について「この間の当事者たちの要求がある程度、反映された、誠意ある措置」（同）と評価していた。さらに日本政府は、「国民の募金が不足した場合には、政府資金をもってその不足を補っていく」（和田春樹二〇一二、六三頁）という了解も出していた。

基金は「自民党と官僚の合意」をもとに、戦後賠償に関する条約のために直接の国家補償はできないという限界を突破すべく、それこそ「民間団体の衣をかぶせ」て間接補償を目指した、政府主導のものだった。

いわば基金は、国家補償をしつつも、表向きはそのような形を取らないための、あくまでも〈手段〉だったのである。責任回避のためではなく、「責任を負う」ためのものだったと言えるだろう。

最初は法的責任は済んだとして、「民間基金」に頼ることを考えていた政府が、そこまで深く介入することになったのは、民間基金の構想を発表した直後に出された市民たちの助言も効いたものと思われる。当時の新聞は、「民間募金による『見舞金』で国家としての『謝罪』になるのか」と疑問を呈しつつも「この方式をとろうとするのなら、政府が責任を痛感していることを、彼女たちの心に響くように伝えるため、さまざまの努力をしていくべき」（「朝日新聞」社説一九九四年九月二日付）、「百歩譲って国民参加の民間基金に頼るとしても、国家としての償いの精神は、はっきり示さなければならない」（「毎日新聞」社説、同）との注文をつけている。おそらく、このような意見こそが、当時の多くの日本国民の考えだったのだろう。いわばそれこそがまだ否定者が少なかった当時における、基金をめぐって分裂していた日本国民の〈総意〉と見ていいはずだ。

しかし、支援者たちは変わらぬ厳しい姿勢を取り続けていた。基金を「国家の戦争犯罪を再びいんぺいする」ものとみなし、政府が依拠した「道義的責任」の言葉を、「法的責任を回避するために、『道義的立場』が強調されているのにすぎない」（鈴木裕子一九九七、二三九頁）とのみ、受け止めたのである。そして、激しい基金反対運動へと突入した。

「『国民基金』は、ようやく芽ばえはじめた日本人の主体的戦争責任意識を双葉のうちに摘み取るべく、構想されたもの」(同、二三八頁)、政府の「基金」政策は「社会の意識を変えていくことを軽視」(西野瑠美子二〇一〇)したものと考えて、である。

基金創設を「日本政府の姿勢を正していくチャンスが訪れた時期に闘いをあきらめ」(同)るものと捉えていたことからは、支援者たちの一部が、慰安婦問題を〈日本社会の改革〉に結びつけようとしていたことが見えてくる。政府の認識を否定者たちの認識と区別せずに、同様なものと捉えて基金に反対した背景には、このような〈日本社会の改革〉への熱望があった。支援者たちの批判が単に過去や帝国批判にとどまらず、現在や右翼批判にエスカレートしながら、政治闘争の様相を帯びるようになったのは、まさにそのためだったとも言えるだろう。

このとき慰安婦問題をめぐる韓国側の認識が「日本の政治、社会的現実がそうした雰囲気であるからこそ、ますます基金案をためらう」「日本がこれほど過去の非人道的犯罪を隠蔽し糊塗し擁護しようとする」(李効再〈イ・ヒョジェ〉ほか一九九五)というものだったことには、このような日本の支援者たちの日本認識の影響もあったはずだ。韓国側も、日本政府の対策を「幾ばくかのお金や物質的利益ですべての懸案に決着をつけようとする」(同)ものとのみ、受け取っていた。

韓国が「日本政府」と「慰安婦問題否定者」を同一視して基金に不信感をもつようになったことにも、日本の支援者たちの影響が大きかったのではないだろうか。そしてやがて、日韓の支援者たちは、基金は天皇制の戦争犯罪と捉え、慰安婦問題の「運動」を天皇制批判へとつなげるようになる。韓国人の中に日本の戦後における天皇制批判は『慰安婦』たちが始めた（ユン・キョンウォン「知日派が知らない日本」「京郷新聞」二〇〇七年五月三日付）とまでいう研究者が現れたのもその流れのことである。

支援者たちが、政府内の〈合意〉の結果として作られた基金を批判しながら、慰安婦問題を教育基本法や君が代問題とも結びつけて、戦後処理や帝国主義を全面的に問うようになったのは、慰安婦問題を日本特殊のことと理解し、その責任を天皇に求めたからだった。二〇〇〇年代に入って慰安婦問題に対する否定者を含む右翼の反発が強くなったのは当然と言えるだろう。すでに左翼と右翼の闘いの様相になっていた慰安婦問題が、その後いわゆる「歴史認識論争」の中心におかれることになった決定的な原因はそこにある。「先祖を辱めるのか」といった、アイデンティファイ作用を容易にする問題だったことも手伝って、慰安婦問題が冷戦終焉後の日本国内の左右の対立を顕在化させた〈内部冷戦〉になっていったのもその結果と言えるだろう。

しかし、その認識の正しさ如何はともかくも、慰安婦問題が本格的な歴史認識論争と結びつけられる限り、左右に分裂するほかなく、そのような議論が、日本国民の合意を導きだせるはずがない。実際に、九〇年代の歴史認識論争は、最初は単なる素朴な疑問から反発していた否定者たちを本格的に反発させ、単なる左翼嫌いや朝鮮嫌いをも吸収しながら二〇〇〇年代以降、慰安婦問題を含む本格的な韓国批判書『嫌韓流』のような漫画が大べストセラーになるような状況を導いた。二〇一三年、韓国人や在日朝鮮人に対してヘイトスピーチを繰り広げている在特会（在日特権を許さない市民の会）が動き出したのも、ちょうど二〇〇〇年代の後半からだったのは象徴的だ。

支援者たちは、天皇に象徴される大日本帝国に対する徹底的な反省と、それに基づく日本の社会改革を目指していた。しかし、このとき慰安婦たちに必要だったのは、日本の〈社会改革〉ではなく、慰安婦たち自身のための「謝罪と補償」だった。社会改革はさまざまな利害が衝突する場でもあって容易なことではないが、慰安婦問題の解決だけなら、ハードルはそれより低かったはずだ。そして基金は、そのようなハードルを何とか越えたものだった。

支援者たちにそのような意図がなかったとしても、「慰安婦」＝「当事者」たちは、いつのまにか一部の人にとっては日本の政治運動のための人質になっていたとさえ言える。そのとき目指された「社会改革」が市民の意識変化だったのか、政権交代だったのか、あるいは天皇制廃止だったのか明らかでないが、二〇〇九年、民主党政権が誕生して政権交代が果たされても慰安婦問題は解決されなかった。民主党の政権が試みたのも基金レベルのものだったし、そのときはすでに、韓国では慰安婦問題を媒介にした現代日本への不信は厚すぎるほどに積もり、日本でも韓国不信はまた、取り返しがつかないほどに深まってしまったのである。

基金は、政府なりに誠意をこめた〈手段〉であり、当時の国民の〈総意〉として、「謝罪と補償」の役割を担えるものだった。もちろん基金は、支援者たちの一部が望むような天皇批判意識を共有していたわけではなく、支援者たちが考えるような〈改革された日本社会の形〉など気にかけていなかったであろう。それでも慰安婦問題の解決には寄与しうるものだったのである。

当時そのことが無視されたのは、そこでは問題解決自体よりも、少数の支援者たちの考える〈日本社会の改革〉という理念のほうが重視されていたからと言うほかない。支援者たちのほとんどが、当事者主義を取り、誰よりも慰安婦たちの身になって考え行動してきたであろうことは疑いの余地がない。しかし、正義自体が目的化してしまったために、皮肉にも慰安婦は、そこではすでに当事者ではなくなっていたのである。

2、政治と理念と

支援者たちが、慰安婦問題の否定者たちと政府をほとんど同一視していたのは、〈日本社会の改革〉の気持ちが、当時の政府に存在しないと考えたからであろう。実際に、差別感情や植民地主義的意識を持っている人が政府内にいなかったとは言い切れない。しかしともかくも、年配者を除けば、政治家や官僚の多くが、支援者たちと同じ戦後民主主義教育を受けてきたのは確かである。

先に見たように、反対があったなかでともかくも自民党も含む閣議了解を得たことは、自民党内にも償いの気持ちがあったことを示している。たとえば、基金の補償金と一緒に「慰安婦」たちに渡された橋本龍太郎「首相の手紙」は、「首相個人が述べたもの」だったことをもって、「正式な」国家責任を示すのではない、と支援者たちにみなされてきた（マイケル・ホンダ・インタビュー、二〇〇七）。しかし、そのような形はまさに、「首相」という代表性を帯びさせつつも、〈個人〉性を入れることこそが重要だったからと言える。つまり、それは国家賠償が済んでいると考えた官僚ならではの苦渋の手段だったのであって、そこに謝罪の気持ちがないと見てしまうのは見る側の政治的な判断としか言いようがない。

そのような苦渋の選択が好意的には受け止められなかったのは、それを「不徹底なもの」とみなしたからである。しかし、そこで求められていたのは〈理念の徹底的な完遂〉ではなく、国家間問題と化した政治問題の解決だったはずだ。あらゆる約束や条約は、それが組織や団体レベルであるかぎり、その成立が構成員すべての同意や意思を表すものではない。支援者たちがすべて天皇制批判の考え方をしていたのかは確認できないが、そのように導いた人々は、国民のすべてが天皇批判や戦争反省をするような国家を求めたのだろう。

しかしその是非はともかくとして、その完遂の証拠を慰安婦問題に見ようとしたのは、国家という組織体の持つ曖昧さを無視した考え方によるものである。

国家は、当然ながらすべての人が同じ理念を持ってできあがる機構ではない。あくまでもある程度の合意によって成り立っているのだし、ほとんどの人はそれさえも自分で選んだわけではない。そのような国家の問題となってしまった慰安婦問題の解決を、国民の片一方の理念の完遂と同一視したのは、やはり根本的な誤謬だったと言うほかない。

基金は、不完全ながら曖昧な国家組織体に必要な程度の「謝罪と補償」は体現していた。「カネを出すのでよろしく」との、いささか軽薄に聞こえる言葉、しかしともかくも解決に動いた政治家の気持ちと行動を受け入れるかどうかの問題は、そのような曖昧さを引き受けるかどうかの問題でもある。そしてともかくも重々しい謝罪の言葉が述べられている以上、その「首相の手紙」を否定するのは、理想とする形へのこだわりすぎだったように見える。さらに、「首相の手紙」の否定は、支援者たちの多くが、個人として靖国へ行く政府閣僚たちをあえて日本国の公的立場とみなして問題視する視点と矛盾する。

基金反対の先端に立っていた人たちは、いわば〈片一方の理想〉を〈構成員全体を代表する国家〉に求めた。学問的・思想的になら問題のない追求を、政治問題化してしまった国家間問題に求めてしまったのである。しかし、慰安婦問題が「左右」の間で政治問題化する状態が続く限り、慰安婦問題の解決の日はこないだろう。

学問の場なら、ある程度合意点を見いだすまで、時間をかけて、いつまでも議論することは可能だ。しかし解決が待たれる政治化した問題は、ある程度の〈合意〉で動くほかない。それは国家という共同体の限界でもあるが、ときに可能性にもなりうる。

3、言葉の政治学——償い金か見舞金か

基金は「民間」のものとみなされたが、実際には、「国民の募金が不足した場合には、政府資金をもってその不足を補っていく、つまり最終的には国民の拠金と政府資金で償い金を賄う」（和田二〇一二、六三頁）ことになっていたものだった。基金の補償金が「償い金」という名前になった経緯について、和田教授は次のように話している。

基金が使う「償い」という言葉は、「補償」という言葉と区別されて使われておりました。英語では補償はcompensation、償いはatonementと訳されておりました。atonementという言葉は、宗教的な言葉で、贖罪、罪を償うという意味の英語です。大文字でtheをつけてthe Atonementと書きますと、キリストの贖罪ということを意味します。これによって基金の事業は謝罪に基づく行為であるということを伝えようとしたものです。英語で説明を受けたフィリピンとオランダがアジア女性基金について比較的理解を与えたということと、このことが関係しているかもしれません。韓国語では補償も償いも訳し分けることができませんで、共に「보상」（ボサン）となるほかはありません。（和田二〇一二、六四～六五頁）

ところで、基金構想が報じられたあとに出された、日本のメディアへの抗議の意見広告には「わたしたちは『民間基金』による『見舞金』ではなく日本政府の直接謝罪と補償を求めています」という言葉が見える。基金は単に「民間」のものと理解され、「償い金」は単に「見舞金」と認識されていた。同じ広告に掲載された元慰安婦キム・ハクスン（金学順）氏も同じく基金を「見舞金」と認識している。そこで「民間人に何の罪があるというのです？（キム・ハクスン）」「私は乞食ではありません。民間から集めた同情の金はいるのだろう。「乞食」という言葉や「金だけよこしてことが済むと思っているのか？」（イ・スンドク）」（「毎日新聞」意見広告、一九九四年一一月二九日付）と述べていた抗議も、「基金」が政府の「戦後処理」の意味を持つ作業だったことがほとんど理解されなかった結果である。

この広告によれば、支援団体は、法的賠償とは「義務」としての行為と説明している。しかし基金の運営は国庫金で行われた。日本は、法的義務はないと考えながらも、道義的義務を尽くすことを考えたことになる。橋本龍太郎首相が元慰安婦たちに渡した手紙の中で「道義的責任」を痛感すると書いたのは、そのように理解されるべきだ。

そして「謝罪と補償」のお手本のようにたびたび言及されるドイツの「記憶・責任・未来」財団も、和田教授が指摘するように（和田春樹二〇一二、六五頁）、「道義的責任」を果たすものだった。右に引用したように、フィリピンとオランダでは被害者を捜す広告を出すとき atonement（賠償すること、償うこと）という言葉が使われ、日本政府の気持ちがあるがままに伝えられたようだ。しかし韓国では基金が支給されたとき、韓国の記者は次のように書いている。

慰安婦被害者慰労金、日本、「支給強行」

ソウルを訪れた基金側の関係者は一九九七年一二月一二日午前、「『補償金（慰労金）』を受け取ることにした韓国人被害者七名は、前年一二月六日と二四日に補償金を受け取るという手紙を基金側に送ってきた」「彼らのように補償金を受け取る被害者がいる限り、我々は事業を続ける」と明かした。（「東亜日報」一九九七年一月三日付）

この記者は「補償金」という単語にあえて「慰労金」と補足している。基金の成立過程に関する理解なしに自分の（あるいは支援団体の）解釈を追加しているのである。いうならば、基金をめぐる混乱と攻撃は、ひとえにこのような言葉の解釈をめぐる闘いでもあった。

ところで「毎日新聞」の意見広告には、オランダの「対日道義的補償請求財団」の言葉が記されていて、日本政府への要求として「全被害者に個人補償することによって苦しみと損害をつぐなうこと」と書いている（その後、オランダを含む他の国・地域の慰安婦たちは補償金を受け取った）。

「つぐなう（償う）」という言葉は、漢字が示すように、「補償」の意味でありながら、「贖罪」の意味を持つ。むしろ「償う」とは「補償」よりも「贖罪」の意味が強いとも言えるだろう。

植民地体験をしている朝鮮人慰安婦たちが、日本政府の補償金を、「責任」を認めない「見舞金」と考えて警戒的に反応するのはありうることだったろう。

しかし、「道義的責任」を取ろうとしたその補償金に、日本政府と国民の「贖罪」の気持ちが込められていたのは間違いない。そして日本は、基金解散の後も慰安婦たちを対象にアフター・ケア事業をやっている（特定非営利活動法人　C2SEA朋〈シートゥーシートモ〉）。この団体のパンフレットには「ひとりさびしく亡くなることを見過ごせない――『慰安婦』とされた方たちにケアを。へだてる海＝つながる海。東アジアと日本――いま過去を見つめ、つくる未来」といった言葉が見える。しかし、こういったことも韓国では、いまだ知られていない。

フィリピンの場合は支援団体が最初は反対したが、当事者たちの意見を尊重して基金を受け入れた。オランダの場合も首相の手紙と補償金が支払われ、和解にいたったという（『「慰安婦」問題とアジア女性基金』二〇〇七、二五～三三頁）。

4、謝罪意識の可能性と限界

日本の支援者たちの、心からの謝罪意識と根気づよい長年の運動は、ほかの多くの市民運動と同じように、戦後日本の精神を体現したものであった。おそらく、だからこそ、と言うべきだが、日本の支援者たちの基金反対は、まずは慰安婦に関して十分に理解していなかったゆえのことと言えるかもしれない。

支援者たちは、長い間「慰安婦」を「性奴隷」とみなし、慰安婦の自由を拘束した主体を「軍」に限定してきた。それこそが、支援者たちの〈徹底した謝罪意識〉へのこだわりを作ったものだろう。そして、人身売買などの手段で集めていた業者たちを見過ごさせたのも、そのような認識だったのだろう。

もともと遊郭で働かされていた娼妓たちは、借金を清算できない限り、そこを出ることはできなかった。業者たちは娼妓たちを逃亡しないように監禁したし、そのときの彼女たちを「奴隷」と呼ぶなら、彼女たちを奴隷にしているのはあくまでも業者である。性を買う男性たちを批判することは可能でも、たとえ男たちが凶暴だったとしても、彼女たちの自由を拘束しているのが「主人」であるのは変わりないのである。

しかし、支援者たちのほとんど（研究者も運動家も）は慰安所を用意した軍や国家、性の「買い手」の批判に集中し、彼女たちを商品化した「売り手」たち——彼女たちを労働させて儲けていた意味での「主人」に対しては注目も批判もしなかった。慰安婦問題で責任を負うべきは日本国家だけのような認識が定着してしまったのはそのためでもある。

しかし「性奴隷」という言葉は、欧米や当該国に日本軍の残酷さをアピールするのには効果的でも、「慰安婦」のすべてを表現しうる言葉ではない。にもかかわらず朝鮮人慰安婦とオランダの慰安婦を同じ存在と理解し、朝鮮人慰安婦＝性奴隷の認識が広まることを放置し、結果的に日本での反発を呼び、何よりも慰安婦問題の解決を遅らせてしまったのである。

朝鮮人慰安婦たちの役割は、これまで見てきたように、基本的には日本帝国を支える〈愛国〉の意味を持っていた。もちろん、それは男性と国家による女性搾取を隠蔽するレトリックに過ぎない。しかしそのことを看過したまま、日本軍のみを慰安婦の加害者として特殊化したことは、運動に致命的な矛盾をもたらした。なぜなら、本来フェミニズムとポスト・コロニアリズムに基づく「国家」批判だったはずの運動を、批判対象を「日本」という固有名に限定したことで、慰安婦問題を〈男性と国家と帝国〉の普遍的な問題として扱うことを不可能にしたからである。韓国やアメリカをはじめとする日本以外の国も、この問題で無罪でありえないことに、長らく気づかせなかったのもその結果であろう。戦場で朝鮮人慰安婦が洗濯のようなことをしたり、看護師として負傷した軍人の世話のような仕事をする立場にあった（朴裕河二〇〇九、林博史二〇一〇）理由は、彼女たちと日本軍との関係の本質を示すものだったのに、あくまでも「『看護婦』とすることで、当局が慰安婦の存在を連合国側から隠ぺいしようとした可能性」(「共同通信」二〇〇八年六月一九日配信)を読みとろうとしたり、「軍慰安婦を看護婦に偽装して軍属に編入した(インドネシアなど南方軍)」ものとみなされるだけだったのである(インターネット新聞「プレシアン」http://keyword.pressian.com/articleK.asp?guide_idx=9815)。

しかし、そのような理解だけでは、先に見た軍医の話――「私が『慰安婦』を初めて見たのは私が居留民の女性の衛生救急教育をしたときです。そのとき私は『朝鮮人でも包帯を巧く巻けるのか』とか『お前は日本人と天皇陛下を同じくして嬉しいんだろう』ぐらいに見くびっていました」(湯浅謙 http://www.ne.jp/asahi/tyuukiren/web-site/backnumber/05/yuasa_ianhu.htm)というような話が示す、巧妙な〈植民地人の利用と差別〉の構造を理解できないはずだ。「性奴隷」観は、そのような問題を持つものだった。

否定者たちが単なる「売春婦」像にこだわるのは、対等ではなかったはずの植民地人が〈同志〉だった記憶を消し去りたいような、朝鮮人と売春婦に対する二重の差別感情による。「したたかな」(小野田二〇〇七)売春婦の記憶が強調されるのも、そのような「売春婦」に依存せねばならなかった記憶を消し去りたいからであろう。しかし、支援者たちが主張してきた「性奴隷」認識もまた、「売春婦」差別につながるものでしかないのである。

5、「歴史」と現代政治

否定者たちが日本国家の誇りを傷つけるとして、日本や軍を守ろうとしたのに対して、支援者たちの一部は軍や帝国日本の頂点にいた存在として天皇を非難し、慰安婦問題をファシズムによる日本特有の特殊犯罪とみなしてきた。

確かに慰安婦問題は、米軍基地を除けば〈日本特殊〉と言える。しかし、その特殊性とは、国家と軍隊に共通する問題を先に検証したのちに探られるべき問題だった。慰安婦の発生起源は、近世以降の日本文化の伝統や、それを効率的に利用できるようにした近代的制度にあった。そこに帝国内の人々が動員されたのは、あくまでも彼らが日本国民とされていたからである。もっとも、そのようなゆるやかな国民動員を可能にした直接の体制は、ファシズムや帝国主義である。しかし慰安所とは、あくまでも〈移動〉する近世的遊郭が、国家の勢力拡張に従い外国に出張り、個人の身体を国家に管理させた〈近代的装置〉だった。

元挺対協代表のユン・ジョンオク教授は二〇〇一年に韓国で刊行された本（ユン・ジョンオク二〇〇一＝「強制」4、五～六頁）の中で、日本を武を尊崇する「さむらい文化の国」と規定し、このような「文化が間違うと暴力へと走りうるのは既成事実」としながら「日本の男性も、女子を蔑視する二重の女性観を持っていた」と説明している。そして、「この三つの条件が日本軍をして日本軍性奴隷制を生ませた」「問題は解放後半世紀がすぎたのに反省の気配さえない日本の驕慢である。彼らは、一九三〇年代から表した軍国主義・帝国主義を捨てる考えがまるでないように見える」「日本は戦争当時にくらべてまったく変わっておらずに優越感に浸っており、お金を軍事力に代え、お金で暴力を行使し、お金でだまして被害者の人権を侵害している」（同）としている。

このような日本観は、慰安婦問題発生後に出されたチョン・ヨオク（田麗玉）（その人気を元に後に国会議員にまでなった）の『日本はない』（一九九三。日本語版は『悲しい日本人』）で見られた、「性モラルの希薄な日本女性」のイメージと通底するものだ。韓国の運動が「朝鮮人慰安婦は処女」「日本人慰安婦は娼婦」とのイメージに執着したのは、このような同時代日本観と無関係ではない。

「慰安婦問題」が、帝国日本の国民動員によって発生したものである限り、運動が「帝国日本」批判へと向かったのは必然だった。しかし日韓の支援者たちはさらに進んで、慰安婦問題が戦後五〇年近くなって問題化されたことを戦後日本の問題と捉え、その批判へと向かった。それは、戦後日本、現代日本を生きてきた日本国民すべての価値観や生き方を問うことでもあった。いわば構造的に果てしない闘いを始めたことにもなる。

一九九一年、慰安婦問題が「問題」として世の中に提起されたとき、この問題に対する否定者たちの反発は早くに始まっていた。たとえば、西岡力「『慰安婦問題』とは何だったのか」（『文藝春秋』一九九二年四月）、板倉由明「検証『慰安婦狩り』懺悔者の真贋——

朝日新聞に公開質問！　阿鼻叫喚の強制連行は本当にあったのか」（『諸君！』一九九二年七月）、上杉千年「総括・従軍慰安婦奴隷狩りの『作り話』」（『自由』一九九二年九月）、河野談話後の加藤正夫「河野官房長官談話に異議あり――慰安婦『強制連行』は事実無根」（『現代コリア』一九九三年一〇月）などである。そのほとんどは、「慰安婦」を単なる売春婦とみなし、植民地支配の産物とは考えていない点で問題はある。しかしこの段階ではまだ、「狩り」や「強制」といった事柄に異議を呈している、どちらかというと素朴な疑問だった。

ところが支援者たちは、そのような疑問をそのまま帝国日本に対する反省がないゆえのものとみなした。つまりそのような反発があることを〈現代日本の問題〉として捉えたのである。そして強制や狩りの下手人だった「業者」のことは度外視したまま、そのような反発や日本軍や帝国日本批判にのみ終始することになる。一九九〇年代の半ばに「読売新聞」が基金に反対しなかったのは、基金がある程度の社会的〈合意〉体だったことを示す。しかしすでに見たように、二〇一一年、「読売新聞」は基金だけでなく「河野談話」まで否定する立場に転換した。「運動」の成功がより多くの賛同者を得るというところにあるとすれば、支援者たちの運動は失敗したと言うほかない。

善意や徹底性は、それ自体が目的化すると必ずしも良い結果を引き出さない。運動に対する批判について「『慰安婦』問題が何一つ解決されていない現状では、評価と総括・批判は慎重にも慎重を期するものであらねばならない」「たとえ批判する場合があっても、運動の前進に寄与する補足的批判であらねばならない」(鈴木裕子二〇〇八)とする支援者もいたが、日本政府の試みをすべて「何一つ解決されていない」とし、それに基づく〈何一つ変わらない運動〉は、状況を悪い方向へ持っていった。考えるべきは、「運動の前進」ではなく運動の〈検証〉だった。慰安婦たち自身の〈運動からの解放〉のために、である。そしていま必要なことは、日本政府をして日本国民の多数の気持ちを代弁させることではないだろうか。

第4部　帝国と冷戦を超えて

第1章　慰安婦と国家

1、慰安婦と帝国

韓国の慰安婦問題関係者たちが現代日本を軍国主義国家、あるいは侵略的国家とみなしてきたのは、慰安婦問題を日本だけに起こった特殊な問題と理解して、その原因を天皇制と侍の伝統に求めたユン・ジョンオク教授のような考え方に影響されてのことと言える。

しかし、慰安婦問題の根底には、売買春を許可し管理した公娼制度がある。近代以降、海外へ売られていった貧しい少女たちが最初に定着した場所は、たいてい港町だった。そして彼女たちの移動を支える形で公娼が合法化された。それは、〈国家勢力拡張の熱望〉にそそられて海外へ渡っていった男性たちをそこに可能な限りとどめておかなければならなかったからである。その意味では公娼は帝国主義（国家主義）的移動と定着を支えた場所でもあった。

公娼を韓国に移植したのは日本だったが（第1部第1章2「業者の加担」参照）、日本に時期と一致する。

先立ってアジアに自国のための公娼を作ったのは西洋だった。その過程は、西洋が先にアジアに植民地を作り、日本が西洋に抵抗しながら、自分たちもまた帝国主義に乗り出した時期と一致する。

日本は台湾と朝鮮、そして中国の一部に植民地を作ったが、同じ時期にイギリスは香港などを、フランスはインドシナなどを、オランダはこれよりずっと早くにインドネシアなどを植民地にした。そのような「アジアの英領植民地では、日本の開国以前から公娼の風習が制度的に存在した」(矢野暢 一九七五、四〇頁)。香港の場合、「一八四五年六月から早くも公式に娼楼の存在が認められている。一八五七年には、条例第十二号で性病検査条例が公布され、そして一八六七年には、新たな条例で娼妓の登録と身体検査実施が定められ」(同)たのである。

「からゆきさん」に関するもうひとつの有名な本である『サンダカン八番娼館』(山崎朋子一九七二)には、ボルネオまで売られていった長崎の少女の話が出てくる。これもまた、欧米の植民地化しつつあったシンガポールのように「淫蕩な白人たちのうごめくミナト」(矢野暢 一九七五、一〇頁)化した場所へアジアの女性たちが移動していった中で生じたことである。貧しい女たちの海外移動を助長したのは、家父長制と、自国の勢力を海外へ伸ばそうとした帝国主義、そして帝国主義を支えた国家主義だった。

軍隊の存在は、言うまでもなく「軍慰安婦問題」の根本的な原因である。しかし「慰安婦」は軍人だけでなく、商業などの目的や、仕事を失って海外へ出稼ぎに行った者たちのためにも存在した。日本の炭坑などに来て労働をしなければならなかった朝鮮人労働者のための、いわゆる「企業慰安婦」は、基本的には日本の労働力を支えるべく動員された、日本の帝国主義の膨張が作った存在である。彼らは朝鮮半島出身の「からゆきさん」でもあったが、炭鉱労働者やその周辺にいた企業慰安婦などの朝鮮人たちの労働力が、大日本帝国のものである限り、彼らもまた帝国の中心に移動することで大日本帝国を支えた「からゆき」たちだった。そのように〈帝国作り〉に参加した国家はほとんど、構造的に「慰安婦」を必要とすることになる。

社会の下層階級の女性たちの移動が活発だったのは、異なる経済システムの中に編入される〈移動〉自体が彼女たちの身体を格上げしたからである。つまり、慰安婦問題とは、国家や帝国といった政治システムの問題であるだけでなく、より本質的に資本の問題である。帝国・国家が「交易」を名分に他国に不平等条約を強いて有利なシステムの中で商品を売って利益を得たように、人身売買などの業者と抱え主、主人たちは、女性たちの身体を商品化して消費者に売った。そういう意味でも、慰安婦システムを使ってもっとも経済的利益をあげたものと見える「業者」や「抱え主」の存在を消去しては、「慰安婦問題」の本質は見えてこない。

帝国主義はそのように祖国を離れた商人たちが自分と自国の利益を図るなか、生じうる衝突——日常的トラブルから戦争まで——を勝ち抜き、そこにより長く留まれるように、言い換えれば彼らが国家勢力を拡張し、経済を潤沢にする任務を果たす道から離脱しないように管理した。慰安所は表面的には軍隊の戦争遂行のためのもののように見えるが、その本質はそのような「帝国主義」と、人間を搾取して利潤を残そうとする資本主義にある。「戦争」は、そのような経済戦争での妨害物を物理的に制圧し、成功させるための手段に過ぎない。日本の近代啓蒙主義者だった福沢諭吉が「娼婦の海外への出稼ぎは日本の『経世上必要なる可』し」(矢野暢、四五頁から再引用)としたのは、くしくもそこのところを語ったものだった。

近代国家は「富国」のために資源を獲得し、商品を売るために、自国の影響力の及ぶ領土を拡張しようとした。現代国家は露骨に領土拡張をしようとはしないが、自国の利益のために「力」の及ぶ領域を広げようとする欲望とそのための働きかけは、依然として続いている。そしてそのような試みに軍人が動員される。一人で故国を離れていく彼らのために、自国あるいは相手国の利益に応じて女性たちが動員されもする。自国を離れて長い間一種の隔離状態という歪んだ構造に放置されることになる彼らのために、「慰安婦」が用意されるのである。それは最初は業者によるものだったり女性たち個人によるものだったりしたが、そのうちその効用に気づいた国家がその提供と管理をするようになった。「慰安」とは、そのとき「愛国心」が媒介されることで、そのことが女性の搾取であることを、自他共に見えにくくした言葉でもある。そして日本の場合、戦争への国家総動員態勢を可能にした近代天皇制が慰安婦たちを皇国臣民化して協力者にしたことが、たとえば次に見るアメリカや韓国の場合と異なる点である。

2、慰安婦とアメリカ

ペルーの作家バルガス＝リョサが書いた『パンタレオン大尉と女たち』（韓国版二〇〇九使用。韓国でのタイトルは「パンタレオンと特別奉仕隊」）という小説には、第二次世界大戦以後の「慰安婦」の話が出ている。一九五〇年代に国境を守備する軍人たちの民間人強姦問題が深刻になると、軍隊が直接に秘密裏に女性たちを集めて、彼らに奉仕するようにしたのである。この小説が「事実に基づいた」話と作家が言うように、南米のペルーも軍人のための慰安婦を軍が進んで組織化し、運営した。

先の韓国基地村の女性のエッセイ（本文一八四〜一八五頁参照）は、軍人たちのための慰安婦を現代韓国もまた容認したことを示している。米軍基地周辺の村東豆川《トンドウチョン》で働いていた彼女たちは、国家が主催する「教養講座」を聞くことを義務づけられ、国家が発行する「健康診断書を取り上げられないように席を埋めていた」（キム・ヨンジャ二〇〇五）。彼らの「前方の左右に、郡守、保安課長、平沢《ピョンテク》郡庁福祉課長」（同、一二三頁）が腰掛けていて、「あからさまに米軍相手の売春をしてもいいと国家が認めた売春資格証」（同、一三八頁）を持っていたのは、彼女たちが国家─韓国政府が米軍のために用意した「慰安婦」だったからである。

そのような韓国型慰安所ができたのは、米軍もまた、アジアの女性を相手に無差別強姦をしたからである。ある日本人女性は、日本の敗戦後沖縄に上陸したアメリカ軍の性暴力に関して次のように証言している。

私達にとってもう一つ恐しかったものは、私達の村をわが物顔で歩く米兵たちでした。守ってくれる人の誰もいない未亡人や、か弱き女子、老いたひ弱な女、人妻の誰彼なく、昼夜の別無く肩にかついで連れ去り、暴行するのです。昼間食べ物を探しに行くにも、いつも人影におびえていました。夜は天井裏や床下に隠れて寝ました。(中略)収容所には必ず毎夜、米兵がドカドカ上って来て、女たちをかついで出て行きました。(『あの星の下に』一九八一、二二一〜二二二頁)

「満州」地域と北朝鮮にいた日本人女性たちが突然進駐してきたソ連軍に毎晩のように強姦されたという話はよく知られている。また連合軍が日本本土に上陸すると、日本政府が占領軍の米軍のために慰安所を作ったことも周知の通りである。米軍は朝鮮戦争の時も韓国人女性を強姦したが、元日本軍慰安婦はそれについて、「あの時は、アメリカ人に捕まるともう死んだ命だったものよ。一人がやるんでもないよ、それで女たちが逃げているうちにああいうふうにやられて死ぬとそのまま山に捨てられたよ。昔わたしたちがやられたようにね」「韓国の人たちが、八軍団マークをつけた人たちでね、軍属だけど。状況を見ては必要と思ったら米軍を入れた。女たちがいるところにね」「もう女でさえあれば、もうあたりかまわずだったよ。人妻だろうが娘だろうがおかまいなし。おばあさんでも例外はなかった。捕まえてトラックの中でもともかくやりまくり、死んだらその辺に捨てていったものさ」（『強制』4、二三八頁）と話す。

この証言は、米軍もまた日本軍と同じく、戦時に強姦と輪姦を繰り返し、時に暴行後に殺した可能性さえも示している。そしてそのような行為に韓国自身が加担したことも。それはもちろんアメリカ軍が共産主義を韓国から追い出してくれるはずの存在だったからであろう。この時の慰安婦は、帝国主義と冷戦主義に、同時に動員されたことになる。

「沖縄でアメリカの軍属たちは一二歳ないし一三歳の沖縄少女たちを米軍基地にある捕虜収容所に入れて兵士たちへの性的なサービスを強制した。フィリピンでアメリカ軍の部隊長は積極的に売春を奨励し、彼らのうち一部は自分所有のクラブを持って売春婦たちを団体で管理した。一九七〇年代の韓国では軍用バスが一日に二〇〇人もの女たちを東豆川基地村から近くのキャンプケイシに運んだりした。このとき部隊長はそういうことを暗黙裏に見逃すか積極的に加担した」（ヨ・ジヨン二〇〇七、四〇頁）。さらに米軍は「公式には売春に関わるのを禁止したが非公式には知らないふりをした」（同、五二頁）。しかも米軍を相手に苦労した人の中には元日本軍慰安婦もいる（『強制』2、一三七・二三三頁）。

「からゆきさん」たちが貧しい少女だったように、韓国基地村の女性たちを導いたのも、早い時期に経験した強姦体験や貧しさである。彼女たちもまた、「米軍ホール女従業員募集、月二〇万ウォン、宿舎と食事提供、などの『アリラン』『明朗』などの雑誌と新聞広告に載った誘惑に乗せられ」た女性たちで、一度そこに足を踏み込むと「化粧品代、ベッド代に連れてきた人の紹介費までふっかけられる」ような「権力の力学関係」の中に陥った者たちだった。彼女たちも日本軍慰安婦のように最初は、映画でのように米軍とダンスをするだけでいいと聞いたのに「ホールでは身体も売らねばならないというふうに話が違う」事態に遭い、そのときは「すでに紹介費にベッド、タンス、食べたものなどが借金となって増え、そこを離れると話すと借金を『返すまではだめだ』と脅迫されるからそこに居残るほかなかった」（キム・ヨンジャ二〇〇五、一三八頁）といった状況に直面した。「訓練がきついほど米兵は女たちを乱暴に扱」（同、一九五頁）ったとの話は、日本兵が戦闘から帰ってくると暴力的になったという話を想起させる。米兵がチームスピリット訓練にでかけると、彼女たちは「遠征」（同、一九四頁）もしたが、「訓練地から帰ってくると（中略）骨の髄まで病身になった身体は、皮膚がただれ、性病や妊娠の苦痛を味わうことになった」（同、一九五頁）。そしてそうしたときは「女一人で一夜に三〇ないし四〇人の軍人を相手」（ヨ・ジョン、四五頁）しなければならなかったのである。

ある人は「仕事をもとめてソウルに行ったが、いきなり、信じられないことに基地村に売られていった」としながら、「そこで死ぬほどの苦労をし」たのは「血の涙を流したという表現がぴったり」（同、一一一頁）と言う。彼女は米兵との最初の体験を「強姦」だったといい、そのために「逃亡をあきらめた」とも話す。

わたしは耐えられなかった。自分のからだが自分のからだではなかった。そうよ。二四時間ずっと、わたしのからだはわたしのものではなかったわ。（同、一一二頁）

日本軍慰安婦問題が注目されたのは、彼女たちの体験を深刻な人権蹂躙と考えるほかないような過酷なものだったからである。しかし、米軍のために用意された女性たちの生活も、米軍の相手をするようになるまでの過程や、その後の生活を見る限り、日本軍慰安婦の状況と根本的には違いがない。彼女たちもまた、同じような悲惨な生活をしたのであり、そのような苦痛が、モノとしてあつかわれるような環境と、過酷な性労働ゆえのものだったのは言うまでもない。そして彼女たちがそのような境遇に陥ったのは、そこに国家が作った軍隊があったからである。

日本の場合、規約まで作って徹底的に管理をしたがために目立つことになって、日本だけが「軍慰安所」を持っていたかのように認識されているが、「ベトナムでは四〇〇〇人の米軍にサービスする売春施設が米軍によって特別に作られた」（同、三九頁）。そして「一九八〇年代アメリカ陸軍教本」では「保険証を持っているクラブの女性だけを相手にすることと街の女を避けるようにと忠告をした」（同、三八頁）。つまり規模とやり方に違いはあっても、その基本構造は日本軍と変わらなかったのである（もちろん、そこにいた女性が何人なのか、「共産主義」への立場はどうだったかによっても、それぞれの米軍との関係は異なっていただろうが)。

しかしこのようなことは、いまだ公式に問題化されたことはない。一九九二年、韓国ではいわゆる「ユングミ事件」で米兵の性暴行事件が注目されたこともあるが、解放軍として迎えられ、しかもその後も数十年間もの間、米ソ中の冷戦体制に組み込まれた韓国と日本は、アメリカの横暴について問題提起したことはないのである。そしてそれぞれ「占領」と「解放」のあとも、そのまま日本と韓国を含むアジアに残されることになった米軍基地は、いまでも米軍のための「慰安婦」の需要を作り続けている。

日本にある米軍基地は、世界各地に存在するようになった基地の中でも資産価値がもっとも高いと評価されているという。韓国は四番目だ(林博史二〇一二、四頁)。米軍基地の面積と米軍人数も、日本が二位、韓国が三位である(同、五頁。日本―三万五三二九人〈二〇一〇年一二月三一日現在〉、韓国―二万四六五五人〈二〇〇八年一二月三一日現在〉)。そしてそのような基地のために、今日もなお、女性たちに悲惨な生活が強制される構造は、現在形として存在している。

3、慰安婦と韓国

韓国に米軍のための慰安所ができたのは、米軍が「解放軍」として韓国に駐屯するようになったからだ。そして朝鮮戦争のとき、「韓国政府は、五一年五月国連軍向けの慰安方法として、ダンスホールと慰安所設置を決定、同時に韓国軍兵士向けの特別慰安隊を結成することも決め」（Lee Im Ha. 林博史二〇一二、一五〇頁から再引用）ていた。そして「一九五二年には四つの部隊の慰安婦総数八九人が移動して慰安に赴き、一年間で合計二〇万四五六〇人に『慰安』を実施」した。「国連」の名前で朝鮮戦争に参戦した一六カ国の軍人もまたそのように「慰安所」を利用した。しかしそれだけの多国籍の軍人を「慰安」した「UN慰安婦」は、一九五四年の時点で「二五六四人」（同、一五〇頁）にすぎなかった。

そのような「慰安婦」たちが「遠征」（キム・ヨンジャ二〇〇五、一九四頁）に出かけたところでは「女たちが胸を張って街を練り歩いていても、村の人たちは心の中では『汚い女ども』との悪口を言いながらもありったけの部屋を貸してあげるほど」（同、一九五頁）に彼女たちに協力した。それは「突然田舎の村に店が作られ、畑のそばで夜通し音楽が騒々しく鳴り響」くような形で、そこに商業圏が形成されたからである。偏見を持って彼女たちを差別しながらも、一般人もまた、そのように米軍のための慰安所を容認し、利用していた。

日本の「からゆき」たちが近代初期に日本の国家経済を助けたように、いわゆる「ヤンゴンジュ＝西洋姫」もまた、「国家」には利益になる人たちだった。彼女らが稼いだ額は、「一九六四年、韓国の外貨収入が一億ドルにすぎなかった時期に、米軍専用のホールで稼いだ金はおよそ一〇パーセント」（ハン・ホング（韓洪九）、「ハンギョレ新聞」二〇一二年一二月一日付）であり、パク・チョンヒ（朴正熙）政府が一億ウォンもの金を使い、「基地村浄化事業」をしてまで（「オーマイニュース」二〇一二年八月二六日付）存続させた理由は、単に反共国家として、アメリカに安保を依存したことだけにあるのではない。彼女たちがドルを稼ぐ存在であったことも、そのような構造を支えていた。

そして彼女たちは今、「自分たちの醜い歴史を顧みずに、日本に対して慰安婦賠償を要求するような偽善をしている」としながら、韓国政府に「補償と謝罪」を要求している（インターネット新聞「ニュシス」二〇〇九年一月九日付）。そして二〇一三年一月に「基地村女性たち人権連帯」が作られ、弁護士たちが彼女たちのための活動を始めるようにもなっている（「基地村と米軍基地、現在進行形の米軍問題の歴史」、「日差し社会福祉会」のブログから。二〇一三年一月一六日）。いつか韓国政府やアメリカが彼女たちのために国家補償をしなければならない日が来るのかもしれない。

韓国の基地村には外国の女性も入っている。そこに売られていったフィリピン女性のために、フィリピンは韓国の抱え主を相手に訴訟を起こしたことがあった（「京郷新聞」二〇〇二年一〇月一七日付）。フィリピンは「国家」よりも「業者」を加害者として注目したが、そのような需要を作ったのは国家だった。

二〇〇六年になると、「東豆川ではほとんど韓国女性を見かけることができなくな」（『週刊京郷』六六九、二〇〇六年四月一一日号）り、韓国女性を代替していた中国人朝鮮族やロシア人たちがフィリピンやペルーの人に取って代わっているという。

これはまさしく、大日本帝国時代に日本人慰安婦がしていたことを朝鮮人慰安婦がするようになったのと同じ構造である。韓国が経済力をつけるようになって、より貧しい外国の女性たちが、生活のために韓国という遠い国に〈移動〉してきて、韓国人女性がやっていたことを代替しているのである。違いは、あのときは〈強制された国籍〉がその移動を強制し、かつ支えていたのに対して、今ではグローバリゼーションの名のもとに、より広い地域にまたがる階級化が進んで、女性たちの移動がより〈自発的に〉見えていることにある。そして今でもその代替のために、「東アジアに向かって、世界各地で人身売買された女性たちが送り込まれている」（林博史二〇一二、一五二頁）。

家父長制と資本主義に支えられた近代国民国家体制は、国家勢力を拡張したり維持したりするために国家のために存在する軍隊を作り、住み慣れた場所を離れてその〈境界線を守るために〉働く彼らを「慰安」する女性たちを作ってきた。そういう意味では日露戦争の日本人慰安婦も、太平洋戦争時代の朝鮮人慰安婦も、日本の敗戦後にアジアに駐屯し続けることになった米軍のための韓国人・日本人慰安婦、さらに遠くからやってきているその他の国の現代の慰安婦たちも、基本的にはすべて、国家や戦争あるいは戦争待機のために動員されている人たちである。

人間にとって、存在することの尊厳——人権にとって必要不可欠なのは、身を安息させることのできる空間である。しかし家や土地を持てる経済力を持たずに、別の場所へ追いやられるのは、いつでも社会でもっとも弱い者たちだ。貧困が、故郷を離れるように彼らの背中を押し、中でももっとも貧しい女たちが「慰安婦」となった。彼女たちが一般の売春婦と違うのは、戦争や戦争待機のために動員された男たちのために働いていることである。貧しい者たちは、経済的自立の可能な文化資本（教育）や社会的セーフティネットを持たなかったために、働く先を見つけられずに、最後の資本――自分の身体（臓器、血液、性）を売るようになる。最初から身体自体、命自体を国家に抵当にとられた者たちが貧しい階層の兵士たちであり、そうした人たちは今でも世界中に存在する。〈慰安婦と兵士〉はそのように、同じく国家によって動員された存在でありながら、そしてその「国家」が自国である場合は、同志でありながら、構造的に加害者と被害者となった。

今でも日本や韓国に存在する米軍基地と太平洋戦争時の日本軍の違いは、戦時なのか平常時なのかの違いでしかない。「駐屯」とは、戦時を予想したり、迎え撃つための戦時待機状態だ。そして実際に戦争が起こると、軍人の数は当然増えることになる。つまり、日本の敗戦後や朝鮮戦争、さらにベトナム戦争の時のように女性が必要とされることは、いくらでも反復しうる。国民は「国家というものがたえず戦争状態にあり、それに備えていることに気づか」ずに、「長期的な展望と戦略によって準備され予想された」戦争を「突然の出来事のように」受け止める（柄谷行人二〇一〇、二五四頁）。

「慰安婦」という存在は帝国主義（近代化）とともに組織化されたが、帝国崩壊後にもアジアで「慰安婦」システムが続いたのはすぐに本格化した冷戦体制のためだった。一九六五年の日韓協定が個人の被害が十分に考慮されないまま結ばれたのも、冷戦体制下にいたためだったことを考えると、近現代の慰安婦たちは帝国主義に動員され、冷戦維持に利用され、しかも冷戦のために補償してもらえなかったことになる。そしてアメリカの軍基地体制を新帝国体制と呼べるなら、いまなお世界の制覇を目指す帝国に女たちは利用されていると言わねばならない。

韓国はその冷戦体制のなかで、アメリカの傭兵として〈共産主義を防ぐ〉という名目でベトナム戦に参加し、過去に日本やアメリカがしてきたことをベトナムでした。植民地時代を批判しながらも、意識的にはまたもや植民地化の道を歩んだことになる。ベトナムは経済的理由でこの問題を公式には提起していないが、それは国家の暗黙的な合意によるものでしかない（伊藤正子二〇一〇）。いつかベトナムの女性たちがアメリカや韓国に「謝罪と補償」を要求してくる日が来ないとも限らない。

一九九〇年前後、ベルリンの壁が壊されソ連が解体されたことで、公式には冷戦は終わった。しかし、東アジアだけはいまだに「冷戦」のただ中にいる。そして基地は安保のためという名目で、冷戦時代の姿を維持しつつある。それらの基地に駐屯する軍人たちを「慰安」する目的で女性たちが用意される限り、「慰安婦問題」は続くだろう。フィリピンなどに対する過去の植民地支配を反省しないまま、米軍基地は東アジアの冷戦構造を維持しながら、いまなおアジアに対する「帝国」として存在しつづけている。

第2章　新しいアジアのために——敗戦七〇年・解放七〇年

1、植民地の矛盾

「慰安婦」は日本の戦時にのみ存在したのではない。それより遥かにさかのぼった時代から存在したし、今でも存在している。世界にある軍基地の女性たちは、そのように意識しないにしても、基本的には「慰安婦」である（もちろん、軍との政治的な関係は、それぞれ微細にあるいは大きく違っているだろう）。

先に書いたように日本人慰安婦たちはすでに早くからアジア各地に存在したが、彼女たちが「娘子軍」と呼ばれたのは明治三〇年代からだった（矢野暢一九七五、四一〜四二頁）。そして「日露戦争直後の最盛期には、スマトラのメダン付近まで含めて、六千人の娘子軍が年にゆうに一千万ドルの収入を得」（同、四三頁）ていたが、そのため、「中国本土地方に開設された日本領事館の一部でも、日露戦争前後の時期より、日本人風俗営業を管理するための法令が制定され」（藤永壯二〇〇〇、二〇六頁）てもいた。しかし全国に適用される「取り締まり規則」が出たのは一九一六年で、この時はすでに「朝鮮人風俗営業は、基本的に日本の満洲侵略の拠点である関東州から満鉄沿線地域へ、そしてその他の地域へというルートで拡散し」(同、二〇九頁)て、朝鮮人売春婦も一九二〇年代からすでに台湾に入っていた(同、二〇四頁)。

「朝鮮人慰安婦」は「日本の公娼制度の最下層に組み入れられ、アジア・太平洋戦争期の『慰安所』の最大の供給源」(山下英愛二〇〇八、一一〇頁)になったことで生じた存在だった。軍属体験をしたある男性は、「現地女性は主に兵士たちが相手し」、「サイゴンも現地女」「ほとんどの女性が現地女」であるなか、「満州や中国に行くとそこには朝鮮人がいた。フィリピンにも朝鮮人がいた」(『海南島』、一一四頁)と話す。「海軍徴兵一期生」だったという彼らの言う「慰安所」には、あきらかにカフェや料理屋のようなもの、そして私娼まで含まれている。

朝鮮人兵士には朝鮮人慰安婦は「高くて」利用しにくい相手だった。もちろんこれも地域によって異なっていて、日本人将校に好まれる日本人や朝鮮人慰安婦の供給状況によるものだったはずだ。「現地女性は主に兵士たちが相手した」というのは、先に見たように朝鮮人慰安婦の帝国内での階級性を示す。そのような矛盾は植民地になる瞬間から避けられないことでもあった。そしてそのような姿をあるがままに見ない限り、韓国はいつまでたっても〈植民地だった自分〉〈過去の自分〉と和解できないのだろう。

「挺身隊に行くと慰安婦になる」との風聞は、そのように話して連れていっては慰安婦にした業者の嘘を除けば、売春に対する社会的差別心理が介在してのことだった。しかしそのような〈嘘〉を支えていたのは、〈被支配者〉としての恐怖である。それは、敗戦直前に、日本の一部で戦争に負けると男は去勢され、女は強姦されると信じられたような鬼畜英米への恐怖とも通じるだろう。それだけ、国家動員に対する恐怖と嫌悪は大きかったのである。

植民地化は必然的に被植民地人の間に分裂を生み出す。しかし解放後、韓国は宗主国に対する協力と従属の記憶を消し去って七〇年近くを生きてきた。自発的に行った人もいた「慰安婦」像を韓国が受け止めえなかったのは、そういうことの延長線上のことでもある。

冷戦崩壊とともに始まったグローバリゼーションは、慰安婦問題の支援者たちの日韓連携だけでなく、世界との連帯も成功させた。しかし同時に、その期間は韓国のもうひとつの顔を見ないことで、ほかの国々の慰安婦との差異を消去させた歳月でもあった。「女性の普遍的な人権」として訴えた結果、今世界における慰安婦問題では「朝鮮人慰安婦」はいない。「慰安婦のほとんどが朝鮮人」と言いながらも、「なぜ朝鮮人が多かったのか」については語れなくなったのである。

その代わり韓国は、〈道徳的に優位〉という正当性による〈道徳的傲慢〉を楽しんできた。「被害者」に対しては疑問を提起しない、人権をめぐる意識構造に安住してきたともいえるだろう。それは、表面的に脱帝国主義の顔を持っていたが、そのような志向性が、罪を犯してしまった加害者の羞恥と悔悟を理解しようとしたことはない。傲慢は、想像力に乏しい。そしてそのような傲慢と糾弾は相手をかえって萎縮させる。そういった道徳的志向性が、相手の屈服自体を目指す支配欲望のねじれた形になったこともしばしばあった。たとえば「天皇が私の前にひざまずいて謝罪するまで私は許せない」(『ニュースロ・コム』二〇一一年一二月一三日付)と話す慰安婦の言葉は、そのような心理を表すものでもある。

しかし、屈服させたい——ひざまずかせたい欲望は、屈辱的な屈服体験のトラウマによる、もう一つの強者主義でしかない。また、大日本帝国の第二者として欧米連合軍捕虜を虐待した歴史を思い起こすと、そのような欲望が目新しいものでもないことが分かる。それは、植民地化の傷が作った、ねじれた心理構造と言うべきだろう。

しかし強者主義的欲望から自由にならないかぎり、かつての帝国の欲望を批判できる根拠はなくなってしまう。何よりも、旧帝国(日本)の罪を、ほかの帝国(オランダ)と連携してもう一つの旧帝国(アメリカやイギリスなどヨーロッパ)に問うて審判してもらうというような、今の運動における世界連帯は、その意味ではアイロニーでしかない。しかも日本にその思想を伝播したのは欧米の帝国主義のなせるわざだ。欧米の議決や勧告は、自分たちとは関係ない国の訴えを、自分たちの植民地を奪い、さらに自分たちの女を蹂躙したアジアの元帝国を審判するものだったが、それを有効に使えたのも、この運動がいつしか「植民地」の要素を取り除いてしまったからである。もちろん欧米は、近代以降の日韓——アジアの不和の根本原因の一部が、かれらがアジアにやってきたことにあるとはいまだに思っていない。

そして、日本を敵対視する韓国の言説は韓国の軍事費増強を促し、正当化する根拠にもなっている。慰安婦問題の中心にいた支援者の多くが軍事主義を批判する人々でもあるという点でも、それは皮肉なことだった。

2、冷戦の思考

日本が帝国主義に参入したのは西洋を模倣してのことだった。日本の対象がアジアだったことからいえば、アジアの不幸は西洋が作ったとも言えるだろう。結果的にアジアへの侵略となったが、日本の戦争の名分は「アジアの解放」だった。しかし日本は負け、敗戦後日本と解放後韓国はアメリカを中心とする帝国的冷戦構造に安住してきた。それまでに構築した〈帝国〉システムについてきちんと問う機会も持たないまま、アメリカの導きで日韓は国交を樹立し、その後も数十年間、アメリカとの関係を根本的に問う時間を持たないまま、「冷戦の思考」を内面化してきたのである。

九〇年代以降の慰安婦問題をめぐる日本での議論が、左翼と右翼の闘いのようになってきたのもその結果だった。支援者たちは否定者たちを非難するときは、必ずとも言っていいほど、右翼と批判し、その右翼たちもまた支援者たちを左翼と結びつけていた。

「(慰安婦問題は)反日攻勢の有力な武器」(本郷美則二〇〇七)として、韓国批判がそのまま日本の「左翼」に向けられ、支援団体の「VAWW-NETジャパン関係者の多くが朝鮮総連関係の集会に参加するなど、朝鮮総連と関係がある」（安田隆之二〇〇七）としたり、「慰安婦」問題に関する朝日新聞の報道を「捏造」とみなして「謝罪せよ」（山際澄夫二〇〇七）としながら、「ニューヨーク・タイムズ」が「同盟の仮想敵である共産主義大国の名前までだして」「情報戦争を仕掛ける側の狙い」は、「日米離間、日本の孤立化にある」（同）とまで言い切っているのも、日本を含む東アジアがいまだに冷戦構造の中にあることを示す。

「慰安婦問題」をめぐる議論は、純粋に謝罪意識を持っている人たちを〈サヨク〉とみなしたり、反対に支援者たちの考え方と異なる人々を〈ウヨク〉としながら、お互いに対する憎悪や嫌悪を煽ってきた。そのような日本国内の左右の対立こそが、慰安婦問題を解決させなかったものでもある。慰安婦問題が冷戦の崩壊とともに始まったのは偶然ではないのである。

二〇一二年挺対協のシンポジウム資料集には、北朝鮮から来た「お祝いの言葉」が載っている。挺対協の活動を褒めながら、「我が民族を、民族の自主権守護と日本の軍国主義の復活の策動に反対する闘争へと力強く動いている」と評価している。冷戦崩壊と、九〇年代後半から韓国で左派政権が一〇年間続いたことによって、慰安婦問題をめぐる韓国と北朝鮮の交流は深まっていた。それは、朝鮮人慰安婦問題が最初は〈植民地支配〉による朝鮮民族問題と認識した必然の結果でもあった。しかし、その後運動は、世界との連携の過程で問題を〈普遍的な女性人権問題〉として位置づけ、植民地支配問題としての捉え方を強調しないようになっていた。

しかし、「日本が我が民族になした罪悪は、どんなに歳月が流れても蓋をすることはできないもので、これを必ず決算するのは民族共同の課題」としながら「特に今日、日本が彼らの天人共に怒するであろう犯罪的蛮行と過去の侵略歴史を歪曲し、独島強奪の企みと再侵の野望を露骨に表しているのは民族全ての大きい怒りを作っている」「日帝が我が民族に歴史的に犯した犯罪行為を満天下にひとつひとつ暴露し、民族の運命と利益を害する親日時代売国行為に反対する多様な形の大衆運動をより力強く繰り広げなければならない」（民族和解協議会　6・15共同宣言実践　北側委員会女性分科委員会「祝辞」「挺身隊問題対策協議会創立二十周年記念国際シンポジウム　二〇一〇年、日本軍慰安婦問題を語る」二〇一〇年一一月一八日付）とする北朝鮮側の言葉には、その連帯への関心が、女性の人権への認識改善や慰安婦問題の解決自体よりも、政治的側面に向かっていたことが明瞭に見てとれる。そして慰安婦問題に関する北朝鮮の認識は、「軍国主義復活」「過去の侵略歴史を歪曲」「独島強奪の企み」「再侵の野望」を日本から見いだそうとしている点で、表現は一段と激しくても、基本的には韓国の認識と変わらない。そのようにも激しく言えるのは、北朝鮮が自らを、日本の帝国主義と闘った〈嫡子〉と思っているからであろう。

慰安婦問題が国家の帝国主義と無関係でない以上、韓国や日本の支援者の運動が日本帝国主義批判に行くこと自体が問題なのではない。しかしその運動は、脱帝国主義をかかげながら、脱国家主義にはならなかった。しかも軍国主義批判で連帯していたはずでありながら、北朝鮮の軍国主義は批判していない。「軍国主義」を「強い軍事力を国家の主な目標とし、戦争とそれに対する準備を国民生活の最上の行為にする」（韓国版ウィキペディアの「軍国主義」項から。二〇一四年七月三一日現在）と解するなら、それはむしろ北朝鮮に当てはまる言葉のはずだったにもかかわらず、である。実際に、ここで言うところの「国力」の基準となるGDPに対する国防費の比率は、二〇一一年の統計で見ると、日本は、アメリカ（四・七％）や中国（二・一％）はもちろん、韓国（二・七％）よりも低い一％（ストックホルム国際平和研究所、http://www.sipri.org）。にもかかわらず、韓国の挺対協や日本の一部の人たちが北朝鮮と連携して、日本の「軍国主義」だけを批判してきたのは、運動が〈冷戦の思考〉に囚われていたためである。

挺対協や日本の支援団体は、世界と連帯しながら、戦時の性暴力と女性の人権を訴えてきたが、そこで北朝鮮の人権問題が問われることはなかった。それは、慰安婦問題が何よりも人権問題である以上、やはり矛盾と言うほかない。

挺対協の現・代表は、日本の市民に向けて、日本に右翼を監視するシステムがないとしながら、日本を変えなければならないと力説していた（ユン・ミヒャン（尹美香）東京講演、二〇一二年六月九日）。それは日本の革新進歩派が夢見た〈日本社会の改革〉ともつながる言葉である。挺対協も（代表だけかもしれないが）また、「慰安婦問題」自体の解決以上に〈左翼が世を変える〉政治問題により関心があったのである。

言うまでもなく、帝国主義批判自体が問題なのではない。しかしそこで批判されていたのは過去と言うより、むしろ〈現在〉だった。そしてそこでは戦後日本の変化はまったく考慮されなかったと言うべきだろう。もちろん戦後日本にもまた限界があるのは、見てきたとおりだ。それでもそこには、慰安婦問題について謝罪意識を持ったり、その気持ちを表す程度の〈政治的変化〉(本質的・学問的にどうかはさておいて)はあった。しかし前記の北朝鮮やこれまで見てきた挺対協の日本批判は、そのことが完全に無視されたものだった。そのような思考に基づいた慰安婦問題をめぐる議論は、運動が「右翼」とみなしてきた人々の反発を強めた。

このような構造がこれまで見えてこなかったのは、その中心は冷戦的思考を引きずったものであるにもかかわらず、単に民族と女性の運動に見えたからであろう。

そして運動は、救われるべき慰安婦たちの多くを置き去りにして、日韓が〈のちにアメリカも〉連携した〈左翼〉運動が、日本の右翼を制圧した形となった。つまり、〈世を変えるため〉との運動の目標は、左右対立を激化させ、普通の人たちまで巻き込んで、左右対立の背景が見えないまま、民族・国家間対立を深化させたのである。

革新左派とは、本来は民族・国家の境界を超えて「世界の連帯」を唱えるものだった。本来ならインターナショナルであるべき左派運動で、韓国の挺対協と北朝鮮が民族的連帯をしてしまったのは不思議な矛盾と言うべきだろう。いずれにしても、そのような運動の形が、九〇年代の日本の謝罪と補償——左翼と右翼の合作を拒否させたのは間違いない。

冷戦崩壊後発生した「慰安婦問題」は、最初〈帝国主義の犠牲者〉と捉えられ（後述）、かつて帝国主義に抵抗した左翼（の一部）が運動の中心を担った。戦前の帝国主義的考え方を引き継ぐものとみなされた日本政府が作った基金への批判と攻撃は、その延長線上のことでもあった。しかし、運動が〈帝国に抵抗した左派〉の運動であり続けるとしたら、日本の右派を相手にしたこの運動は、おそらく永遠に終わらないだろう。植民地支配や戦争に対する考え方のみならず、さまざまな面で異なる考え方をしているからだ。そして実際に、この運動が二〇年以上続いたことが、それを証明した。ソウルの日本大使館前の少女像が、悲しいというよりはむしろ、日本を精神的に屈服させるような強い目をしているのも、そういった構造の表れだろう。そこにあるのは〈民族〉としての少女であるより、帝国主義に抵抗し、その後も闘争する〈左派〉の目である。その意味では少女像は、左派運動が芽生える前に、民族として抵抗した独立運動の少女闘士ユ・グァンスンではありえない。大使館をみつめる凝視には、日本兵と〈同志〉だった記憶や、兵士と〈同じ運命〉と考えたような気持ちも存在しない。同じ民族である業者や親に対する恨みも存在しえない。運動が帝国主義への左翼の戦いである以上は、永遠に戦い続けるほかないのである。基金を受け入れて、日本を許した慰安婦たちが排除されるほかなかった理由もそこにある。そういう思考こそが、日本の右翼や自民党は〈謝罪をするはずがない〉と考えさせたものでもあった。そして思えば、韓国に一九六五年に個人請求権を残さずに一括して受け取らせてしまったのも、北朝鮮の請求権までもらってしまうような（チャン・バクチン二〇〇九、三八八頁）冷戦的思考だった。

九〇年代以降、日本と韓国の慰安婦問題支援者たちが日本政府を信頼しなかったのは、自分たちと異なる思考をするものを、無条件に右翼と見ようとした冷戦的思考ゆえのことである。この期間中に、日韓の支援者は足並みを揃えて日本の右傾化を主張したが、二〇〇九年に生まれたのは、敗戦後もっとも左翼が多い政権だった。そして、わずか三年で再び保守が政権を取るようになった背景に、民主党さえも信頼せずに、非難を続けた韓国左派運動に対する日本の〈普通の人たち〉の韓国嫌悪が影響しなかったとは言えない。二〇年間の運動が反発する人を増やしたならば、慰安婦問題解決運動を通しての社会改革の試みは失敗したと言うべきだろう。

二〇一二年以降、アメリカ下院決議五周年を迎え、在米韓国人団体が慰安婦問題解決のために黒人団体を参加させたのは、慰安婦問題解決を普遍的な人権運動としていくもうひとつの試みであろう。しかしそうした連帯は、これまでそうだったように、問題の核心や原因を見ることをかえって難しくする。そのようなアプローチは、なぜ家父長制下の女性が動員の対象になったのかを説明できないからだ。何よりも、朝鮮人慰安婦たちも、ほかのアジアの人に対する人種差別をしていたことを隠蔽するほかない。

元慰安婦たちは、〈移動〉によって辛酸をなめながらも、経済力を身につけた主体として再主体化した。彼女たちが「娘子軍」と呼ばれたのは、彼女たちが国家の勢力を拡張する軍隊の補助的役割を果たしたからだ。実質的には報酬をもらえなかったり、最低限の報酬しか手にしないことも多かったが、慰安婦とは貨幣経済が「個人を共同体の拘束から解放し、帝国＝コスモポリスの人民とする」（柄谷行人二〇一〇、一九九頁）過程で生まれた存在である。

日本の支援者たちにそのことが見えなかったのは、天皇制ファシズム批判に執着したためではないだろうか。日本政府の基金を単に「見舞金」と理解したのも、天皇制ファシズムが変わらずに戦後も続いたと考えた、支援者たちの〈戦後理解〉にある。慰安婦問題はいわゆる「歴史認識論争」に拡大したが、右派と左派が同じ歴史認識を共有できない以上、慰安婦問題解決をその論争で勝つ（日本社会の改革）ことにつなげたのは、意図の有無は別にしても、慰安婦問題の政治化というほかない。

資本主義にもっとも批判的でありながら、慰安婦の労働対価の半分以上を蓄積していた商人たちの存在を看過したのも矛盾だった。実際に「王姉さん」（キム・ヨンジャ二〇〇五、一九四〜一九九頁）が「遠征」に行った村の人が彼らの出現を受け止め、「ありったけの部屋を貸して」生活の足しにしたように、「慰安婦」の出現は単に風俗（歓楽）的な意味だけでなく経済的な側面で大きな意味を持つ事柄だった。「娘子軍に『寄生』するかたちで邦人の商業活動が形成発展を遂げ」て、そのうち「呉服屋、日常雑貨商、旅館業、医者、そして写真屋、洗濯屋、鼈甲細工店など、すべて娘子軍の繁栄に『寄生』するかたちで発生した」（矢野暢　一九七五、四三頁）ように、そのような商圏がやがて他国の土地と制度に対する権利を獲得することは、帝国主義そのものでもあった。娘子軍たちは意図せずに、そのような帝国主義者になった存在でもあった。

日本のある人は「自民党は左翼政党」とし、「これで自民党が戦後左派の権化だったことがわかった」「どんどんと左のほうへ、つまり落ち着いて歴史の真実を再検証するのではなく、過度に贖罪意識だけが強くなって」「こういう歴史観の偏向が昭和六十年以後、自民党政権の中で急速に強まったために、それから十年後にとうとう『村山談話』のようなものが出てきた」(中西輝政二〇〇九)と話している。その意味では、日本の支援者たちは、自民党の多様性を無視して敵にしてきたのかもしれない。問題論文で田母神俊雄航空幕僚長を政府が解任した事件においても、右派から非難(渡部昇一　二〇〇九)されもした政府をまったく信頼しなかったのである。右傾化しているとしたら、そのような〈正義の独占〉が、かえって反作用としてそうさせた側面もある。

問題はそうした硬直した思考が、アメリカが作った戦後の冷戦体制の中で作られたということである。帝国は崩壊したが、冷戦体制は依然として東アジアを分裂させている。

左派の判断と行動の背景には、戦後日本観が強く働いていた。「慰安婦」問題が生じたことに衝撃を受けた左派知識人の一部は、戦後日本が「戦争責任」を取っていなかったこと、そして、日本の国会が新たな立法をしないことを、現代日本に植民地主義が続いている(『継続する植民地主義』二〇〇五など)せいと考えたのである。サンフランシスコ平和条約に基づく二国間賠償で補償責任は終わったとする政府の判断を、単に責任回避と受けとめたのもそのためだった。そのような日本国内の対立は、戦後のもろもろの政治的状況だけでなく、さらにさかのぼって、帝国主義時代にその根っこを求めることができる。帝国主義時代には、天皇制ファシズムに反対する多くの抵抗勢力が命を落とし、拷問されるといった苛酷な弾圧を受けていた。ある意味で、帝国とは国家を絶対権力としながら、それに対する国民＝帝国民の〈態度〉が問われた時代でもあった。その結果、帝国内の人々は分裂を余儀なくされた。その分裂が、帝国や冷戦の崩壊後も続き、現代の内部冷戦に続いている。

それは日本だけではない。日本によって植民地化された地域においても、同様のことが起こった。そして、朝鮮半島もまた、まさにそのことで解放後も深刻な心の分裂を経験してきた。朝鮮戦争と分断を日本統治の結果と見る議論は多いが、より正確に言えば、統治自体よりも、その統治が、そのような分裂をもたらす体制だったゆえのことである。分断と現代韓国内の深刻な分裂と対立として現れている朝鮮半島の心の分断の根っこには、まさに日本の植民地支配があるのである。

敗戦直後、北朝鮮では、それまでの立場が逆転し、左翼の人たちがブルジョアとされた人々の土地を没収していた。ブルジョア＝「親日」とする考え方は、その制裁行為を正当化してもいた。その過程で多くの人々が南朝鮮に逃れ、反共主義となり、心情的右翼となっていくようなことが起こっている。

こうしたことは、日本人、いわゆる「内地」や被植民者のみならず、植民者の間でも起こっていた。敗戦後、六〇〇万人以上の人々——軍隊と植民者たちが引揚げという未曽有の経験をしたが、彼らはその過程で多くの肉親を失うといった苛烈な体験をした。そして、帰ってきた内地でも「引揚げ者」として指差され、余計者としての思いを抱きながら生きてきた。しかも植民地に残してきた財産を取りもどす運動をする過程の中で、〈右翼的心情〉を培っていったのである。そしてよくも悪くも慰安婦問題の関連で記憶すべきは、日韓協定がそのような人々の請求権をも放棄させたということである。

戦後とは、アメリカ主導の冷戦構造に政治的に組み込まれ、そのために帝国をめぐる検証をしないでもいい構造を維持したまま、このような心理的冷戦構造を維持し続けた時代だった。そして、ひたすら高度経済成長に向けて国民が一つになったかのように見える時代が終わった時、潜在していたその対立が表面化したのが、まさに九〇年代であった。それは世界的なナショナリズムの時代を背景に、日本の不況ともリンクしながら、グローバリゼーションの中で失われる日本を憂慮する意識を生んだ。〈美しい日本〉とは、そのことにほかならない。

そのような〈美しい日本〉の記憶とはほど遠い「慰安婦」たちの記憶に対して、保守層や右翼の人々が、記憶の奥底に保存していた別の〈記憶〉を掘り起こすことにやっきになっていたのは、ある意味で当然のことだったのだろう。九〇年代の慰安婦問題に保守・右翼の人々がことのほか神経質になっていたのも、そのような中でのことだったと言える。

そうだとしたら、彼らと支援者たちが接点を見いだす可能性ははじめから至極低かったと言わねばならない。支援者たちは、彼らの不遇な思いと、過去に受けた暴力の記憶から共産主義嫌いになっている人々の思いには無関心なまま、戦後批判をやってきた。しかしそのような人々の思いを受け止めたうえでないと、支援側の考える〈日本社会の改革〉はおそらく不可能であろう。

「慰安婦問題」という、帝国日本が起こした問題を解決するためには、ともかくも、日本国内の、ある程度の〈合意〉が必要だった。〈妥協〉でもなく正義の〈放棄〉でもない、接点を見いだしながら〈合意〉に導く過程は、冷戦が残した傷を治癒する第一歩にもなりえただろう。

人間はそれほど単純な存在ではない。帝国日本に積極的に抵抗できなかったとしても、植民地の現実に心を痛めた人はいた。運動に参加しなくとも慰安婦問題に心を痛めた人もいただろう。にもかかわらず、保守の謝罪は真心でないとするような、謝罪意識の独占といった事態がそこにはあった。

ともあれ、日本の支援者たちと韓国との連帯は、その正義感と強い意志にもかかわらず、結果的に慰安婦たちをして二〇年以上も街のデモを続けさせた。そして、支援者たちが右翼とみなして非難し続けてきた人たちのみならず、問題解決に誠意を尽くした官僚や〈普通の人たち〉の中に、韓国に対する嫌悪とあきらめと、無関心な人を増やしてしまうことになった。そして、いまや九〇年代の基金のような解決方法さえ難しくなっている。

3、解決に向けて

韓国の支援団体が二〇〇〇年代以降、世界を相手にした運動で収めた成果は驚くほどである。アメリカ下院の決議を成立させ、カナダやEUの決議まで導きだした。そして最近はソウルだけでなくアメリカにまで記念碑が建てられるようになっている。そしてそれらはほとんど〈強制的に連れていかれた少女二〇万人〉との認識にもとづいて作られた。その運動は今では必ずしもうまくいっていないようだが（「京郷新聞」二〇一三年二月一日付）、それでも運動の流れはいまのところ変わっていない。そして二〇一三年三月からは、世界の一般人を相手とした「一億人署名運動」というものが始まっている。このままだと慰安婦をめぐる争い――〈記憶の争い〉は終わらないだろう。

日韓や左右の分裂と対立によって生まれる苦痛は、結局のところ、慰安婦たちが受け持つことになる。自発的であれ強制連行であれ、朝鮮の最も貧困で無力な娘として日本軍の欲求処理の手段にならざるを得なかった彼女らが〈死ぬまで〉苦痛を受けることになるのである。

日韓政府はただちに、この問題の解決を話し合う国民協議体（当事者や支援者や識者をまじえた）を作るべきだ。そして、期間を決めて（半年、長くて一年）ともかくも〈合意〉を導きだすことを約束して対話を始めるのが望ましい。

その期間中に、日韓のマスコミは、この二〇年の誤解を正し、お互いへの理解を深められるような記事を書くべきだ。基金にかかわった人や、中心部にいなかったか異なる意見を持っていたがために注目されなかった、日韓の支援団体への取材や調査も必須であろう。両方の国民が協議を見守りつつ、支えられるような報道ができれば、協議体での議論は支持されるはずだ。アメリカなどの元西洋帝国に依存せずに、日韓の〈当事者主義〉で解決することで、アメリカに依存してきた精神的植民地構造をも抜け出す機会にしたい。

この二〇年間、日本政府は謝罪し、朝鮮人慰安婦の半数近くが謝罪を受け入れた。しかしそのことは知らされないまま、謝罪しない者と許さない者の対立だけが、慰安婦問題の中心を占めてきた。しかし、いまこそ、国交樹立五〇年にわたって培ってきた交流と個々人の信頼の力を試すべきである。

二〇一五年は、韓国にとって独立七〇年、日本にとって戦後七〇年になる年である。日韓国交樹立五〇年の年でもある。植民地支配の被害を受けた慰安婦だけではなく、支配者として、かつて朝鮮や中国東北部にいた日本人たちも、いまや亡くなりつつある。両国の植民地・帝国経験者たちが去りつつあるのである。その両国の当事者たちの生存中に、いま一度その声を聞き届ける必要がある。過去が残した問題を解決することは、次世代への義務でもあるはずだ。

戦後日本は平和憲法を掲げ、戦争を起こさないという価値観を守り続けてきた。大多数の国民が「反戦」意識を保てるように教育してきたのも、高く評価すべきだろう。しかし、「帝国」として存在した——植民地を支配した——ことに対する反省意識は、反戦意識ほどには日本国民の共通認識にならなかったと言えるだろう。日本が、日本人の犠牲を中心においた戦争記憶だけでなく、〈他者の犠牲〉に思いをはせるような、反支配・反帝国の思想を新たに表明することができたら、その世界史的な意義は大きいはずだ。

過去において帝国主義的な侵略を行ったのは日本だけではない。しかし西洋発の帝国主義に参加してしまった日本が反帝国の旗を掲げるのは、西洋発の思想によって傷つけられたアジアが、初めて西洋を乗り越えることになり得る。支配思想ではなく、共存思想をアジアが示す意義もある。

慰安婦問題と歴史問題を考えるのは、戦争と構造的支配がいまなお続いていて、貧困で弱い人々が動員される現実がいまだ続いているからである。国家が国民を、男性が女性を、大人が青少年を、戦争に利用するのはやめるべきだ。民族の違いや貧困という理由だけで他者を支配し、平和な日常を奪ってはならないという新たな価値観を、慰安婦問題の解決に盛り込みたい。

不和は日韓の保守を右傾化させ、冷戦的思考は基地を存続させる。そのような現在の状態を抜け出さない限り、日本の軍国主義を批判してきた人たちが、結果的にアジアを軍事大国にするだけだ。日韓の基地問題を解決するためにも、日韓の連携は必要だ。真の〈アジアの連帯〉は、日本の帝国主義に先んじて始まった西洋の帝国主義と、彼らが残している冷戦的思考を乗り越えることで可能になる。そのときアジアは初めて、西洋を追いかけてきた〈近代〉を乗り越えることにもなるだろう。

敗戦と解放以降も本質的には解除されなかった数十年にわたる曖昧な関係と敵対感情を、またもや次世代に引き継がせるのは、いまを生きる大人たちの無責任さを語るものでしかない。いまこそ、日韓が長い間かかえてきたそれぞれのトラウマを治癒することを始めるべきだ。

帝国主義と国家主義が作った境界と敵対関係を超えての慰安婦問題の解決は、「基地」のない世界に向けての第一歩の試みにもなる。それは、人々が貧しさやその他の理由で慣れ親しんだ空間故郷を離れないで済む、安心していられる居場所を作ることでもある。

慰安婦問題の否定者たちは、植民地支配に関して「朝鮮の責任」を強調することが多い。それは、朝鮮がこうむった苦痛に対して、弱かったあなたが悪い、と言うようなものだ。しかし、自己責任は自己責任の主体が考えるべきであろう。元慰安婦たちにいま必要なのは、「あなたが悪いのではない」という言葉である。そのような「慰安」の言葉を、「慰安」を与え続けさせられてきた彼女たちにいま、贈りたい。

あとがきに代えて――慰安婦問題を再考しなければならない理由

慰安婦問題が表面化して二〇年以上が経つのに、いまだに慰安婦問題は解決していません。慰安婦問題への理解や解決の方法が変わらなければ、慰安婦問題は永遠に解決しないであろうことは、断言できます。そして日韓関係は、いま以上に打撃を受けることになるでしょう。

いま韓国の支援団体と政府はこの問題について、「法的責任」を認め、そのための措置を取るよう日本に要求していますが、五十数人が存命の元慰安婦の中には、実は異なる意見を持った方々がいます。しかしそういった声はこれまで聞こえてきませんでした。〈違う声〉があったとすれば、これまで私たちはなぜその声を聞くことができなかったのでしょうか。

これまで聞こえてこなかった〈違う声〉は、実は元慰安婦の方々だけでなく、支援団体、さらには学者にも当てはまるのです。韓国はもちろん、日本の支援団体や学者など関係者にとっても、これまで慰安婦問題の主流となっている理解や常識と異なる声をあげることは、それほど自由にできることではありません。攻撃にさらされることを恐れての自己検閲が働くためではないでしょうか。そして慰安婦問題が解決できないのは、そうした多様な声を共有できていなかったことにも原因があると思います。

慰安婦問題を解決するために何よりまず必要なのは、そうした様々な声を知ることです。また、その声を聞いて考えたことを思うままに語ることです。慰安婦問題は、わたしたちが思う以上に複雑な問題であり、しかも問題発生後、長い時間が経つにつれ、さらに複雑にこじれてしまっています。そうした複雑な問題への認識や意見が双方に一つずつしかないのは、むしろおかしなことではないでしょうか。

慰安婦問題が解決されなければならない理由として、当事者が高齢だからとよく言われます。しかし、実は年老いているのは、元慰安婦たちだけではありません。この問題の解決のために長い間努力してきた支援者や学者たちも、いつのまにか高齢に達しています。この方々は、慰安婦問題が表面化した初期から声をあげ、問題解決のための研究や行動を通じて、これまで誰よりも献身的に努力してこられました。主張が曲解されたり忘れられたりして、慰安婦問題をめぐる議論の中心から排除された人たちもいます。しかし、彼らが慰安婦問題の議論や運動の中心にずっといてくれたら、慰安婦問題をめぐる様相はいまとはずいぶん変わっていたことでしょう。

二〇一三年一月、問題の解決に向け長く努力して来られたお一人、清水澄子・前参院議員が逝去されました。私は二〇一二年七月、東京大学で、慰安婦問題を憂慮する何人かの日本人学者たちと、この問題を解決するためのセミナーを主催しましたが、そこに清水先生も出席されました。これまでなぜ日本でこの問題についての「立法」ができなかったかを説明してくださり、その真摯さと献身的な努力を改めて理解できました。清水先生の生前にこの問題が解決されなかったことが悔やまれてなりません。

慰安婦問題は実はもう元慰安婦だけの問題ではありません。二〇年以上、関係してきたあらゆる人々、この問題をめぐる意見対立と葛藤で傷ついて涙を流し、抑圧されたすべての人々の問題でもあります。この問題の解決は、慰安婦の被害者だけでなく、この問題に長年携わってきた人々のためにも必要です。

今日、慰安婦を巡る議論を代表するのは「強制性」の有無です。強制性を主張する人々は日本の「法的責任」を要求し、強制性を否定する人々は以前よりむしろ強固になり、河野談話と村山談話すら否定しています。そしてそれぞれに連携する形で、日韓両国の支援者と否定者が慰安婦問題について「少女」と「売春婦」のイメージをそれぞれ公的に記憶化し、対立しています。

ところが一九六五年に作られたある韓国映画（鄭昌和（チョン・チャンファ）監督『サルビン河の夕焼け』）は、そのような公的な記憶が、あくまで一九九〇年代の時代と社会が必要としていた記憶に過ぎないということを明確に示しています。

太平洋戦争時代のビルマ戦線が舞台のこの映画は、映画に登場するような元朝鮮人学徒兵たちが、まだ四〇代だった頃に制作され、公開されました。それだけに、学徒兵たちの記憶とかけ離れたイメージを生み出すことはできなかったはずです。

この映画には朝鮮人慰安婦が登場しますが、朝鮮人将校は、彼女たちは自発的に来たのだと思っています。これは認識の真偽とは別に、慰安婦をめぐる一九六〇年代の韓国の記憶が、一九九〇年代の記憶とは異なることを示す場面です。しかし、ここで慰安婦の女性は「だまされましたよ。看護婦というから、看護婦だと思ったのよ」と言います。だました主体はおおむね日本軍よりも業者でしたが、女性はその部分を具体的には話さず、「強制的に連れて来たのか」と言う「親日派」学徒兵将校に向かって言います。「まだ、だまされたことがないんですね。日本帝国主義がまだ紳士的だと思いますか」。

この場面は朝鮮人慰安婦問題の本質を明確に突いています。つまり、まず朝鮮人慰安婦たちがいわゆる「強制連行」されたわけではないという事実、にもかかわらず、彼女をそこに連れてきた主体は他ならぬ「日本帝国主義」だったという事実です。これはかなり正確な認識と言えます。なぜなら、植民地化された土地の若者たちが住み慣れた故郷を離れ、遠くビルマ（現在はミャンマー）まで行って生命を脅かされる状況に置いたのは、確かに「日本帝国主義」だったからです。この女性は将校に配属されたことを幸運に思いますが、それは「兵士のところに行ったら地獄」だったという言葉からも分かるように、この問題における本質でもあります。

この女性がその後、どうなったのか、この映画は関心を示しません。戦場で死んだり、見えない傷だらけになって帰国したり、現地に残留したりしたでしょう。言ってみれば、全員が戦場に配属されたわけではありませんが、慰安婦の運命は、基本的には戦争遂行のために命を捧げなければならなかった「軍人」と大差なかったのです。もし生きて帰ったとしても、彼女たちは身体の一部を毀損された、例えるなら傷痍軍人的な存在でした。ところが戦争に動員された軍人に対する補償の中で、男性のためには補償の枠組みとしての「法」が存在したのに、慰安婦にはそうした法律自体が存在しませんでした。「代替日本人」になって日本の戦争に生命を投げた朝鮮人兵士たちは靖国に祀られ、約束された補償は後日、一九六五年の国交正常化に伴う日韓基本条約で、十分ではないながらも議論されました。そして完全ではないながらも、韓国政府を通じて補償金が配分されました。

同様に「自発的な動員」をされたにもかかわらず、性を搾取された女性のための法は存在しませんでした。国家は戦争に国民を動員し、男性の身体（生命）のための法は用意しましたが、女性の身体（性）のための法は用意しなかったのです。

慰安婦問題で日本での補償と謝罪は必要であっても、それを問うための法自体が存在しない事実を見過ごすことはできません。もちろんこれは、近代国家のシステム自体が男性中心で、その男性の視線を内面化した売春差別意識を抱えこんでいたからです。言い換えれば、軍人は法律で守りましたが、慰安婦にはお金のみを与えて済ませる構造とも言えます。

したがって、日本に対し「法的責任」を問いたくても、その根拠となる「法」自体が存在しないというのが私の考えです。「法的責任」を問うには、まずそこに立ち返って議論しなければなりません。その意味でこの問題は、韓国が要求する問題というより、むしろ日本が主体的に考えるべき問題です。

同時に、法という概念がそもそも国家システムを支えるものだけに、国家を代表する法だけにこだわる発想が、倫理的な解決にどれほど役立つのかも考えられるべきでしょう。法には、時に気持ちがこもることもありますが、この問題をめぐる法律論争が、おおむね謝罪の気持ちを持っていた九〇年代の日本国民を完全に無視したことも念頭に置くべきです。国家と国民と謝罪の関係についても問わなければなりません。それは〈一九六五年に補償は終わった〉と主張する日本政府や、〈個人の請求権が残っている〉と主張する韓国政府がともに再考すべき問題でもあります。

韓国が主張してきた「法的責任」要求の問題の一つは、九〇年代初めに慰安婦問題の本質を「少女の強制連行」と考えていたときに提起された主張だという点です。その後二〇年余りの間、慰安婦問題について新たな知識が多数生じ、わかってきたにもかかわらず、最初の要求がまったく変わっていないことへの説明も必要です。

新たに明らかになった事実とは、問題を提起した韓国の支援団体が挺身隊と慰安婦を勘違いしていたこと、業者が軍隊と慰安婦を媒介したこと、革新政権のもとで出された「村山談話」が、実は自民党の戦後処理についての思考につながっていたこと、韓国には責任回避の「小細工」としか理解されなかった「アジア女性基金」が、「河野談話」と「村山談話」の精神を受け継いだものだったこと、その基金から「償い金」を受け取った韓国人元慰安婦が約六〇人もいること、日韓国交正常化のとき、日本は個人への賠償を残しておこうと提案したのに、韓国政府が代表して受け取ってしまったことなどです。もちろん、これらすべてを考慮しても、女性たちに地獄を経験させた責任が大日本帝国にあることは言うまでもありません。問題は、どのような形で謝罪と補償をすれば、これらすべての事柄を念頭に置きつつ、両国民の理解と合意を得られるかという部分です。これまでの主張や拒否は、いずれもこの部分への注意を払っていませんでした。

さらに重要なことは、「強制連行された少女」であったという認識は、売春に対する差別意識と表裏一体のもので、日本の否定派が主張する「自発的売春婦」観を実は支えているということです。つまり、慰安婦問題を論じるにあたって、物理的な強制連行なのか、純真無垢な少女なのか、売春婦なのかの議論は、もうこれ以上重要ではありません。実際に元慰安婦の経験をみると、その経験の残酷さは、そうした〈原点〉とは何の関係もないことが明らかになっているからです。先の映画に登場する、いわゆる売春婦のように見える慰安婦にも地獄は存在したということが、それを物語っています。

日本ではいま、「河野談話」を否定する動きが起きています。しかし、当時の日本軍、日本男性に、植民地の女性がどのような存在だったかは、

わたしはいま眼のまえにひとりの女を想定する。それが性的の対象と仮定する。彼女が朝鮮の婦人であれば、われわれは容易にサディストになりうるのである。もし彼

女が欧米の婦人であれば、われわれは容易に不能者に変わりうるのである。われわれのエロスはこの二つの極のあいだを揺れる。性行為による主体の抹殺・消去が快楽のきわみであるのと同じように、われわれのロゴス(論理)も主体の抹殺を通してファシズムに容易に近づきうる性質をもつ。われわれのエロスもロゴスも、ともに自己もしくは他者の権力の領土内において発揮されてきた。(村松武司一九七九、二一〇頁)

とする述懐に生々しく現れています。もちろん、すべての日本軍人がそうだったというのではありません。それでも、ここでの関係が暴力以上の何ものでもないということを見るのは重要です。慰安婦問題の本質の一端を覗かせてくれるからです。「主体の抹殺」という想像を可能にした征服欲は、「日本」という民族性と「男性」という性が可能にするものだからです。朝鮮人慰安婦とはそのように、日本人男性がいつでも、そうした〈征服者〉の気持ちを味わえる対象でもありました。慰安婦問題が〈性の暴力〉の問題というのは、必ずしも強制的あるいは物理的な暴力だからではありません。まさにこうした精神的な暴力が存在したからです。

また、どうして朝鮮人慰安婦が多かったのかについては、

昭和十九年にはいって、湘桂作戦にともなう兵員の動きはあわただしくなったものの、慰安所は表面上、いつもと変わりなくにぎわっていた。

借金を皆済した女たちは、航海の危険のため内地への旅行が困難となり、「自前」として慰安所に残るか、民間料亭の仲居になった。（中略）湘桂作戦の前段作戦で京漢鉄路が開通すると、朝鮮人慰安婦は華北経由で陸路補充されたが、内地慰安婦の補充は、東支那海、揚子江の航行の困難が増すにつれて、先細りになるのは眼に見えていた。（長沢健一　一九八三、二二一頁）

という言葉がその背景を覗かせてくれます。

戦争末期に朝鮮人慰安婦が大量動員されたのは、地理的な背景があったためと考えられます。本文で述べたように、植民地的な貧困とともに、このような背景も多数の朝鮮人慰安婦を生み出した要因でした。そしてこの部分こそが、日本が朝鮮を「植民地化」していたために実現可能となったことでした。

慰安婦が売春婦なのか無垢な少女なのかという区別が、慰安婦の体験の残酷さを考える上でこれ以上意味がないことは、軍人が伝える次の日本人慰安婦の言葉が証しています。

その頃（ミンダナオ島のダバオにいた時——引用者注）は、現役の若い兵隊さんばかりで一日七、八人が限度、楽じゃないけど躰を悪くすることはありませんでした。半年ぐらい働いて、去年の十月末にこのラボウルに来たんです。ここでは、大きな部隊（三十八師団〈名古屋〉）の専属になって、とても忙しかったんです。毎日朝から十二・

三人もの兵隊さんの相手をさせられてお金にはなりましたけど、辛いんですよ。それで、辛いと言うと、〝最前線の女は、一日三十人もの相手をするのに、お前達は何んだ〟と叱られるんです。でも三十人なんてとても、せいぜい二十人がやっと、一週間も続いたら体を悪くしますよ。そのうちに専属の部隊が、ガタルガナルへ出て行って、すっかり暇になり、そこでそんな慰安婦ばかりが集められて、通過部隊専用にされたんです。ところが半死半生で帰ってきた人ばかりで商売にならず、陸軍船舶部隊（暁部隊）の慰安婦にかわったのですが、暁部隊は出港して行ったら全滅で帰ってこないんです。出港前の青い顔をしたオドオドした人ばかりと寝ていると、私もおかしくなりかけて、そんな時、この店が出来て働かないかと誘われたんです。この家だって、料亭なんて看板出しているけど、慰安所と同じ、ただ客が将校というだけです。そのかわり泊りだけで、昼間の時間の遊びがたまにあるぐらいだから楽なんですが、お金にならないの。（谷川美津枝一九八六、六六頁）

と語る彼女たちも一日に多数の兵士を相手にしなければなりませんでした。慰安婦問題は、実は日本国が自国の女性たちにも強制した問題なのです。「河野談話」を修正しようとする否定派が「強制性」あるいは売春の議論をするためには、こうした苦痛を味わわされた自国の女性たちをまず先に思い浮かべなければならないでしょう。植民地の女性たちは、彼女たちを「代替」するために投入された存在に過ぎませんでした。日本の方々にはぜひそのことを思い出していただきたいと思います。

この二年、日韓は一種のコミュニケーション不全に陥り、相手に対する諦めと不満を募らせてきました。幸い二〇一四年春、日韓の局長級協議が始まり、九月末現在、首脳会談成立への兆しも見えています。この動きは望ましいものですが、今後はいかなる場合でも、元慰安婦たちがまたもや国家や政治のための人質になることは防ぎたいものです。

そのためには、解決を国家や支援団体のみに任せてきた人たちの声が必要です。とくに、お互いを知る人たちの声が遅ればせながら必要です。日韓国交正常化以降、積み重なってきた厚い交流と信頼は、ここ一〇年ほとんど生かされませんでした。慰安婦問題に関わってきた人や関心のある人は言うまでもなく、これまで声をあげてこなかった人たちの声が、倫理的で合理的な「第三の声」となって出会う契機となることを願っています。

二〇一四年九月二五日

朴　裕河

文庫版あとがき

単行本で「日本語版のための序文」に記したように、『帝国の慰安婦』の韓国語版が元慰安婦たちの名誉を毀損するとして訴えられてから、ちょうど一〇年になります。最高裁が（高等裁判所の）有罪判決を無罪趣旨で差し戻してのち、二〇二四年四月一二日の差し戻し審でようやく無罪判決を受け、刑事訴訟は終了しました。そうした節目にこの文庫本を出せることを大変嬉しく思います。

『帝国の慰安婦』でわたしが書きたかったのは、「愛国」の美名で行われる暴力や、その際に犠牲者となった社会的弱者のことでした。にもかかわらず、元慰安婦を支援し、この問題に最も関心を寄せてきたはずの人々から攻撃され訴えられたことは、この本をめぐる最も大きなアイロニーでした。

わたしは本書で、朝鮮人慰安婦問題は「戦争」という枠組みで捉える以前に、「帝国―植民地」の問題として捉えるべきだと主張しました。しかし、慰安婦問題が長い間、単なる「戦争」の枠組みで捉えられてきた背景に、朝鮮人慰安婦に対する根本的な誤解に加えて東京裁判・ニュルンベルク裁判など戦争犯罪裁判を参考にした対応があったことを知ったのは、何年も経ってからのことでした。裁判が長く続いたため、『帝国の慰安婦』執筆当時は気づかなかったさまざまなことを知るようになった一〇年間でもありました。

同時にこの期間は、慰安婦問題をなかったものとする「否定者」たちの声が韓国にも飛び火し、今やアメリカ大陸まで巻き込んで世界的に議論された時間でもありました。それらの議論には参照すべき点が多々ありますが、政治的立場が先立つ「歴史の政治化」現象が見られ、歴史そのものはむしろ見えなくなってもいました。

二〇二〇年代に入ってから、学界からもようやく政治的立場にとらわれることなく、精緻な論理と資料を駆使した論文が少しずつ出るようになりました。二〇二三年暮れに日本で出版されたある研究書は、日本「帝国」を批判しつつ、慰安婦問題をめぐるこれまでの研究がいわゆる「公娼」と「慰安婦」を異なる存在とみなしてきたことの問題点を指摘しています。九〇年代以降本格的になった慰安婦問題をめぐる研究が、ようやく一つの転換期を迎えた感があります。

『帝国の慰安婦』以降、日韓の学界内外を問わず続いていた本書への攻撃や非難に応えて、韓国語で『「帝国の慰安婦」、法廷での1460日』(二〇一八)、『「帝国の慰安婦」、知識人を語る』(二〇一八)、『日本軍慰安婦、もう一つの声』(二〇二〇)を、日本語で『歴史と向き合う』(二〇二二、毎日新聞出版)などを書きました。日本語で読めるものは少ないですが、併せて読んでいただけたら嬉しいです。

巨額の損害賠償を求められている民事裁判はまだ進行中で、民事が終われば、「朝鮮人慰安婦の苦痛が日本人娼妓の苦痛と基本的には異ならない」など三四箇所を削除した改訂版を出すことを余儀なくされた仮処分をめぐる審理が始まります。

元慰安婦が準軍属として、少なくとも民間人として戦争協力させられたことへの認識が広く共有されれば、慰安婦問題も、なお続いている『帝国の慰安婦』裁判への理解も、別の展開を迎えるのではないかと考えています。この文庫本がそうしたことへの土台となることを願います。

日本語版は、翻訳ではなく日本語で書いた独立版だったため、裁判の影響を受けないで済みました。日本語版を底本として中国・繁体字版を出せたのも、今年の夏、英語版（ともに翻訳書）を出せるようになったのも、その結果です。そういう意味でも、日本語版を出していただいた朝日新聞出版の関係者の方々に改めて感謝の気持ちをお伝えしたいです。

特に、一〇年ものあいだ、この本や『帝国の慰安婦』裁判に心を寄せ、勇気をくださった読者の方々や支援者の方々に深く感謝申し上げます。東アジアの和解と平和のためにできることを今後も続けていけるとしたら、それはひとえにそうした方々のおかげです。

二〇二四年五月一日

朴　裕河

記憶の主人になるために

高橋源一郎

去年、韓国で出版され、「元慰安婦の方たちの名誉を毀損した」として、提訴・告訴された、朴裕河の『帝国の慰安婦』の日本語版が、ようやく公刊された。感銘を受けた、と書くのもためらわれるほど、峻厳さに満ちたこの本は、これから書かれる、すべての「慰安婦」に関することばにとって、共感するにせよ反発するにせよ、不動の恒星のように、揺れることのない基軸となるだろう、と思われた。そして、同時に、わたしは、これほどまでに孤独な本を読んだことがない、と感じた。いや、これほどまでに孤独な本を書かざるを得なかった著者の心中を思い、ことばを失う他なかった。

「朝鮮人慰安婦」問題は、日本と韓国の間に深刻な、修復不可能と思えるほどの亀裂を生み出した。片方に、「慰安婦は、単なる売春婦に過ぎない」という人たちが、一方に、「慰安婦たちは、強制されて連れて来られた性奴隷だ」とする人たちがいて、国家の責任をめぐって激しい論争を繰り広げてきた。

朴裕河はこういう。

「これまで慰安婦たちは経験を淡々と話してきた。しかしそれを聞く者たちは、それぞれ聞きたいことだけを選びとってきた。それは、慰安婦問題を否定してきたひとでも、慰安婦たちを支援してきたひとたちでも、基本的には変わらない。さまざまな状況を語っていた証言の中から、それぞれ持っていた大日本帝国のイメージに合わせて、慰安婦たちの〈記憶〉を取捨選択してきたのである」

朴がやろうとしたのは、慰安婦たちひとりひとりの、様々な、異なった声に耳をかたむけることだった。そこで、朴が聞きとった物語は、わたしたちがいままで聞いたことがないものだったのだ。

朴は、「朝鮮人慰安婦」たちを戦場に連れ出した「責任」と「罪」の主体は、帝国日本であるとしながら、同時に、実際に彼女たちを連れ出した朝鮮人同胞の業者と、そのことを許した「女子の人生を支配下に置く家父長制」(日本人の場合も同じだ)を厳しく批判する。「謝罪」すべきなのは、帝国日本だけではない、「韓国(および北朝鮮)の中にも慰安婦たちに『謝罪』すべき人たちはいる」のだ。だが、そのことは忘れ去られた。なぜだろうか。植民地に生きる者は、時には本国民よりも熱く、その宗主国に愛と忠誠と協力を誓った。それが仮に真意ではなかったとしても。そして、そのことは、忘れるべき「記憶」だったからだ。

「日本人慰安婦」の代替物として戦場に送られた「朝鮮人慰安婦」にとって、日本人兵士は、時に(身体と心を蹂躙する)激しく憎むべき存在であり、時に(同じように、戦場で「ものの」として扱われる)同志でもありえた。その矛盾を生きねばならなかった彼女たちの真実の声は、日本と韓国、どちらの公的な「記憶」にとっても不都合な存在だったのだ。「何よりも、『性奴隷』とは、性的酷使以外の経験と記憶を隠蔽してしまう言葉である。慰安婦たちが総体的な被害者であることは確かでも、そのような側面のみに注目して、『被害者』としての記憶以外を隠蔽するのは、慰安婦の全人格を受け入れないことになる。それは、慰安婦たちから、自らの記憶の〈主人〉になる権利を奪うことでもある。他者が望む記憶だけを持たせれば、それはある意味、従属を強いることになる」

かつて、自分の身体と心の「主人」であることを許されなかった慰安婦たちは、いまは自分自身の「記憶」の主人であることを拒まれている。その悲哀が、朴の本を深い孤独の色に染めている。

遥か昔に、植民地支配と戦争は終わった。だが、それは、ほんとうに、遠い「過去」の話だろうか。違う。戦争を招いた、偏見や頑迷さが、いまもわたしたちの中で生きているのなら、その「過去」もまた生きているのである。

（たかはし　げんいちろう／作家）

＊朝日新聞二〇一四年一一月二七日付「論壇時評」掲載の「記憶の主人になるために」と題された文章を、のちに高橋源一郎『ぼくらの民主主義なんだぜ』（朝日新書）に収録。その一部を転載しました。

参考文献

◎韓国語単行本・論文・報告書

* 編著者の日本語カタカナ表記50音順、同一著者については、刊行順に並べた。
* 日本語訳書のあるものは日本語版タイトルを『　』で表記、ないものはタイトルの日本語訳を「　」で示した。
* 報告書は原則として刊行順に並べた。

안병직（アン・ビョンジク安秉直）「종군위안부와 근로정신대를 구별해야」『월간 사회평론』제 92 권、1992（「従軍慰安婦と勤労挺身隊を区別すべき」『月刊社会評論』92巻、1992年）

同　　번역・해제『일본군위안소의 일기』、이숲、2013（安秉直翻訳・解題「日本軍慰安所管理人の日記」）

이국언（イ・クグォン李国彦）『빼앗긴 청춘、돌아오지 않는 원혼』、시민의소리、2007（「奪われた青春、帰らない怨魂」）

이영훈（イ・ヨンフン李栄薫）「국사교과서에 그려진 일제의 수탈상과 그 신화성」『한일역사인식논쟁의메타히스토리』、뿌리와이파리、2008（「国史教科書に描かれた日本帝国の収奪様相の神話性」（日本語版は小森陽一ほか編『東アジア歴史認識論争のメタヒストリー』、青弓社、2008年）

김창록（キム・チャノク金昌緑）「1965년 한일조약과 한국인 개인의 권리」、국민대학교 일본학연구소 편、『의제로 본 한일회담』、선인、2010.（「1965年日韓条約と韓国人個人の権利」、国民大学日本学研究所編『議題から見た日韓会談』）

김연자（キム・ヨンジャ金蓮子）『아메리카 타운 왕언니 죽기 오분 전까지 악을 쓰다』、삼인、2005（日本語版は山下英愛訳『基地村の女たち——もうひとつの韓国現代史』、御茶の水書房、2012年）

Mindy L. Kotler（コトラー）、일제강점하강제동원피해진상규명위원회 2008년도 연구용역보고서『‘위안부’문제해결 방안 연구：결의안 통과 이후』（日帝強制占領下強制動員真相究明委員会2008年度研究助成報告書「慰安婦問題解決方案研究——決議案通過以後」）

장세진（チャン・セジン）『슬픈 아시아』、푸른역사、2012（「悲しいアジ

ア」)
장박진（チャン・パクチン）『식민지 관계 청산은 왜 이루어질 수 없었는가』、논형、2009（「植民地関係清算はなぜ成し遂げられなかったか」)
同　　「한일회담에서의 피해 배상 교섭의 변화 과정 분석」、국민대학교 일본학연구소 편、『의제로 본 한일회담』、선인、2010（「日韓会談での被害賠償交渉の変化過程分析」、国民大学日本学研究所編『議題から見た日韓会談』)
조남현（チョ・ナムヒョン） 감수『교과서 한국문학 그 여자네 집』、휴이넘、2007（監修「教科書韓国文学　彼女の家」)
정병욱（チョン・ビョンウク）「일본인이 겪은 한국전쟁——참전에서 반전까지」『역사비평』2010년 여름호、역사비평사（「日本人が経験した韓国戦争—参戦から反戦まで」、『歴史批評』2010年夏号)
정혜경（チョン・ヘギョン鄭恵瓊）「근로정신대지원조례제정의 의미와 앞으로의 과제」、광주광역시의회주최 제36회정책토론회자료집、2012.12（「勤労挺身隊支援条例　制定の意味と今後の課題」、光州広域市議会主催『第三十六回政策討論会資料集』)
전여옥（チョン・ヨオク田麗玉）『일본은 없다』1993、지식공작소（金学文訳『悲しい日本人』たま出版、1994年)
박유하（パク・ユハ朴裕河）『화해를 위해서——교과서.위안부.야스쿠니.독도』、뿌리와이파리、2005（日本語版は『和解のために——教科書・慰安婦・靖国・独島』、平凡社、2006年。平凡社ライブラリー版は2011年)
바르가스 요사（M.バルガス＝リョサ） 송병선 옮김、『판탈레온과 특별봉사대』、문학동네、2009（韓国版タイトルは「パンタレオンと特別奉仕隊」、日本語版タイトルは『パンタレオン大尉と女たち』)
허석（ホ・ソク許錫）「韓国在住日本人文学에 나타난 対韓意識 考察」『일본어문학』10호、한국일본어문학회、2001（『日本語文学』10号、韓国日本語文学会)
윤정옥（ユン・ジョンオク尹貞玉）「발간사」『강제로 끌려간 조선인 군위안부들』、「한국정신대문제대책 협의회 2000년 일본군 성노예전범 여성국제법정 한국위원회 증언팀」、풀빛、2001（「発刊詞」「証言集4　強制的に連れていかれた朝鮮人軍慰安婦たち」〈「記憶で書き直す歴史」改題、韓国挺身隊問題対策協議会　2000年日本軍性奴隷戦犯　女性国際法廷韓国委員会証言チーム〉、2001年)
윤미향（ユン・ミヒャン尹美香）『20년간의 수요일』、웅진주니어、2010（日

本語版は梁澄子訳『20年間の水曜日――日本軍「慰安婦」ハルモニが叫ぶゆるぎない希望』、東方出版、2011年）
여지연（ヨ・ジヨン）『기지촌의 그늘을 넘어』、삼인、2007（「基地村の影をのり越えて」）

일제강점하강제동원피해진상규명위원회『전시체제기 조선의 사회상과 여성동원』、2007（日帝強制占領下強制動員被害真相究明委員会「戦時体制期朝鮮の社会相と女性動員」）

한국정신대문제대책협의회・정신대연구회『증언집 1 강제로 끌려간 조선인 군위안부들』、한울、1993（韓国挺身隊問題対策協議会・挺身隊研究会「証言集1　強制的に連れていかれた朝鮮人軍慰安婦たち」）

한국정신대문제대책협의회・한국정신대연구회、『증언집 강제로 끌려간 조선인 군위안부들 2』、한울、1997（韓国挺身隊問題対策協議会・挺身隊研究会「証言集2　強制的に連れていかれた朝鮮人軍慰安婦たち」）

한국정신대연구회・한국정신대문제대책협의회『강제로 끌려간 조선인 군위안부들 3』、한울、1999（韓国挺身隊問題対策協議会・挺身隊研究会「証言集3　強制的に連れていかれた朝鮮人軍慰安婦たち」）

한국정신대문제대책협의회『기억으로 다시 쓰는 역사』、풀빛、2001（韓国挺身隊問題対策協議会「記憶で書き直す歴史」、後に「証言集4　強制的に連れていかれた朝鮮人軍慰安婦たち」として再刊）

한국정신대문제대책협의회 2000년 일본군 성노예 전범 여성국제법정 한국위원회・한국정신대연구소、『강제로 끌려간 조선인 군위안부들 5』、풀빛、2001（韓国挺身隊問題対策協議会・挺身隊研究会「証言集5　強制的に連れていかれた朝鮮人軍慰安婦たち」）

대일항쟁기 강제동원 피해 조사 및 국외 강제동원 희생자 등 지원 위원회『해남도로 연행된 조선인 성노예에 대한 진상 조사』、2011（対日抗争期強制動員被害調査及び国外強制動員犠牲者等支援委員会編「海南島へ連行された朝鮮人性奴隷に対する真相調査」）

대일항쟁기강제동원피해조사및국외강제동원희생자등지원위원회『들리나요?』、2013（対日抗争期強制動員被害調査及び国外強制動員犠牲者等支援委員会編「聞こえますか？」）

◎日本語の単行本・論文など

＊ 原則として、編著者の50音順で並べた。同一著者については、刊行順に並べた。

藍谷邦雄「「慰安婦」裁判の経過と結果およびその後の動向」『歴史学研究』849号、2009年1月

アクティブ・ミュージアム「女たちの戦争と平和資料館」編『証言　未来への記憶――アジア「慰安婦」証言集Ⅱ　南・北・在日コリア編（上・下)』、明石書店、2006・2010年

浅野豊美「雲南・ビルマ最前線における慰安婦達――死者は語る」『「慰安婦」問題調査報告・1999』、1999年、「デジタル記念館　慰安婦問題とアジア女性基金」ホームページhttp://www.awf.or.jp/pdf/0062_p061_088.pdf

同　　『帝国日本の植民地法制』、名古屋大学出版会、2008年

同　　「歴史を踏まえた国際交流と国民的和解の追求――村山談話成立をめぐる国内政治とその変容」『早稲田アジアレビュー』15号、2014年3月

板倉由明「検証「慰安婦狩り」懺悔者の真贋――朝日新聞に公開質問！阿鼻叫喚の強制連行は本当にあったのか」『諸君！』、1992年7月

伊藤正子「韓国軍のベトナム派兵をめぐる記憶の比較研究」『東南アジア研究』48巻3号、2010年12月

李効再（イ・ヒョジェ）ほか「やはり基金の提案は受けいれられない――韓日間に横たわる深淵の深さを見つつ」『世界』、1995年11月

岩崎稔・大川正彦・中野敏男・李孝徳編著『継続する植民地主義――ジェンダー／民族／人種／階級』、青弓社、2005年

上杉千年「総括・従軍慰安婦奴隷狩りの「作り話」」『自由』、1992年9月

内海愛子＋韓国・朝鮮人ＢＣ級戦犯を支える会編『死刑台から見えた二つの国』、梨の木舎、1992年

大沼保昭・下村満子・和田春樹編『慰安婦問題とアジア女性基金』、東信堂、1998年

大沼保昭『「慰安婦」問題とは何だったのか――メディア・NGO・政府の功罪』、中公新書、2007年

尾西康充『田村泰次郎の戦争文学――中国山西省での従軍体験から』、笠間書院、2008年

小野沢あかね「「植民地公娼制度」・女性の家族外就労と「慰安婦」問題——早川紀代『戦争・暴力と女性３　植民地と戦争責任』から」『戦争責任研究』75号、2012年春季号
小野田寛郎「私が見た従軍慰安婦の正体」『WiLL』2007年８月号増刊
ジャン・ラフ＝オハーン『オランダ人「慰安婦」ジャンの物語』、渡辺洋美訳、木犀社、1999年
ルディ・カウスブルック『西欧の植民地喪失と日本——オランダ領東インドの消滅と日本軍抑留所』、近藤紀子訳、草思社、1998年
梶村太一郎「歴史認識の不作為と正義の実現——欧州議会対日「慰安婦」決議を読む」『世界』、2008年６月
加藤正夫「河野官房長官談話に異議あり——慰安婦「強制連行」は事実無根」『現代コリア』、1993年10月
柄谷行人『世界史の構造』、岩波書店、2010年（韓国版は가라타니 고진『세계사의구조』도서출판、2012）
川田文子「宋神道さんのたたかいを振りかえる」『戦争責任研究』57号、2007年秋季号
同　　「一九四五年三月～八月渡嘉敷島で起こったこと」『戦争責任研究』62号、2008年冬季号
北岡伸一「「外交革命」に日本はどう立ち向かうか」『中央公論』、2007年９月
金一勉（キム・イルミョン）『天皇の軍隊と朝鮮人慰安婦』、三一書房、1976年
木村才蔵「慰安婦問題を斬る！」『国体文化』、2007年５月
清川紘二・桜井国俊「韓国大邱から沖縄宮古への朝鮮人被強制連行者―徐正福の証言」『沖縄大学人文学部紀要』15号、2013年３月
倉本知明「戦場におけるセクシャリティと身体——田村泰次郎「蝗」と陳千武「獵女犯」の比較を中心に」『生存学』４、立命館大学生存学研究センター、2011年５月
志水紀代子・山下英愛編『シンポジウム記録「慰安婦」問題の解決に向けて——開かれた議論のために』、白澤社、2012年
庄司潤一郎「朝鮮戦争と日本——アイデンティティ、安全保障をめぐるジレンマ」『戦争史研究国際フォーラム報告書　朝鮮戦争の再検討——その遺産』、防衛省防衛研究所、2007年３月
女性のためのアジア平和国民基金編『政府調査「従軍慰安婦」関係資料集

成１－５』、龍渓書舎、1997～1998年
同　　『「慰安婦」問題とアジア女性基金』、2007年、「デジタル記念館慰安婦問題とアジア女性基金」ホームページ http://www.awf.or.jp/pdf/0189.pdf
同　　『オーラルヒストリー　アジア女性基金』、2007年
千田夏光『従軍慰安婦　〝声なき女〟八万人の告発』、双葉社、1973年
鈴木裕子『戦争責任とジェンダー――「自由主義史観」と日本軍「慰安婦」問題』、未來社、1997年
同　　「『国民基金』・〈朴裕河〉現象批判（中）」『科学的社会主義』123号、2008年7月
同　　「「慰安婦」問題は解決していない、批判の矛先をどこに向けるべきか――挺対協運動の渦中にあった著者の運動総括の書」『図書新聞』2899号、2008年12月27日号
諏訪澄「「従軍慰安婦」に入れ揚げたNHK」『WiLL』、2007年8月号増刊
創価学会婦人平和委員会編『引揚げ編　あの星の下に』、第三文明社、1981年
宋連玉（ソン・ヨノク）「日本の植民地支配と国家的管理売春――朝鮮の公娼を中心にして」『朝鮮史研究会論文集』32集、緑蔭書房、1994年
高崎宗司『検証　日韓会談』、岩波新書、1996年
谷川美津枝『青年将校と慰安婦』、みやま書房、1986年
田村泰次郎「春婦伝」、吉行淳之介編『幻の花たち』、立風書房、1972年
同　　「蝗」『コレクション戦争と文学７　日中戦争』、集英社、2011年
土野瑞穂「「女性のためのアジア平和国民基金」の政策過程に関する一考察――アクター分析を中心に」『人間文化創成科学論叢』13巻、お茶の水女子大学、2010年
長沢健一『漢口慰安所』、図書出版社、1983年
中西伊之助『緒土に芽ぐむもの』、改造社、1922年
中西輝政「田母神論文の歴史的意義」『WiLL』、2009年1月
西岡力「「慰安婦問題」とは何だったのか」『文藝春秋』、1992年4月
西野瑠美子「「あいだに立つ和解論」とは何か？」『インパクション』172号、2010年1月
日本の前途と歴史教育を考える若手議員の会編・発行『歴史教科書への疑問―若手国会議員による歴史教科書問題の総括』1997年
朴裕河（パク・ユハ）「「あいだに立つ」とはどういうことか――「慰安婦」

問題をめぐる九〇年代の思想と運動を問い直す」『インパクション』171号、2009年10月
秦郁彦『慰安婦と戦場の性』、新潮選書、1999年
羽場久美子「欧州議会は、なぜ従軍慰安婦非難決議を出したか」『学術の動向』、2009年3月
林博史「看護婦にされた慰安婦たち」、アクティブ・ミュージアム「女たちの戦争と平和資料館」編『証言　未来への記憶——アジア「慰安婦」証言集Ⅱ　南・北・在日コリア編（下）』、明石書店、2010年
同　　「日本軍「慰安婦」研究の成果と課題」『女性・戦争・人権』11号、2011年
同　　『米軍基地の歴史』、吉川弘文館、2012年
藤永壮「朝鮮植民地支配と「慰安婦」制度の成立過程」、VAWW-NETジャパン編『「慰安婦」・戦時性暴力の実態Ⅰ——日本・台湾・朝鮮編』、緑風出版、2000年
船橋洋一『歴史和解の旅』、朝日選書、2004年
古山高麗雄「プレオー8（ユイット）の夜明け」「白い田圃」「蟻の自由」、古山高麗雄『二十三の戦争短編小説』、文藝春秋、2001年
本郷美則「慰安婦報道　居直り続ける朝日新聞」『WiLL』、2007年8月号増刊
マイケル・ホンダ（徳留絹枝インタビュー）「特集：いまなぜ「従軍慰安婦」なのか」『論座』、2007年6月
毎日新聞社『日本の戦歴』、1967年
同　　『毎日グラフ別冊　日本の戦歴』、1965年8月
村松武司『遥かなる故郷——ライと朝鮮の文学』、皓星社、1979年
森崎和江『からゆきさん』、朝日新聞社、1976年
安田隆之「売国のトライアングル　朝日・総連・バウネット」『WiLL』2007年8月号増刊
矢野暢『「南進」の系譜』、中公新書、1975年
山際澄夫「朝日新聞こそ「従軍慰安婦」捏造を謝罪せよ」『WiLL』2007年8月号増刊
山崎朋子『サンダカン八番娼館』、筑摩書房、1972年
山下英愛『ナショナリズムの狭間から——「慰安婦」問題へのもう一つの視座』、明石書店、2008年
尹美香（ユン・ミヒャン）「日本軍「慰安婦」問題解決のためのアジア連

帯一五年」『統一評論』501号、2007年7月
吉見義明「「強制」の史実を否定することは許されない」『世界』、2007年5月
同　　　「「従軍慰安婦」問題研究の到達点と課題」『歴史学研究』849号、2009年1月
同　　　「日本軍「慰安婦」問題について――『ワシントンポスト』の「事実」広告を批評する」『戦争責任研究』64号、2009年夏季号
和田春樹「アジア女性基金解散から一年――東海林留津路得子氏に答える」(未発表原稿。著者の承諾を得て引用)、2008年
同　　　「日本の戦後和解とアジア女性基金の努力」、佐藤健生・ノルベルト・フライ編『過ぎ去らぬ過去との取り組み』、岩波書店、2011年
同　　　「慰安婦問題二〇年の明暗」、志水紀代子・山下英愛編『シンポジウム記録「慰安婦」問題の解決に向けて――開かれた議論のために』、白澤社、2012年
渡部昇一「「村山談話」は「外務省談話」だ」『WiLL』、2009年1月

◎インターネット資料

「基地村と米軍基地、現在形の米軍問題の歴史」2013年1月16日。햇살사회복지회（「日差し社会福祉会」）のブログ。http://www.hessal.org/bbs/view.php?id=main_4&page=1&sn1=&divpage=1&sn=off&ss=on&sc=on&select_arrange=headnum&desc=asc&no=347
「なでしこアクション」ホームページ（http://sakura.a.la9.jp/japan/）
「デジタル記念館　慰安婦問題とアジア女性基金」ホームページ（http://www.awf.or.jp/index.html）
「元「慰安婦」シム・ミジャの遺言状」「eシティニュース」2012年8月2日 http://www.ctnews.co.kr/sub_read.html?uid=15117&section=sc21&section2=%BB%E7%C8%B8）
ユン・ジョンオク教授インタビュー（http://www.miznaeil.com/community/board_view.asp?aIdx=14245&alcode=03）
「日本軍慰安婦被害 e- 歴史館」ホームページ（http://www.hermuseum.go.kr/）
湯浅謙「私が知る「従軍慰安婦」」（元軍医のインタビュー）「季刊中帰連」（http://www.ne.jp/asahi/tyuukiren/web-site/backnumber/05/yuasa_

ianhu.htm)
「韓国挺身隊問題対策協議会」ホームページ(http://www.womenandwar.net/contents/home/home.nx)
韓国憲法裁判所の「大韓民国と日本間の財産請求権に関する問題の解決と経済協力に関する協定第三条不作為　憲法違反確認」訴訟(判例2008ホンマ648)決定文＊「判例集」23－2、417～449頁。http://search.ccourt.go.kr/ths/pr/selectThsPt0101List.do より判例検索。

◎ドラマ、アニメーション、漫画

김준기 애니메이션〈소녀 이야기〉、2011(キム・ジュンギ監督『少女物語』)
유현미 드라마〈각시탈〉、2012(ユ・ヒョンミ脚本『花嫁の面』)
송지나 드라마〈여명의 눈동자〉、1991～92(ソン・ジナ脚本『黎明の瞳』)
이현세 연재만화〈남벌〉(『일간스포츠』、1993.7～1994.11)(イ・ヒョンセ李賢世『南伐』)

◎著者によるインタビュー

부산 정대협 김문숙 회장 인터뷰、2013.4.1.(釜山　挺身隊問題対策協議会キン・ムンスク会長)元慰安婦数人へのインタビュー(2013.秋から冬)

◎そのほかの資料

日韓基本条約(「日本国と大韓民国との間の基本関係に関する条約」)1965年6月22日
日韓協定(「財産及び請求権に関する問題の解決並びに経済協力に関する日本国と大韓民国との間の協定」)同上

「**河野談話**」(「慰安婦関係調査結果発表に関する河野内閣官房長官談話」)1993年8月4日
「**村山談話**」(「戦後五〇年村山富市内閣総理大臣談話」)1995年8月15日
「**首相の手紙**」(「元慰安婦の方々への内閣総理大臣のおわびの手紙」)1996年～

「クマラスワミ報告書」（1996.1.4.）（1998.1.26.）（「女性に対する暴力　戦時における軍の性奴隷制度問題に関して、朝鮮民主主義人民共和国、大韓民国及び日本への訪問調査に基づく報告書」）――日本語訳は、「デジタル記念館　慰安婦問題とアジア女性基金」http://www.awf.or.jp/6/02-1.html より引用。

「マクドゥーガル報告書」
1998.6.22（「現代的形態の奴隷制：武力紛争下の計画的レイプ、奴隷制、奴隷に近い状況　特別報告者ゲイ・J・マクドゥーガル氏による最終報告書」）――
2000.6.6（「武力紛争下の組織的強かん、性奴隷制および奴隷制類似慣行に関する特別報告者の最終報告書　追加報告」――日本語訳は、VAWW-NETジャパン編訳　松井やより・前田朗解説『戦時・性暴力をどう裁くか――国連マクドゥーガル報告全訳』、凱風社、2000年より引用。

「国際労働機構（ILO）条約勧告適用専門家委員会 年次報告（2001.3、2003.3）」――日本語訳は、アクティブ・ミュージアム「女たちの戦争と平和資料館」編『証言　未来への記憶――アジア「慰安婦」証言集Ⅰ　南・北・在日コリア編（上）』、明石書店、2006年、282～283頁より引用。

「アメリカ下院決議」（「従軍慰安婦問題の対日謝罪要求決議」）2007.7.30可決
「EU議会決議」（「慰安婦のための正義」）2007.12.13可決
――いずれも日本語訳は「wamアクティブ・ミュージアム　女たちの戦争と平和資料館」ホームページより引用。http://wam-peace.org/ianfu-mondai/intl/resol/us20070730/

民族和解協議会　6・15共同宣言実践　北側委員会女性分科委員会「祝辞」（2010.11.18　挺対協創立記念二十周年記念国際シンポジウム資料集）
日本軍「慰安婦」問題解決全国行動2010　リーフレット
挺対協声明書「イ・ミョンバク大統領は日本政府が主張する「人道的解決」に同調せずに公式に日本政府に法的責任履行を促せ！」（2012.3.23.）

※　本文および参考文献中のURLは2014年3月末現在。

帝国《ていこく》の慰安婦《いあんふ》
植民地《しょくみんち》支配《しはい》と記憶《きおく》の闘《たたか》い
朝日文庫

2024年6月30日　第1刷発行

著　者　朴《パク》　裕《ユ》河《ハ》

発行者　宇都宮健太朗
発行所　朝日新聞出版
〒104-8011　東京都中央区築地5-3-2
電話　03-5541-8832（編集）
03-5540-7793（販売）
印刷製本　大日本印刷株式会社

Published in Japan by Asahi Shimbun Publications Inc.

ISBN978-4-02-262098-9